Stadtbilder – Stadterzählungen

Dokumentation der drei Veranstaltungen

„StadtlBildlPflege: Stadtbilder und Stadterzählungen im Wandel" (8. – 9. Oktober 2015, Nürnberg),

„Berührungsängste – Berührungspunkte?! Denkmale und moderne Kunst im Dialog" (19. November 2015, Köln) und

„Akteure des Stadtbildes: Campus, Kirche und Kommerz" (10. Dezember 2015, Frankfurt/M.)

Impressum

Herausgeber:	Bund Heimat und Umwelt in Deutschland (BHU) Bundesverband für Kultur, Natur und Heimat e.V. Adenauerallee 68, 53113 Bonn Tel. (0228) 22 40 91, Fax (0228) 21 55 03 E-Mail: bhu@bhu.de, Internet: www.bhu.de
Redaktion:	Dr. Martin Bredenbeck, Dr. Inge Gotzmann
Mitarbeit:	Annika Risse, Yevgeniya Boldareva, Edeltraud Wirz
Verantwortlich für den Inhalt:	Dr. Inge Gotzmann
Bildnachweis:	
vordere Umschlagseite:	Kaiserburg Nürnberg. Foto: Stephan Gebert, Nürnberg
hintere Umschlagseite:	Konflikte im Potsdamer Stadtbild – Unterschiedliche Zeitschichten treffen am Alten Markt aufeinander (l.o., Foto: R. Seyffer), Hans-Sachs-Platz in Nürnberg mit umstrittenem Bankgebäude (r.o., Foto: B. Sesselmann), Werbeplakatierung überflutet die Siegener Innenstadt (l.u., Foto: M. Stojan), Stadtvillen in der Bismarckstraße in Hamburg-Eimsbüttel weisen homogene Strukturen auf (r.u., Foto: H. Barth)

Layout und Druck: Messner Medien GmbH, Rheinbach

ISBN 978-3-925374-44-9

Das Buch wird an Mitglieder und Interessenten kostenlos abgegeben. Spende erwünscht. Bestellung beim Herausgeber

Förderin

 Die Beauftragte der Bundesregierung für Kultur und Medien

Die Beauftragte der Bundesregierung für Kultur und Medien aufgrund eines Beschlusses des Deutschen Bundestages (BKM)

Die Förderin übernimmt keine Gewähr für die Richtigkeit, Genauigkeit und die Vollständigkeit der Angaben sowie die Beachtung privater Rechte Dritter.

Gleichstellung von Frau und Mann
Wir sind bemüht, so weit wie möglich geschlechtsneutrale Formulierungen zu verwenden. Wo uns dies nicht gelingt, haben wir zur schnelleren Lesbarkeit die männliche Form verwendet. Natürlich gilt in allen Fällen jeweils die weibliche und männliche Form.

Bonn 2015

Inhalt

	Seite
Herlind Gundelach und Wolfgang Börnsen Stadbilder – Heimat in der Stadt	5
Thomas Lauer Zum Geleit: Städte im Wandel	7
Meike Gerchow Stadt- und Ortsbildpflege – ein dringliches Anliegen für das Denkmalnetz Bayern	10

SUBSTANZ | Stadt pflegen – Stadtbild steuern

Achim Schröer
Stadtbild, Denkmäler und Nicht-Denkmäler 12

Tanja Flemmig
Möglichkeiten der Stadtbildpflege – drei praktische Beispiele aus Regensburg 19

Doris Gstach
Freie Räume? Freiräume im Stadtbild 32

Hans-Heinrich Eidt
Eine Erfolgsgeschichte am Beispiel der „Gemeinschaft Stadtbild Coburg e.V." 40

Helmuth Barth
Stadt gestalten – Stadt erhalten. Eindrücke von einer öffentlichen Diskussionsveranstaltung
am 27. Oktober 2015 in Hamburg 45

ERLEBNIS | Stadt wahrnehmen

Axel Hausberg und Markus Hartmann
Geschichtsbewusst und behutsam: Die Bürgerinitiative „Unsere lebenswerte Stadt" wehrt sich gegen
„Legomanie" und „Schlumpfbarock" in Bad Neuenahr-Ahrweiler 52

Barbara Welzel
„Ich sehe was, was du nicht siehst ..." – Stadtwahrnehmung und Bildung 59

Frauke Röth
Geliebtes Bild – ungeliebtes Erbe. Potsdam zwischen Barock und Nachkriegsmoderne ... 66

Thomas Rothe
Stadtspaziergang: „Vom Rathaus zum Neuen Museum" 75

Brigitte Sesselmann und Manfred Jupitz
Das Neue Nürnberg nach 1945: Rundgang durch eine Facette des Stadtbildes 81

Karl-Heinz Enderle
Wiederaufbau im Spannungsfeld zwischen Tradition und Moderne 86

AKTION | Ins Stadtbild eingreifen

Franziska Eidner und Jeannette Merker
Vom Stadtbild zum Leitbild – Das Experiment Karlsruhe 87

Michael Stojan
STADTBILDOFFENSIVE SIEGEN – gemeinsam aktiv für eine schöne Stadt
20 Jahre Planungspraxis mit dem Instrument Stadtbildplanung 95

Bernhard Lohe
Aschersleben von außen nach innen – IBA als Instrument der Stadtbildentwicklung 108

Frank Pieter Hesse
Der City-Hof im Hamburger Stadtbild: Bruch und Kontinuität 115

Christoph Dahlhausen
Blaudenkmäler und Macktionen – Partizipatorische Interventionen im Stadtraum 121

ERZÄHLUNG | Bilder und Images der Stadt im Wandel

Barbara Žak
Blicke schärfen, Blicke richten – Der Film als Medium der Stadtwahrnehmung 130

Brigitte Dithard
Hier sieht's doch aus wie in Stuttgart. Die Stadt als Filmkulisse 137

Karin Dengler-Schreiber
Städte literarisch erzählen: das Beispiel Bamberg 145

Marianne Rodenstein
Das Frankfurter Stadtbild nach 1945 und seine Produzenten 153

Christiana Storelli
Die Stadt des Manfredo Villalta. Eine neue Geschichte 171

Zu guter Letzt

Autorinnen und Autoren 179

Anschriften BHU und BHU-Landesverbände 184

Bewahren und Gestalten – Porträt des BHU 186

Publikationen des BHU 189

Stadtbilder – Heimat in der Stadt

Herlind Gundelach und Wolfgang Börnsen

Mit dieser Publikation laden wir Sie ein, mit uns über Stadtbilder und Stadterzählungen nachzudenken. Für den Bund Heimat und Umwelt in Deutschland (BHU) ist „Die Stadt" seit Jahren ein wichtiges Thema. Städte sind besondere Formen von Kulturlandschaften, also jenen Landschaften, die der Mensch im Zusammenspiel mit dem Naturraum durch seine Lebens-, Siedlungs- und Wirtschaftsweisen hervorbringt. Die urbanen Räume sind, auch aufgrund ihrer strukturellen Vielfalt, Kulturlandschaften eigener Prägung. Nicht zuletzt sind Städte auch die Heimat vieler Menschen, also die Orte persönlicher biographischer und kollektiver Verankerung und Identität.

„Die Stadt" wird nicht nur gebaut, sie wird auch wahrgenommen – meist visuell – und dann erzählt. Das „Stadtbild" ist daher ein mehrdeutiger und weitgespannter Begriff. Er umfasst das materielle und das ideelle Bild einer Stadt. Dabei geht es um Substanz, um gedankliche Bilder und eben auch um Identität und Image. Städte sind nicht nur das materielle Beieinander von Häusern, Verkehrsinfrastruktur und Grünflächen; Städte sind auch Muster von Eigen- und Fremddarstellung sowie von Selbst- und Außenwahrnehmung.

Die Stadt als Materie und die Stadt als gedankliches Konstrukt werden von einer Vielzahl von Akteuren mit ihren jeweils spezifischen Absichten gestaltet und in Wort, Bild und Tat vermittelt. Deswegen gibt es eigentlich nicht nur ein Stadtbild, sondern viele Stadtbilder, die im beständigen Wandel sind. Manchmal ist dieser Wandel geplant, manchmal vollzieht er sich einfach, manchmal benötigt er lange Zeitspannen, manchmal geht er erstaunlich schnell vonstatten. Stadtbildprägende Bauten bestimmen unsere Wahrnehmung bewusst und unbewusst immer mit und beeinflussen auch, wie wir über Städte erzählen – oder wie Städte über sich selbst erzählen. Manchmal bringt die Bausubstanz die Erzählung hervor, manchmal ist es umgekehrt.

Unser Projekt zu Stadtbildern und Stadterzählungen zielte darauf ab, das Planen, das Darstellen und das Erzählen von Stadt zu untersuchen und dabei über diejenigen zu reflektieren, die planen und darstellen, die erzählen und denen erzählt wird. Aus Darstellungen und Erzählungen entstehen Bilder, und diese sind die Grundlage unserer Bewertungen und unseres Umgehens mit der Stadt. Verständlicherweise geschieht dies zu unterschiedlichen Zeiten und bei unterschiedlichen Gruppen in unterschiedlicher Weise, so dass viele, manchmal ergänzende, manchmal widersprüchliche Stadtbilder und Stadtgeschichten entstehen. Das Erzählen der Stadt hat materielle Konsequenzen, die das Kulturerbe direkt betreffen: Was halten welche Menschen für „zur Stadt zugehörig"? Was stufen sie ein als „Das gehört hier nicht hin"? Was bedeutet das dann für die fraglichen Objekte? Es geht somit um handfeste Fragen dazu, was als Kulturerbe wahrgenommen und weitervermittelt wird und folglich erhalten bleibt. Diese Fragen gehen neben den professionellen Akteuren aus Politik und

Verwaltung ganz besonders auch die Bürgerinnen und Bürger an, seien sie Einwohner, seien sie Gäste in einer Stadt, seien sie schon lange dort oder eben erst angekommen. Welche Zugangsmöglichkeiten gibt es für sie, um selber Stadtbildgestalter und Stadterzähler zu werden und welche Akteure müssen miteinander vernetzt werden, um sich über ihre Bilder und Erzählungen auszutauschen, über ihren Umgang mit „Der Stadt"?

In drei Veranstaltungen hatten wir im Herbst 2015 ausführlich Gelegenheit, diesen Fragen nachzugehen: Am 8. und 9. Oktober fand in Nürnberg die Tagung „Stadt | Bild | Pflege. Stadtbilder und Stadterzählungen im Wandel" statt, die wir gemeinsam mit unserem Landesverband Bayerischer Landesverein für Heimatpflege und dem Denkmalnetz Bayern ausgerichtet haben. Für den Titel hatten wir den Begriff „Stadtbildpflege" bewusst in seine Teile zerlegt, um über die Wechselwirkungen und Kombinationsmöglichkeiten nachzudenken. Bei der Tagung „Berührungspunkte – Berührungsängste!? Denkmale und moderne Kunst im Dialog" am 18. November in Köln stand die Frage nach der Kunst im Stadtbild im Vordergrund: Kunst schafft Aufmerksamkeit, die Stadt und gerade ihre Denkmale brauchen Aufmerksamkeit. Wie lassen sich diese Bedürfnisse zusammenführen? Bei dieser Tagung waren als Partner unser Landesverband Rheinischer Verein für Denkmalpflege und Landschaftsschutz, Europa Nostra Deutschland, die Deutsche Burgenvereinigung, die Deutsche Stiftung Denkmalschutz und die EXPONATEC Cologne beteiligt. Der Studientag „Akteure des Stadtbildes: Campus, Kirche und Kommerz" schließlich führte uns am 10. Dezember nach Frankfurt a. Main, wo wir in Kooperation mit dem Deutschen Architekturmuseum (DAM) den Blick auf drei wichtige Faktoren im Stadtbild richteten, nämlich Bildung, Religion und Wirtschaft und die dazugehörigen Bauten. Die Ausstellung zum Universitätsbaumeister Ferdinand Kramer (1898–1985) am DAM war dabei ein willkommener Anlass.

Mit dieser Publikation fassen wir die Ergebnisse der drei Veranstaltungen zusammen, flankiert von ergänzenden Beiträgen. Dabei gilt es manchen Dank auszusprechen: nicht nur den Autorinnen und Autoren, sondern auch den bewährten und neuen Partnern in diesem Projekt, die bereits genannt wurden. Unser besonderer Dank gilt der Beauftragten der Bundesregierung für Kultur und Medien (BKM), die das Projekt finanziell ermöglicht hat. Auch dank der Unterstützung durch Kulturstaatsministerin Prof. Monika Grütters wissen wir uns mit unserem Bemühen um das Kulturerbe der Moderne, um die urbanen Kulturlandschaften, um das Partizipieren und das Erzählen auf dem richtigen Weg. Wir wünschen den Leserinnen und Lesern eine angenehme Lektüre und würden uns freuen, wenn es gelingt, zum Nachdenken über Stadtbilder und Stadterzählungen anzuregen – und natürlich auch zum eigenen Mitmachen und Erzählen.

Dr. Herlind Gundelach, MdB
Präsidentin des BHU

Wolfgang Börnsen (Bönstrup)
Vizepräsident des BHU

Zum Geleit: Städte im Wandel

Thomas Lauer

Der Bayerische Landesverein für Heimatpflege freut sich, Partner des Bund Heimat und Umwelt in diesem Projekt zum vieldeutigen Thema „Stadt – Bild – Pflege" zu sein, bei dem wir uns Stadtbildern und Stadterzählungen und ihrem Wandel widmen. Um was geht es bei den Städten und Dörfern im ländlichen Raum, oder besser: in den Abstufungen ländlicher Räume vom Stadtumlandbereich bis hin zu den entfernteren Bereichen? Es geht um die gebauten Kerne unserer Lebenswelt, die uns tragen, uns fördern oder hemmen können, je nachdem wie sie ihre physischen und psychischen Aufgaben als Summe unserer Behausungen in der Kulturlandschaft erfüllen.

Die Behausungen, also die räumliche Umwelt der Bauten, der Dörfer und Städte, sind der harte Kern unserer Kulturumwelt, die von der menschlichen Gesellschaft in die vorgefundene Naturumwelt als Überlebensbasis eingefügt wurde. Kultur ist hier in ihrer ursprünglichen weiten Bedeutung des lateinischen „colere" zu verstehen: „einen Acker bestellen, einen Garten bebauen, einen Ort bewohnen und auf Dauer ansässig sein, Gerechtigkeit und Freundschaft hochhalten, Gastfreunde und Götter ehren". Die Kulturumwelt stellt damit die ganze von den Menschen geschaffene anthropogene Umwelt dar, wie sie in den europäischen Kulturlandschaften mit Feld und Wald, Wegenetzen und Brunnen, Dörfern und Städten von den uns vorausgehenden Generationen geschaffen und heute in unsere Verantwortung gelegt sind. Für die Städte und Dörfer ist es von Bedeutung, dass die Jahrtausende der Agrargesellschaft im 19. Jahrhundert abgelöst wurden durch die Industriegesellschaft, in der wir heute leben. Ob die sogenannte Informationsgesellschaft eine folgerichtige Weiterentwicklung der Industriegesellschaft ist, sei dahingestellt.

Die Städte sind so, wie die Menschen leben wollen oder auch leben müssen. Kurz gefasst kann man drei langfristige zeitliche Trends feststellen:

1. Die Urbanisierung im 19. Jahrhundert, als technische Industrialisierung der manuellen Produktion, als Übergang von Handwerk zu Industrie. Die Landbevölkerung wanderte in die Städte, die ein Wachstum in der Dichte erfahren. Der Ausbau der Eisenbahn führte zu einer sternförmigen Siedlungsentwicklung entlang der Bahnstrecken. In der demographischen Situation gab es eine starke Bevölkerungszunahme.

2. Die Suburbanisierung im 20. Jahrhundert. Sie wurde durch die Motorisierung der Bewohner und die stärkere Konzentration mechanischer Produkte durch Automatisierung herbeigeführt. Die Menschen wanderten an den Rand der Städte, wo sie sich in den Umlandgemeinden ansiedelten. Die Kernstädte nahmen an Einwohnern ab. Es bildeten sich die sogenannten Speckgürtel um die Oberzentren, in die auch zunehmend Arbeitsplätze verlegt wurden. Die Stadt strömt in die Fläche, die hohe Mobilität erzeugt den Individualverkehr mit den täglichen Staus.

3. Die Disurbanisierung am Ende des 20. Jahrhunderts. Die automatisierte Datenverarbeitung, die Kommunikationstechnologien und der weitere Ausbau der Mobilitätsstrukturen fördern die Dezentralisierung. Die Kernstädte verlieren Arbeitsplätze, die Bevölkerung nimmt ab, der hohe Standard der Infrastruktur begünstigt die dezentralen Raumbeanspruchungen. Die Wanderungsströme begünstigen alle Umlandgemeinden auch in größerer Entfernung, selbst wenn diese nicht durch gute Infrastruktur oder Schnellbahn angebunden sind.

Was soll künftig für die Städte als die Aufgaben des 21. Jahrhunderts angesprochen werden? Sind in einer Zeit der elektronischen Medien nicht Bauten und Städte zu beliebig austauschbaren Standorten flüchtigen Kapitals und einer global agierenden Wirtschaft geworden? Haben nicht die „virtual cities" die alten Städte überholt, wenn auf den Telepolis-Tagungen der „Burda-Akademie zum Dritten Jahrtausend" die „Neuerfindung der Stadt im Zeitalter der globalen Vernetzung" propagiert wird, wenn also die „Disurbanisierung als Ziel" im Raum steht.

Einseitige Propagierungen von „cybercity" und „cyberspace" könnten sich schnell als unhaltbar entlarven, wenn die zentrale Frage nach der Zukunftsfähigkeit gestellt wird: Wie lange kann die menschliche Gesellschaft und ihre selbst geschaffene Kulturumwelt überleben, wenn ihr Verbrauch von Energie, Rohstoffen und Vegetationsbeständen zunehmend die Regenerationsfähigkeit der sie tragenden Naturumwelt übersteigt? Die virtuelle Medienwelt ist insgesamt auf dauernde Energiezufuhr angewiesen. Bei Stromausfall oder vereinfacht, wenn man den Stecker aus der Dose zieht, gehen hier die Lichter aus. Die zusammengebrochene virtuelle Welt kommt erst wieder zum Vorschein, wenn erneut Elektrizität eingespeist wird.

Die Frage nach der „Rolle der europäischen Stadt im 21. Jahrhundert" stellte eine Jahrestagung der Deutschen Akademie für Städtebau und Landesplanung in Dresden. Der damalige Ministerpräsident Kurt Biedenkopf bezeichnete die Stadtnetze als tragfähige Zukunftsmodelle, da sie Siedlungs- und Freiräume als langfristige Überlebensräume zusammenschließen. Biedenkopf bezeichnete die gebauten Städte als unverzichtbare Orte „der dauerhaften realen Selbstvergewisserung der Gesellschaft in einer flüchtigen virtuellen Welt". Aus der Bevölkerungsentwicklung leitete er zusätzlich erweiterte Zukunftsaufgaben für die bestehenden Altstädte ab. Sie sind reale Räume, die auf die menschlichen Körpermaße und Fußgängerdistanzen hin gebaut sind; damit werden sie für den wachsenden Anteil älterer Menschen unersetzlich, da sich diese in Zukunft vermehrt selbst versorgen müssen. Diese wachsende Bevölkerungsgruppe kann aus Alters- und Einkommensgründen nicht mehr mit den Fahrzeugen vor die Stadt hinausfahren und dort in den Einzelhandels-Großprojekten auf der grünen Wiese neben den Autobahnkreuzen einkaufen.

Ob es sich um neue Einkaufszentren an Autobahnkreuzen oder ähnliche Anlagen mit Autobahnanschluss handelt – immer ist es das gleiche Lied von der rücksichtslosen Missachtung aller Vernunft, die zum einen die bisher freie Landschaft besetzt und zum anderen das bestehende Verkehrsnetz für die eigene Gewinnmaximierung überlastet, indem sie weitere Verkehrsströme anzieht und vor allem die umliegenden Städte in ihrer Wirtschaftskraft schwer schädigt. Eine Aufweichung der Raumordnungsgesetzgebung könnte hier allmählich den Beginn einer unheilvollen Entwicklung einleiten.

Bayern hat in den vergangenen Jahrzehnten in seiner Städtebaupolitik Hervorragendes geleistet, und noch heute spürt man sofort, wenn man von Österreich oder von Württemberg nach Bayern hereinfährt, den Unterschied einer Kulturlandschaft, die sich deutlich von den beliebigen Zersiedelungen, Baugebietsanstückelungen und Industriemonumentalismus unserer Nachbarländer unterscheidet. Insofern ist das Bemühen um eine gute Stadtbildgestaltung und die Bewahrung und Neuschaffung eines attraktiven Wohn- und Arbeitsumfeldes unbedingt notwendig, um für die Zukunft verantwortlich zu handeln.

Von guten Vorbildern kann man lernen. Die Beiträge unserer Nürnberger Tagung liegen nunmehr gedruckt vor, und ich wünsche Ihnen viel Freude und vor allem gute Anregungen bei der und durch die Lektüre!

Stadt- und Ortsbildpflege – ein dringliches Anliegen für das Denkmalnetz Bayern

Meike Gerchow

Das Bild unserer Städte, Ortschaften und Dörfer ändert sich seit einigen Jahren wieder schneller, großflächiger und einschneidender. Ortsbildprägende Gebäude, traditionsreiche Gasthäuser und Bauernhöfe, wegweisende Reformbausiedlungen, ganze Straßenzüge, markante Eckgebäude und geschichtsträchtige Einzelbauten fallen dem Druck von Investoren und wirtschaftlichen Interessen zum Opfer. Der durch die Finanzkrise angekurbelte Immobilienmarkt tut das seine. „Betongold" gilt vielen als letzte sichere Währung fürs Ersparte, koste es die baukulturelle Qualität der Dörfer und Städte. Der Boom der Ballungsräume und die anhaltende, wenn nicht schlimmer werdende Krise der strukturschwachen Räume sind zusätzlicher Fluch. Damit einhergehende drastische Kürzungen bei Mitteln und Personal, die Schwächung des Denkmalschutzgesetzes und das Gefühl der sinkenden Akzeptanz der Denkmalpflege bei verantwortlichen Politikern führten in Bayern seit den 1990er Jahren zu einer Situation, die viele Bürgerinnen und Bürger als Krise des Denkmalschutzes verstehen. In vielen Teilen Deutschlands ist es ähnlich.

Das Denkmalnetz Bayern ist ein offenes Bündnis ohne eigene Rechtsform, in dem sich derzeit (Stand Dezember 2015) 128 Bürgerinitiativen und Vereine sowie 179 Einzelpersonen unter dem Motto „aus dem Erbe Zukunft machen" zusammengeschlossen haben. Die Mitgliedschaft ist bewusst niederschwellig gehalten. Mit der Eintragung und Zustimmung zur „Tutzinger Erklärung zur bürgerschaftlichen Denkmalpflege" sind keine Verpflichtungen verbunden. Ziel ist es, sich gegenseitig zu unterstützen, Erfahrungen auszutauschen, die Öffentlichkeit über das Engagement der Mitglieder zu informieren und gemeinsam aufzutreten. Organisatorische Unterstützung leistet der Bayerische Landesverein für Heimatpflege, mit dem wir – wie mit seinem Dachverband, dem Bund Heimat und Umwelt in Deutschland – partnerschaftlich verbunden sind.

Seit der Gründung im Januar 2012 hat das Denkmalnetz seine interne Organisation konstituiert und entwickelt seine Aktivitäten kontinuierlich weiter. Ein für alle Mitglieder offener Arbeitskreis arbeitet in Arbeitsgruppen zu Fragen des Denkmalrechts, in der Einzelfallberatung, in Schule und Bildung, Denkmalbewusstsein und Politik sowie per Veranstaltungen, Internetauftritt und Rundbrief. Zu den Mitgliedern zählen alte und bekannte Bürgerinitiativen wie die „Altstadtfreunde Nürnberg", „Gemeinschaft Stadtbild Coburg e.V.", das „Forum Regensburg", der „Jurahausverein", „Wir sind Fürth e.V. i.G. – Für eine bunte und lebendige Kleeblattstadt", der „Ostuferschutzverband" am Starnberger See, die „Schutzgemeinschaft Tegernseer Tal" und die jungen Gründungen wie der Verein „Bürger fürs Badehaus Waldram-Föhrenwald", die „Interessengemeinschaft Kulturerbe Rainhaus" in Lindau und die „Freunde der Altstadt Landshut".

Die Internetseite *www.denkmalnetzbayern.de* ist das Kernstück des bürgerschaftlichen Bündnisses. Sie bildet das bürgerschaftliche Engagement zu

Denkmal- und Ortsbildschutz in Bayern ab und ist gleichzeitig ein wichtiges Instrument der Öffentlichkeitsarbeit. Unter dem Motto „informiert, präsentiert, kommuniziert" stellt das Denkmalnetz Bayern eine umfassende und zentrale Informations- und Kommunikationsplattform für das bürgerschaftliche Engagement im Bereich der Denkmal- und Ortsbildpflege zur Verfügung. Hierfür erhielten die Netzwerker vom Deutschen Nationalkomitee für Denkmalschutz den „Internetpreis für Denkmalschutz 2013" und wurden „für ihre vorbildliche Vernetzung von Initiativen und Interessen und die Präsentation einzelner Denkmale zur Anwerbung von Spenden sowohl für die Vermittlung allgemeiner Belange der Denkmalpflege mit dem Ziel, ihnen in der Öffentlichkeit mehr Gewicht zu verleihen" ausgezeichnet.

Beim Jahrestreffen des Denkmalnetzes Bayern am 10. Oktober 2015 in Nürnberg lag der Fokus auf Stadtbildpflege und auf besonders erhaltenswerter Bausubstanz. Das Thema haben wir bewusst gewählt, um an die Tagung „Stadt I Bild I Pflege. Stadtbilder und Stadterzählungen im Wandel" anzuschließen, die der Bund Heimat und Umwelt in Deutschland, der Bayerische Landesverein für Heimatpflege und wir, Denkmalnetz Bayern, am 8. und 9. Oktober 2015 veranstaltet haben. Auf dieser Tagung waren einige unserer Mitglieder aktiv beteiligt und trugen zu den abwechslungsreichen, anregenden und auch kontroversen Diskussionen bei. Stadtbildpflege ist ein generelles Thema der Baukultur. Wo der Denkmalschutz mit seinen Instrumenten nicht greift, wollen Bürgerinnen und Bürger zur Diskussion darüber beitragen, wie für besonders erhaltenswerte Bausubstanz und geschichtsträchtige, das Gesicht unserer Wohnorte prägende Bauten baldmöglichst effiziente Schutzmechanismen zur Wirkung gebracht werden können. Im Denkmalnetz Bayern vertreten die Bündnismitglieder mit gemeinsamer Stimme dieses Anliegen, historische Gebäude sowie überlieferte Stadt- und Ortsbilder als wichtiges kulturelles und soziales Kapital für Gegenwart und Zukunft zu bewahren.

Stadtbild, Denkmäler und Nicht-Denkmäler

Achim Schröer

Zusammenfassung

Das Stadtbild ist in Denkmalpflege und Baukultur ein erstaunlich umstrittener Begriff. Ein Grund dafür ist seine Mehrdeutigkeit: man kann darunter etwa das tatsächliche Aussehen einer Stadt verstehen, oder die konstruierte Vorstellung davon. Vorgeschlagen wird hier deswegen eine Unterscheidung zwischen erhaltender und gestaltender Stadtbildpflege. Über den Ensembleschutz ist die erhaltende Stadtbildpflege eine originäre Aufgabe auch der Denkmalpflege, sie geht jedoch weit darüber hinaus. Die unscharfen Übergänge von Denkmalpflege in Stadtbildpflege sowie mögliche alternative Instrumentarien werden anhand von Beispielen aus Bayern beschrieben.

Abstract

The „Stadtbild", the face of a town or city, is an astonishingly controversial concept in conservation and urban design. A reason for this is its ambiguous meaning as the real appearance of a town or as a fictitious image. A differentiation between protective and creative approaches of "Stadtbildpflege" could be helpful. As part of the conservation of urban areas, „Stadtbildpflege" is an original task also for the conservation authorities, but reaches beyond that. The blurred intersections of conservation and „Stadtbildpflege", and potential alternative instruments, are illustrated through examples from Bavaria.

Mehr Stadt oder mehr Bild?

Das „Stadtbild" – worum geht es da eigentlich? In der Alltagssprache scheint der Begriff klar zu sein: Die meisten könnten sich wohl einer lexikalischen Definition vom „optischen Eindruck einer Stadt" anschließen (Lexikon der Kunst 1994: 883). Dabei ist wohl der Gesamteindruck wichtiger als die einzelnen Bestandteile, als ein einzelnes Bauwerk, auch mag der öffentliche Raum wichtiger als der Blick in rückwärtige Bereiche oder gar Innenräume sein. Zahlreiche Publikationen beschäftigen sich so unter dem Titel „Stadtbild im Wandel" anhand vergleichender Fotografien von Plätzen und Straßen mit den tatsächlichen Veränderungen, die eine bestimmte Stadt im Laufe der Zeit erfahren hat. Ein einzelnes Gebäude, ein Detail kann jedoch wiederum „stadtbildprägend" sein. Eine gewisse Auswahl und Wertung findet also statt – teils nach Auffälligkeit, teils nach Häufigkeit, nach dem, was aus dem Vorhandenen als „typisch" erkannt wird.

Unter Denkmalpflegern und weiteren baukulturellen Akteuren allerdings ist das Stadtbild ein erstaunlich schillernder und heiß diskutierter Begriff, der auch immer eine Konnotation von Konstruiertheit, eben von nicht tatsächlich Vorhandenem, in sich trägt (hierzu auch: WOHLLEBEN 2008).

Dabei könnte die disziplinäre Herkunft vieler Denkmalpfleger aus der Kunstgeschichte eine Rolle spielen. In der Bildtheorie steht der Begriff „Bild" für ein eigenständiges Artefakt, das auch im Falle einer gegenständlichen Darstellung etwas ganz anderes ist als dieser reale Gegenstand selbst. Vielmehr entsteht es erst durch den Vorgang der Bildproduktion, durch Auswahl und Darstellung, durch Konstruktion. Der surrealistische Maler René Magritte hat diesen Gegensatz in seinem bekannten Gemälde „La trahison des images" mit der Zeile „Ceci n'est pas une pipe" verarbeitet.¹ In gleich mehrfacher Weise wird diese Idee auf dem Titelbild des wissenschaftlichen Sammelbandes „Stadtbild und Denkmalpflege" ironisch aufgegriffen (Abb. 1): „Ceci n'est pas une ville" steht quer über einem Foto des Dresdner Neumarktes, einem der größten und umstrittensten Rekonstruktionsprojekte in Deutschland, aufgenommen zu einer Zeit, als die noch nicht fertiggestellten Fassaden auf den bedruckten Netzen der Baugerüste simuliert wurden. Ist das Stadtbild also nur ein Konstrukt, das von der realen Stadt scharf zu unterscheiden ist? Während im allgemeinen Sprachgebrauch mit dem Stadtbild das Erscheinungsbild, das tatsächliche Aussehen einer Stadt gemeint ist, mag für kunsthistorisch geprägte Denkmalpfleger immer dieser Bildbegriff mitschwingen, sogar bis hin zur Aussage, „dass Stadtbilder nicht echt sind" (SCHEURMANN 2008: 147).

Ein weiterer Grund ist auch der oft normative Gebrauch im Begriff der „Stadtbildpflege", besonders im Rückblick auf die Jahrzehnte um 1900. Damals entstand die Heimatschutzbewegung, die sich bei fortschreitender Industrialisierung und Modernisierung der Städte um ein „malerisches" Stadtbild sorgte und v.a. darauf hinwirkte, Neubauten in einer nach ihren Vorstellungen angepassten Weise zu gestalten. Dies bedeutete letztlich, dass ein zwar historischer, aber heterogener Baubestand zunehmend entfernt wurde zugunsten von Neubauten, die in ihrer Anpassung teils „typischer" aussahen als ihre Vorgänger (WOHLLEBEN 2008: 159, VINKEN 2008: 168f.). Dadurch bekam der Begriff Stadtbild in der Tat etwas Konstruiertes, und dies war eine andere Zielrichtung als die der sich etwa zeitgleich formierenden Denkmalpflege, die sich für den Erhalt von historischen, d.h. bereits existierenden, Bauten einsetzte. Auch heute noch wird der Begriff Stadtbild teilweise in diesem Sinne verwendet, so durch den Verein Stadtbild Deutschland e.V., der sich für Rekonstruktionen einsetzt.²

Abb. 1: Titelbild des Sammelbandes „Stadtbild und Denkmalpflege". Quelle: Jovis Verlag

„Der Begriff Stadtbild bezieht sich also sowohl auf sichtbare räumlich-materielle Konfigurationen als auch auf innere Bilder sowie auf intermediale Relationen zwischen beiden" (MEIER 2011: 96). Ein spannungsreiches Verhältnis von Stadtbild und Denkmalpflege existiert bis heute da, wo es um die Bewahrung städtebaulicher Zusammenhänge geht. Fast alle Denkmalschutzgesetze der Länder arbeiten beim Schutz der Ensembles (auch Denkmalbereiche o.ä.) mit den Begriffen Stadt- oder Ortsbild, ungeachtet der auch zur Entstehungszeit der Gesetze schon umstrittenen Konnotation.³ Mehr noch, das Stadt- oder Ortsbild wird meist präzisierend als das hier zentrale Schutzgut angegeben. Dennoch wird in der weiteren denkmalkundlichen Diskussion in Bezug auf Ensembles meist mit dem Begriff Struktur operiert und der Begriff Stadtbild vermieden (Wohlleben 2008: 53, Gunzelmann 2008: 219). Ohne die Beziehung zwischen Struktur und Stadtbild hier ausführlich ausleuchten zu können, erscheint es doch gewagt, sich so entschieden von einem zentralen, und wohl nur einseitig rezipierten, Begriff zu entfernen. Der Schutz des Stadtbildes ist, im Bereich der Ensembles, eindeutig auch Aufgabe der Denkmalpflege und bedarf einer präziseren Interpretation, aber nicht seiner Ignorierung oder gar Ablehnung. Noch weiter geht der Umgebungsschutz für Einzeldenkmäler wie für Ensembles, der das „Erscheinungsbild" schützt und damit unweigerlich stadtbildpflegend statt rein konservierend eingreift (Hönes 2001).

Um dieser verwirrenden und die Diskussion erschwerenden Doppeldeutigkeit des Begriffs zu entkommen, möchte ich eine Unterscheidung zwischen erhaltender und gestaltender Stadtbildpflege vorschlagen. Erstere beschäftigt sich, auch im Sinne der Denkmalpflege, mit dem (wenn auch notwendigerweise selektiven) Erhalt des tatsächlich vorhandenen Stadtbildes, letztere mit Maßnahmen zur Erreichung eines gewünschten, aber so noch nicht vorhandenen Stadtbildes.

Erhaltende Stadtbildpflege und Denkmalpflege
Auch erhaltende Stadtbildpflege und Denkmalpflege stehen in einem komplexen Verhältnis. Zum einen stehen bei Weitem nicht alle erhaltenswerten Stadtbilder unter Denkmalschutz, was erstens die Frage der Abgrenzung im Einzelfall und zweitens die nach alternativen Schutzinstrumenten aufwirft. Zum anderen stellt erhaltende Stadtbildpflege eine Herausforderung dar für eine Denkmalpflege, die sich stark auf die materielle Substanz von Denkmälern fokussiert. Die unscharfen Übergänge zwischen beiden sollen im Folgenden anhand von Beispielen aus Bayern illustriert werden.

Die Ludwigstraße in München (Abb. 2) stellt ein bedeutendes Ensemble des Klassizismus dar, die Substanz seiner auch unter Einzeldenkmalschutz stehenden Bauten stammt wiederum zu einem großen Teil aus dem Wiederaufbau. Seit 2004 stehen die sog. „Highlight Towers" in zwar einiger Entfernung, jedoch genau in der Blickachse der Straße und beeinträchtigen deren räumliche Wirkung deutlich. Zwar hatte seinerzeit auch das Bayerische Landesamt für Denkmalpflege gewarnt – aber es befand sich dabei in einer schwierigen Lage, denn während das Stadtbild nun klar beeinträchtigt ist, wurde das Ensemble substanziell in keiner Weise verändert.[4]

Allach ist ein Ortsteil in München, dessen alter Dorfkern unter

Abb. 2: München, Ludwigstraße mit den Highlight Towers. Foto: A. Schröer

Ensembleschutz steht, wobei sich fast keine Einzeldenkmale dort befinden. Im Zuge der sog. Requalifizierung der bayerischen Denkmalliste entstand um 2010 ein Streit um dieses und ähnliche Münchner Dorfensembles, da das Landesamt zu starke Veränderungen ausgemacht hatte. Diese bezogen sich v.a. auf die Substanz der Bauten, während sich die dorftypische Struktur mit giebelständigen, langgestreckten, auf Bauernhäuser zurückgehenden Einzelhäusern mit dazwischenliegenden Wirtschaftsbereichen erhalten hatte. Erst durch Entscheidung des Landesdenkmalrates wurde die drohende Streichung verhindert (Landeshauptstadt München 2013: 19 und 55).

Abb. 3: Weilheim, Obere Stadt.   Quelle: Bayerisches Amt für Denkmalpflege

In Weilheim existiert neben der Altstadt auch das Ensemble der sog. Oberen Stadt (Abb. 3), in der eng aneinandergebaute Ackerbürgerhäuser eine Ausfallstraße entlang eines Bachlaufs säumen. Städtebaulich und funktional ist diese Struktur untrennbar verbunden mit rückwärtigen und sich bis zum früheren Ortsrand erstreckenden Grundstücken, auf denen Wirtschaftsbauten und Gärten Platz fanden. Diese werden in den letzten Jahren zunehmend zusammengelegt und durch größere Wohnbauten verdichtet. Das Ensemble umfasst derzeit nur die straßenbegleitenden vorderen Baukörper und vernachlässigt so die strukturellen Zusammenhänge.

Die Beispiele zeigen, dass in denkmalgeschützten Ensembles neben der Substanz weitere Aspekte eine große Rolle spielen: Typologien, Stadtgrundriss und Grundstücksgrenzen, Frei- und Straßenräume, Höhenentwicklung, Silhouetten und Blickachsen – also Struktur, oder, in seiner Dreidimensionalität, eben nicht auch Stadtbild? Auch ohne hier auf noch weitergehende Aspekte wie Oberflächen und Materialien, Fassadengestaltungen und Dachlandschaften einzugehen, wird deutlich, dass in den Beispielen bereits der Schutz dieser eher strukturellen Aspekte bedroht oder doch unzureichend ist, weil aufgrund einer offenbar starken Substanzorientierung bei der Ensemblefestlegung entweder das Ensemble in Gänze in Frage gestellt wird (Allach), weil wesentliche strukturelle Eigenheiten nicht erfasst werden (Weilheim), oder weil Änderungen außerhalb des Ensembles nicht beeinflusst werden können (Ludwigstraße).

Denkmäler und Nicht-Denkmäler

Nur ein Bruchteil der erhaltenswerten Stadtbilder ist jedoch überhaupt durch Ensembleschutz erfasst. Erhaltende Stadtbildpflege geht somit über den Bereich des Denkmalschutzes hinaus, und bedarf dazu anderer Instrumente. Dies führt aus den strukturellen Diskussionen des Ensembleschutzes auch wieder zurück auf die Ebene des Einzelbaus, der zwar stadtbildprägend ist, aber nicht geschützt. Auch hierzu Beispiele aus Bayern, die allesamt aus der Arbeit von Mitgliedsinitiativen des Denkmalnetzes Bayern stammen.

Abb. 4: München, Kolberger Str. 5.　　　　　　Foto: O DM (CC BY SA 2.0)

Der Münchner Herzogpark am Isarhochufer ist eine berühmte Villenkolonie des frühen 20. Jahrhunderts, er steht aber nicht unter Ensembleschutz. Etwa die Hälfte der Bauten jedoch sind Einzeldenkmäler, so auch das Haus Kolberger Straße 5 (Abb. 4), ein typischer Walmdachbau aus den 1920er Jahren. 1981 wurde es im Inneren umgebaut, wobei der Beteiligungsumfang des Landesamtes im Nachhinein nicht vollständig geklärt werden konnte. 2013 wurde es wegen dieser Umbauten aus der Denkmalliste gestrichen, aus Anlass des beabsichtigten Abrisses und Neubaus eines erheblich größeren Mehrfamilienhauses mit Flachdach. Durch eine vereinte Aktion von Bürgerinitiative, Bezirksausschuss, einzelnen Stadträten und Landesdenkmalrat wurde die Denkmaleigenschaft noch im selben Jahr abermals überprüft, nun mit gegenteiligem Ergebnis.[5] Ohne dieses Eingreifen hätte der Verlust der Denkmaleigenschaft aufgrund innerer Umbauten zum Verlust eines nach außen stadtbildprägenden Denkmals geführt.

Ähnlich ein Fall in Weilheim: Das Redaktionsgebäude des Weilheimer Tagblattes, ein 1935 im Heimatstil umgebauter Bau des späten 19. Jahrhunderts, prägt mit Kubatur und der freskengeschmückten Fassade den Eingang zur ensemblegeschützten Altstadt, und es ist ein bedeutendes ortsgeschichtliches Zeugnis des Wandels von einer ländlichen Kleinstadt zu einem regionalen Zentrum. Aufgrund innerer Umbauten, die erst in den 1990er Jahren vorgenommen wurden, blieb bei einer kürzlichen Prüfung der Denkmalstatus versagt. Das Ensemble endet an

Abb. 5: Weilheim, Weilheimer Tagblatt.　　　　　　Foto: H. Folkerts

der anderen Straßenseite. Abriss und Neubaupläne bedrohen hier ein Gebäude, das ungeachtet seiner stadtbildprägenden Wirkung aufgrund innerer Veränderungen keinerlei Schutzstatus besitzt.[6]

Auch ohne vollständige Abrisse sind Stadtbilder durch Umbauten betroffen, wie sie gerade aktuell im Zuge der energetischen Modernisierung vorgenommen werden. Ohne jeden Schutzstatus verschwinden täglich stuckgeschmückte Gründerzeitfassaden oder die zurückhaltende Gestaltung von Bauten der Nachkriegszeit hinter Wärmedämmverbundsystemen (Abb. 6 und 7). Selten wird dies zum Anlass für eine qualitätvolle Überarbeitung genommen, stattdessen verschwindet der Detailreichtum früherer Epochen Stück für Stück aus dem Stadtbild.

Alternative Instrumente und besonders erhaltenswerte Bausubstanz

Die Denkmalpflege kann also bei weitem nicht alle erhaltenswerten Bauten und Stadtbilder schützen. Zum Teil beruht dies auf nachvollziehbaren fachlichen Erwägungen, zum Teil wohl auch auf Kapazitätsgrenzen, zum Teil aber auch auf einer teilweise problematischen Substanzorientierung, die Aspekte von Stadtbild und Struktur vernachlässigt. Alternative Instrumente hätten v.a. die Kommunen zur Verfügung, die wesentlich stärker als bisher ihre baukulturelle Verantwortung aktiv wahrnehmen müssen. Zumindest in Bayern ist ihnen durch Art. 141 Abs. 1 der Bay. Verfassung der Erhalt „kennzeichnender Ortsbilder" als Aufgabe vorgegeben. In Frage kommen etwa Erhaltungssatzungen nach § 172 BauGB oder Gestaltungssatzungen nach den Bauordnungen (siehe dazu den Artikel von Tanja Flemmig in diesem Band), die allerdings einer anderen rechtlichen Logik als der des Denkmalschutzes folgen und somit keinen direkten Ersatz für ihn darstellen können.

Derzeit entwickelt sich, angeregt durch die energetische Modernisierung, eine Diskussion um den Begriff „besonders erhaltenswerte Bausubstanz". Dieser geht auf § 24 Abs. 1 Energieeinsparverord-

Abb. 6: Nürnberg, Äußere Sulzbacher Straße 32, vor der Sanierung. Foto: B. Leuthold

Abb. 7: Nürnberg, Äußere Sulzbacher Straße 32, nach der Sanierung. Foto: B. Leuthold

nung (EnEV) zurück, wonach bei Denkmälern und „sonstiger besonders erhaltenswerter Bausubstanz" von den Anforderungen der EnEV abgewichen werden kann. Derzeit existiert jedoch noch keine verbindliche Regelung, wie und nach welchen Kriterien diese bestimmt werden soll. Ein Leitfaden des Bundesbauministeriums gibt immerhin Anregungen und schlägt eine Ausweisung anhand bestehender Gebietskategorien vor (eben z.B. Erhaltungsgebiete etc., BMUB 2014). Derzeit bereiten einige Bundesländer Anwendungsrichtlinien vor. Wie auch immer ihre Bestimmung geregelt wird, die „besonders erhaltenswerte Bausubstanz" allein bedeutet zur Zeit keinen weitergehenden Schutz über die zu nichts verpflichtende Ausnahmemöglichkeit des § 24 Abs. 1 EnEV hinaus. Ihre Identifizierung ist allerdings dennoch sinnvoll, zum einen zur Information und Selbstbindung für weitere kommunale Planungen, zum anderen auch als Mittel zur Kommunikation und Bewusstseinsbildung. Für einen wirklichen Schutz aber bedarf es der breiteren Festsetzung und Anwendung bestehender kommunaler Instrumente – sowie wohl auch der Entwicklung neuer Instrumente durch den Bundes- oder Landesgesetzgeber. Erhaltende Stadtbildpflege bleibt eine wichtige Aufgabe für alle beteiligten Akteure.

Literatur

Bundesministerium für Umwelt, Naturschutz, Bau und Reaktorsicherheit (BMUB) (2014) (Hrsg.): Die besonders erhaltenswerte Bausubstanz in der integrierten Stadtentwicklung. – Berlin. www.bmub.bund.de/fileadmin/Daten_BMU/Pools/Broschueren/bausubstanz_broschuere_bf.pdf, Zugriff am 1.12.2015.

GUNZELMANN, T. (2008): Stadtstruktur und Stadtbild in der Denkmalkunde. – In: Brandt, S. & Meier, H.-R. (2008) (Hrsg.): Stadtbild und Denkmalpflege. Konstruktion und Rezeption von Bildern der Stadt, S. 218–231. – Berlin.

HÖNES, E.-R. (2001): Der Schutz der Umgebung an Beispielen der Rechtsprechung zum Denkmalrecht. www.dnk.de/_uploads/beitrag-pdf/e314b0124c0d5e5c1f2d007678ef3bf5.pdf, Zugriff am 1.12.2015.

Landeshauptstadt München (2013) (Hrsg.): Denkmalschutz in München. – München. www.muenchen.de/rathaus/.../pdf/Denkmal_Broschuere.pdf, Zugriff am 1.12.2015.

Lexikon der Kunst (1994): Neubearbeitung. Bd. 6. – Leipzig.

MEIER, H.-R. (2008): Annäherungen an das Stadtbild. – In: Beyer, A. et al (2011) (Hrsg.): Das Auge der Architektur, S. 93–113. – München.

SCHEURMANN, I. (2008): Stadtbild in der Denkmalpflege: Begriff – Kontext – Programm. – In: Brandt, S.; Meier, H.-R. (2008) (Hrsg.): Stadtbild und Denkmalpflege. Konstruktion und Rezeption von Bildern der Stadt, S. 140–149. – Berlin.

VINKEN, G. (2008): Stadt – Denkmal – Bild. Wider die homogenen Bilder der Heimat. – In: Brandt, S.; Meier, H.-R. (2008) (Hrsg.): Stadtbild und Denkmalpflege. Konstruktion und Rezeption von Bildern der Stadt, S. 162–157. – Berlin.

WOHLLEBEN, M. (2008): Stadtbild – Oberfläche – Schein. – In: Brandt, S. & Meier, H.-R. (2008) (Hrsg.): Stadtbild und Denkmalpflege. Konstruktion und Rezeption von Bildern der Stadt, S. 150–161. – Berlin.

Anmerkungen

1. auf deutsch: „Der Verrat der Bilder", Textzeile: „Dies ist keine Pfeife", da es sich eben nur um ein Bild handelt und keine wirkliche Pfeife; gemalt 1929.
2. www.stadtbild-deutschland.de, Zugriff am 1.12.2015.
3. „Stadtbild" findet sich in HH, NRW, MV, ST und SN, nur „Ortsbild" in BY, BW, HN, RP, SH und TH. Als Bsp. das BayDSchG:Art. 1 Abs. 3: „Zu den Baudenkmälern kann auch eine Mehrheit von baulichen Anlagen (Ensemble) gehören, und zwar auch dann, wenn nicht jede einzelne dazugehörige bauliche Anlage die Voraussetzungen des Absatzes 1 erfüllt, das Orts-, Platz- oder Straßenbild aber insgesamt erhaltenswürdig ist."
4. Auch der Umgebungsschutz greift hier nicht, da nach Art. 6 Abs. 1 BayDSchG dazu eine räumliche Nähe gegeben sein muss.
5. de.wikipedia.org/wiki/Kolbergerstra%C3%9Fe_5_%28M%C3%BCnchen%29, Zugriff am 1.12.2015.
6. www.denkmalnetzbayern.de/index.php/menueeintrag/index/id/25/seite_id/1450.

Möglichkeiten der Stadtbildpflege – drei praktische Beispiele aus Regensburg

Tanja Flemmig

Zusammenfassung

Fällt das Wort Stadtbildpflege, so verbindet man damit meist Denkmalschutz, Bewahrung historischer Substanz und Erhalt bestehender Strukturen. Dem Begriff haftet etwas Biederes an, und man hat schnell Kleinsiedlungsgebiete mit adrett gestalteten Vorgartenzonen im Hinterkopf. Doch Stadtbildpflege geht weit über die vorgenannte Erscheinungsform hinaus und gerade „moderne" Stadtbildpflege muss weiter gehen, als bestehende Strukturen zu bewahren. Dazu kommt, dass die unterschiedlichen Interessengruppen mit Stadtbildpflege sehr verschiedene Vorstellungen verbinden. Ein Historiker wird eher an Erhalt und Bewahrung denken, während ein Architekt mehr an Fortschreibung und zeitgemäße Gestaltung denkt. Würde man die „Benutzer" der Stadt fragen, hätten sie sicher andere Kriterien als die Fachplaner. Insofern würde man dem Begriff mit einer Reduzierung auf die Bewahrung der historischen Substanz Unrecht tun.

Der folgende Aufsatz zeigt an drei Beispielen aus der Stadt Regensburg, wie unterschiedlich der Umgang mit dem Thema „Stadtbildpflege" heute sein kann.

Abstract

Monument conservation, preservation of historical buildings and receipt of consisting substance are often associated with the care of the cityscape. But it includes more than this and especially the "modern" care of the cityscape should be more than preserving consisting structures. Furthermore different stakeholders groups have different imaginations of caring the cityscape. An historian wants to receive and protect the city, an architect wants to design the city in a contemporary way and probably the "user" oft the city has other criteria than the specialised planners. The following essay shows with the help of three examples from Regensburg how different the handling with the care of the cityscape is.

1. Beispiel: Regensburger Altstadt mit Stadtamhof

Ausgangslage

In Regensburg finden sich die Ursprünge der Stadtbildpflege im historischen Altstadtkern. Zwar blieb dieser Kern im Zweiten Weltkrieg weitestgehend vor Bombenschäden verschont, trotzdem befanden sich die Gebäude in den Nachkriegsjahren in einem desolaten Zustand (Abb. 1). Es herrschten unzureichende hygienische Verhältnisse, hohe Brandgefahr, und der Gebäudebestand war schlichtweg baufällig. Mitte der 50er Jahre starteten erste Bemühungen, diesem Zustand entgegenzuwirken – eine Aufgabe, die finanziell von der Stadt alleine nicht geleistet werden konnte. Daher stellte man bereits 1955 erste Förderanträge an Bund und Land, die auch vom damaligen Bundesbauministerium Ende 1957 mit 600.000 DM für die Altstadtsanierung und 192.000 DM für den Neubau von Ersatzwohnungen bewilligt wurden. Eine Bedingung war allerdings, dass sich

Abb. 1: Regensburg nach dem Zweiten Weltkrieg.
Quelle: Stadt Regensburg,
Abteilung Presse- und Öffentlichkeitsarbeit

Abb. 2: Abbruch für das Kaufhaus Horten (60er Jahre).
Quelle: Stadt Regensburg,
Abteilung Presse- und Öffentlichkeitsarbeit

Stadt und Land zu jeweils einem Drittel an den Kosten beteiligen. Die gewährten Darlehen mussten seinerzeit verzinst und getilgt werden. Diese ersten Fördergelder, in der Hauptsache für den Bau von Ersatzwohnraum gewährt, stellten sozusagen den Prototyp der später vermehrt einsetzenden Städtebauförderung dar.

Im Zuge der zunehmend prosperierenden Wirtschaft gab es zeitgleich Bestrebungen, die marode historische Substanz zu beseitigen und gegen neue, vermeintlich moderne Gebäude zu ersetzen. Bis heute sind die Spuren dieser Ansätze in der Altstadt deutlich ablesbar (Abb. 2). Beispiele sind das ehemalige Kaufhaus Horten am Neupfarrplatz, das 1968 errichtet wurde (Abb. 3) oder das ehemalige Bekleidungsgeschäft Wöhrl in der Königsstraße aus dem Jahr 1965.

Die endgültige Weichenstellung zur Bewahrung der historischen Substanz der Regensburger Altstadt geschah zu Beginn der 70er Jahre, als mit dem Städtebauförderungsgesetz von 1971 Sanierungsgebiete ausgewiesen werden konnten. 1973 trat das Bayerische Denkmalschutzgesetz in Kraft, durch

Abb. 3: Neubau Kaufhaus Horten, heute Kaufhof.
Quelle: Stadt Regensburg,
Abteilung Presse- und Öffentlichkeitsarbeit

welches die Regensburger Altstadt unter Ensembleschutz gestellt wurde, und im Jahre 1975 folgte die erste Form der Altstadtschutzsatzung. Daraufhin setzte in den folgenden Jahren eine intensive Sanierungstätigkeit ein.

Einführung der Altstadtschutzsatzung

Als gestalterischer Rahmen stellte die erste Form der Altstadtschutzsatzung für die anstehenden Sanie-

Abb. 4: Typisches Fassadenbild der Regensburger Altstadt.
Quelle: Stadt Regensburg, Abteilung Presse- und Öffentlichkeitsarbeit

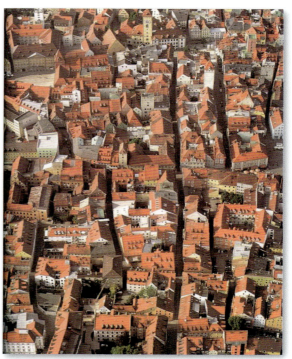

Abb. 5: Die fünfte Fassade.
Quelle: Stadt Regensburg, Abteilung Presse- und Öffentlichkeitsarbeit

rungen eine große Hilfe dar. Regensburg ist im Kern eine steinerne Stadt. Dieser Charakter sollte weiterhin erhalten bleiben. Daher musste dafür Sorge getragen werden, die Außenwände in ihrer ursprünglichen Form zu erhalten, also kein Ausbrechen großformatiger Öffnungen und kein Aufbringen zusätzlicher Dämmmaterialien, daher sollte auf das Ausbrechen großformatiger Öffnungen und das Aufbringen zusätzlicher Dämmmaterialien verzichtet werden (Abb. 4). Auf die Ausbildung der sogenannten fünften Fassade wurde ebenfalls großer Wert gelegt. So gilt bis heute, dass die Dächer mit Biberschwanzziegeln einzudecken sind. Blecheindeckungen sind nur in Ausnahmefällen bei flach geneigten Dächern möglich (Abb. 5).

Mit der Sanierung wurde auch der allmähliche Ausbau der Dachgeschosse betrieben. Dies führte dazu, dass vermehrt Dachgauben benötigt wurden. Ein generelles Verbot für den Einbau von Dachgauben war nicht durchzusetzen, zumal der Ausbau der Dächer zeitweise sogar staatlich gefördert wurde. Somit blieb nur die Möglichkeit, Anzahl, Größe und Ausbildung so festzulegen, dass die Dachlandschaft nicht übermäßig beeinträchtigt wurde. Dachgauben dürfen daher maximal 1,40 m breit sein, sie müssen bestimmte Mindestabstände zueinander einhalten und dürfen keine Seitenverglasungen erhalten (Abb. 6).

Ein weiteres Thema war der Wunsch nach Balkonen. Hier verständigte man sich darauf, Balkone nur

Abb. 6: Beispiel einer Dachgaube.
Quelle: Stadt Regensburg, Abteilung Presse- und Öffentlichkeitsarbeit

dann an historischen Gebäuden zuzulassen, wenn sie vom öffentlichen Raum aus nicht einsehbar sind. Dacheinschnitte sind nicht möglich.

Auch zur Auswahl der Materialien sind in der Gestaltungssatzung Regeln niedergelegt. Zum Beispiel dürfen im historischen Altstadtkern Regensburgs lediglich Holzfenster in traditioneller Bauart, d.h. unter Verwendung entsprechender Wetterschenkel in Holz, eingebaut werden (Abb. 6).

Nachdem die Erdgeschosszonen zunehmend durch Geschäfte besetzt wurden, ging man dazu über, in diesem Bereich auch Metallkonstruktionen für die größeren Schaufensterelemente zuzulassen. Zwingende Voraussetzung war jedoch die Ausbildung einer entsprechenden Sockelzone, sodass die Gebäude nicht die „Bodenhaftung" verlieren. Nicht zuletzt aus Kostengründen wurden die Metallkonstruktionen in den Erdgeschosszonen lange Jahre eingesetzt (Abb. 7). Derzeit geht der Trend bei Gewerbeeinheiten allerdings wieder zu qualitativ hochwertigeren Holzelementen.

Sämtliche in der Altstadtschutzsatzung enthaltenen Regeln haben zum Ziel, das typische Erscheinungsbild der historischen Gebäude zu erhalten und gleichzeitig eine zeitgemäße Nutzung zu ermöglichen. Dies stellt, vor allem, nachdem Investoren die Altstadt als lukrative Einnahmequelle entdeckt haben, stets eine Gratwanderung dar. Sicher ist aber auch, dass das Stadtbild nur dann attraktiv bleibt, wenn die Stadt auch lebendig ist.

Gestaltung öffentlicher Räume

Während sich die Altstadt durch die Sanierungstätigkeit langsam aus dem maroden, baufälligen Zustand in eine prosperierende Innenstadt verwandelte, nahmen auch Geschäfte und Gastronomie zu. Damit stieg der Bedarf an Werbung, und auch Freisitze wurden vermehrt beantragt. Schnell wurde deutlich, dass die anfänglich noch angebrachten Neonleuchtreklamen dem historischen Erscheinungsbild der Gebäude eher abträglich waren. Warenauslagen schossen ebenfalls wie Pilze aus dem Boden und verdeckten bisweilen ganze Fassadenteile (Abb. 8). Die Regularien zum Schutz der historischen Altstadt mussten somit um einige Parameter erweitert werden. Zunächst schuf man nach

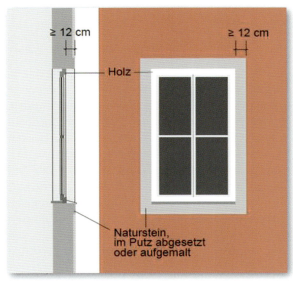

Abb. 7: Detailvorgabe für Fenster.
Quelle: Stadt Regensburg, Bauordnungsamt

Abb. 8: Schaufenster EG, Metallkonstruktion mit kleinem Sockel. Quelle: Stadt Regensburg, Bauordnungsamt

Abb. 9: Warenauslagen vor Einführung der Sondernutzungssatzung. Quelle: Stadt Regensburg, Bauordnungsamt

und nach einen Vorgaben-Rahmen für Werbung an Fassaden. Dieser wurde von den Geschäftsinhabern problemlos akzeptiert. Anders verhielt es sich in der Anfangsphase mit den Einschränkungen für Warenauslagen. Hier hatten die meisten Geschäftsinhaber zunächst wenig bis kein Verständnis dafür, warum zum Beispiel Plastikköche vor Restaurants, aufblasbare Handys oder Dreiecksständer plötzlich nicht mehr zulässig sein sollten. Solche Regeln gegen die Überzeugung vieler Geschäftsinhaber umzusetzen, hätte zu massiven Konflikten geführt. Daher hat man von Beginn an alle Akteure der Altstadt an einen Tisch geholt und sich mit den unterschiedlichsten Interessenslagen kritisch und konstruktiv auseinandergesetzt. So konnten am Ende Lösungen gefunden werden, mit denen heute alle gut zurechtkommen.

Abb. 10: Warenauslage und Eingangsgestaltung heute. Quelle: Stadt Regensburg, Bauordnungsamt

Das Sortiment an Warenauslagen wurde nicht beschränkt, dafür aber die maximale Höhe und Breite der Auslagen (Abb. 10). Sog. Kundenstopper sind in der Altstadt generell nicht mehr zulässig.

Bei den Freisitzen sind Biergartengarnituren, Bänke und Lounge-Möbel ausgeschlossen. Die Beschattung darf mit runden Schirmen ohne Heizstrahler erfolgen (Abb. 11).

Werbeschriften können in Profil 3 (sog. Schattenschrift) an der Fassade angebracht bzw. unmittelbar auf die Fassade aufgemalt werden. Aufgrund der engen Gassen und der nur geringen Abstände von den Gebäuden dürfen die Schriftzüge maximal 40cm hoch sein. Die sogenannten Nasenschilder sind in der Ausladung auf maximal 80cm begrenzt und können lediglich dekupiert leuchten. Dies hat den Vorteil, dass die historischen Gassen in den Abendstunden noch erlebbar bleiben und nicht von leuchtenden Werbeanlagen dominiert werden (Abb. 12 und 13).

Um die Akzeptanz der „Spielregeln für die Altstadt" bei Eigentümern, Gastronomen und Geschäftsinhabern weiter zu festigen, wurde nach der letzten Überarbeitung der Altstadtschutzsatzung das „Gestaltungshandbuch Altstadt" herausgegeben, in dem alle Regelungen erläutert und nachvollziehbar begründet werden. Dieses Gestaltungshandbuch findet inzwischen über die Grenzen Regensburgs hinaus breite Beachtung; es wurde für die Welterbestadt Gijrokastra in Albanien sogar ins Englische übersetzt.

(Weitere Infos zu den Regularien in der Regensburger Altstadt siehe unter: www.regensburg.de/rathaus/aemteruebersicht/planungs-u-baureferat/bauordnungsamt, Stichwort: Gestaltungshandbuch Altstadt)

Abb. 11: Beschattung von Freisitzen.
Quelle: Stadt Regensburg,
Abteilung Presse- und Öffentlichkeitsarbeit

Abb. 12: Werbung früher.
Quelle: Stadt Regensburg, Bauordnungsamt

Abb. 13: Werbung heute.
Quelle: Stadt Regensburg, Bauordnungsamt

2. Beispiel: Ganghofersiedlung

Ausgangslage

Das Siedlungsgebiet liegt ca. 3 km südwestlich der Altstadt von Regensburg und ist 21,35 ha groß. Zwischen 1937 und 1943 entstand hier eine Arbeitersiedlung für das 1935 im Westen der Stadt errichtete Zweigwerk der Bayerischen Flugzeugwerke AG Augsburg, das später unter dem Namen Messerschmitt Regensburg GmbH firmierte. Für die Errichtung der rund 1.100 Wohneinheiten, ursprünglich als Siedlung „Göring-Heim" bezeichnet, war die Bayerische Heimstätten GmbH zuständig. Das städtebauliche Konzept, das zwei Bauabschnitte vorsah, wurde 1963 vom Stadtbauamt in Zusammenarbeit mit dem Gartenamt, welches für die Grünflächenplanung zuständig war, entwickelt. Auf Grundlage einer Bauverordnung entstanden im ersten Bauabschnitt ca. 600 Wohnungen, 1939 folgten in einem zweiten Bauabschnitt weitere 250 Häuser. Realisiert wurden zwei Typen von Gebäuden, nämlich giebelständige, eingeschossige Einzelhäuser (Abb. 14) und traufständig angeordnete Mehrfamilienhäuser, beide mit Satteldach. Alle Gebäude orientieren sich in einer durchgehenden Flucht an den Erschließungsstraßen. Zusammen mit einer Heckenbepflanzung in den Vorgärten und alleenartig gesetzten Straßenbäumen wurde ein klarer Straßenraum definiert. Rückwärtig erhielten die Wohnungen große Haus- und Gemeinschaftsgärten.

Die Formensprache der Bebauung wurde bewusst schlicht gehalten, und die Verwendung von Regeldetails sorgte für eine gestalterische Einheit der Siedlung.

Zwischenzeitlich ist die ursprünglich in der freien Landschaft gelegene Siedlung in das städtische Gefüge eingebettet. Der ursprüngliche Charakter und die gestalterische Strenge blieben aber über die Jahre hinweg erhalten (Abb. 15). Daher wurde die Ganghofersiedlung als Beispiel nationalsozialistischer Siedlungspolitik 1999 durch das Bayer. Landesamt für Denkmalpflege unter Ensembleschutz gestellt.

Bebauungsplan und Gestaltungssatzung

Während 1937 die Wohnungen mit ca. 65 m² Grundfläche noch als großzügig bemessen galten und für herausgehobene Teile der Arbeiterschaft bestimmt waren, sehen die Anforderungen an moder-

Abb 14: Ganghofersiedlung 1938.
Quelle: Stadt Regensburg, Abteilung Presse- und Öffentlichkeitsarbeit

Abb. 15: Ganghofersiedlung vor Sanierungsbeginn 2004.
Quelle: Stadt Regensburg, Abteilung Presse- und Öffentlichkeitsarbeit

Abb. 16: Ausschnitt Bebauungsplan Ganghofersiedlung (Satzungsbeschluss 2004).
Quelle: Stadtplanungsamt/ Götze & Hadlich Architekturbüro, München

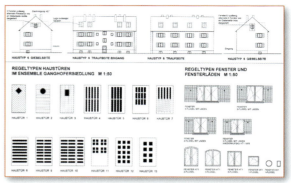

Abb. 17: Ausschnitt aus der Gestaltungssatzung für die Ganghofersiedlung, hier: Regeltypen für Haustüren, Fenster und Fensterläden.
Quelle: Stadtplanungsamt/ Götze & Hadlich Architekturbüro, München

nes Wohnen heute ganz anders aus. Obwohl aktuell noch kein unmittelbarer Handlungsbedarf bestand, war dennoch klar, dass in der Siedlung ein Generationswechsel bevorstand. Es kam hinzu, dass die Siedlung von der Bayer. Heimstätten GmbH an eine als „Grüne Mitte" bezeichnete Gesellschaft veräußert wurde, in der Absicht, die Gebäude in Einzeleigentum umzuwandeln. Zur Sicherung der bestehenden Gebäudetypologie einerseits und zur Schaffung von Erweiterungsmöglichkeiten andererseits stellte man einen Bebauungsplan auf. Damit sollte zusammen mit dem historischen Bestand ein modernes, zeitgemäßes Wohnen ermöglicht werden (Abb. 16).

Der Umgang mit den Vorgartenzonen wurde ebenso geregelt wie der mit den rückwärtigen Gärten. Die bei der ursprünglichen Planung durchlässigen Gemüsegärten sollten zum Beispiel auch nach der zwischenzeitlich erfolgten Parzellierung noch erlebbar bleiben.

Zeitgleich mit dem Bebauungsplan wurde eine Gestaltungssatzung verabschiedet. Diese hat zum Ziel, die bis dato einheitliche Gestaltung der Siedlerhäuser durch Erhalt der gestaltprägenden Elemente weiterhin erlebbar zu machen (Abb. 17). In dem der Satzung beiliegenden Plan sind die Haustypen wie

Abb. 18: Beispiel nach der Sanierung.
Quelle: Stadt Regensburg, Bauordnungsamt

Abb. 18a: Position eines Gestaltungsbeirates.
Quelle: Stadt Regensburg, Bauordnungsamt

auch die Gestaltung der Fenster und Haustüren zeichnerisch festgesetzt. Im Textteil sind Ausführungsdetails wie zum Beispiel Putz und Verblechungen sowie die Farbgestaltung geregelt (Abb. 18 u. 18a).

(Mehr Infos zum Bebauungsplan und zur Gestaltungssatzung unter: stadtplan2.regensburg.de/tabs.php?tab=stadtportal, Stichwort Einzelne Bebauungspläne, B-Plan Nr. 65)

Zwischenbilanz

Bei den beiden vorangegangenen Beispielen erfolgt die Umsetzung auf Grundlage gesetzlicher Regelungen wie Gestaltungssatzungen oder einem Bebauungsplan. Die Intention dieser Regeln ist im Zweifelsfall juristisch durchsetzbar.

Für die Ganghofersiedlung waren die Instrumente Bebauungsplan und Gestaltungssatzung die idealen Mittel, um einerseits die historischen Strukturen zu bewahren und gleichzeitig ein modernes Weiterentwickeln zu ermöglichen. Im Rahmen der Anbauzonen gab es zwar individuelle Lösungsmöglichkeiten, aber keinen Raum für architektonische Extravaganzen, was in diesem Zusammenhang auch nicht angebracht war. Schließlich sollte keine Konkurrenz zwischen Denkmal und Neubau geschaffen werden, sondern ein harmonisches Nebeneinander von Altbau und Anbau.

In der Regensburger Altstadt bildet die Altstadtschutzsatzung die Basis für eine denkmalgerechte Sanierung. Damit sind der Modernisierungswut von Bauherren und Investoren wichtige Grenzen gesetzt, und die Denkmäler behalten zumindest nach außen hin ihren historischen Charakter. Im Inneren werden häufig Veränderungen vorgenommen, die der historischen Substanz abträglich sind, sich im Einzelnen aber nicht gesetzlich regeln lassen. Ein Beispiel ist die Auflösung historischer Wohnungszuschnitte zugunsten hochpreisiger Kleinstwohnungen. Dabei werden Einzeleinheiten geschaffen, die nur zum Innenhof orientiert sind und dann einen zweiten Rettungsweg benötigen, weil die Feuerwehr dort nicht anleitern kann. In vielen Innenhöfen finden sich daher unschöne Notabstiege.

Bei den wenigen Neubauten in der Altstadt stellt sich stets die Frage, bis wohin die Gestaltungssatzung Anwendung finden muss: historisierend bauen, oder modern? Bei dieser Frage sind die Grenzen der gesetzlichen Regeln erreicht.

Auch außerhalb des historischen Kontextes muss es Stadtbildpflege geben. Gestaltungssatzungen machen nur im Einzelfall Sinn, und auch mit Bebauungsplänen sichert man in der Regel nur den Mindeststandard. Qualität lässt sich dabei in letzter Instanz nicht erzwingen. Doch was wäre die Alternative?

Neben den gesetzlichen Regularien setzen mittlerweile immer mehr Städte und Gemeinden auf „freie Instrumentarien", die auf der Basis von Überzeugung arbeiten (Abb. 18), Ob sie Baukunstbeirat, Städtebaubeirat oder Gestaltungsbeirat heißen, sie alle haben zum Ziel, Bauherren und Investoren zu überzeugen, dass eine gute Gestaltung am Ende allen einen Mehrwert bringt.

*Abb. 19: Position eines Gestaltungsbeirates.
Quelle: Stadt Regensburg, Bauordnungsamt*

3. Beispiel: Der Regensburger Gestaltungsbeirat
Einführung

In Regensburg entstand der Gestaltungsbeirat auf Initiative des örtlichen Architekturkreises. Bis dahin lag das gestalterische Hauptaugenmerk auf der Altstadt. Außerhalb der historischen Grenzen wurde ohne großen Fokus auf Qualität gebaut. Der Architekturkreis und Teile der Verwaltung schafften gemeinsam den Kraftakt, die Politik von der Notwendigkeit einer Qualitätssicherung außerhalb von Bebauungsplänen und Altstadtschutzsatzung zu überzeugen. Als Vorbild dienten die Beiräte in Salzburg und Linz, deren Sitzungen man exemplarisch besuchte.

Aufbau und Organisation

Der Regensburger Beirat wurde 1998 gegründet. Er bestand zunächst aus fünf, mittlerweile sechs Experten, aus den Bereichen Städtebau, Architektur und Landschaftsplanung. Die Mitglieder werden zunächst für zwei Jahre vom Planungsausschuss der Stadt berufen. Die Amtszeit kann maximal um weitere zwei Jahre verlängert werden. Ein Mitgliedswechsel erfolgt sukzessive, so dass die Kontinuität der Beratung beibehalten werden kann. Zur Vermeidung von Interessenkonflikten und um eine neutrale Beratung gewährleisten zu können, dürfen die Beiräte während, sowie zwei Jahre vor und ein Jahr nach ihrer Beiratstätigkeit nicht in Regensburg planen und bauen. Auch dürfen sie ihre Büroniederlassung nicht in der Oberpfalz haben. Pro Jahr finden ca. sechs, in der Regel öffentliche Sitzungen statt. Vertreter aus den Fraktionen nehmen als Zuhörer an den Sitzungen teil und vermitteln die Diskussionsergebnisse bei Bedarf in ihren Fraktionen.

Wirkung

Im Gestaltungsbeirat werden Projekte behandelt, die an städtebaulich prägnanten Orten entstehen sollen oder die aufgrund ihrer Größe stadtbildprägend in Erscheinung treten. Die Planer sogenannter Zweckbauten wie etwa von Supermärkten werden ebenso beraten wie die von Neubauten, die in der Altstadt entstehen sollen. Nachdem alle Pläne, wenn sie denn umgesetzt werden, öffentlich sind, findet die Beratung über deren Qualität auch öffentlich statt. Hagelt es Kritik, kann dies im Einzelfall für Planer und Investoren schon unangenehm sein, umgekehrt stehen diese aber auch der Allgemeinheit gegenüber in der Pflicht, die das Ergebnis am Ende ansehen muss. Ist das Kritikgespräch positiv, so bedeutet dies gleichzeitig eine kostenlose Werbung für Investor und Planer. Die öffentliche Beratung bringt zudem den Vorteil mit sich, dass Planungen und Entscheidungen nachvollziehbarer werden, und dass die Berichterstattung in der Zeitung das allgemeine Interesse an der bebauten Umwelt fördert.

Inwieweit die Beratung der Beiräte von Erfolg gekrönt ist, hängt wesentlich von drei Faktoren ab: Politik und Verwaltung müssen vorbehaltlos hinter ihrem Beirat stehen und dessen Empfehlungen konsequent mittragen; die Beiräte müssen ihre Kritik diplomatisch und überzeugend vermitteln; und Bauherr und Planer müssen dieser kostenlosen Beratung positiv gegenüberstehen und bereit sein, die Empfehlungen aufzunehmen und umzusetzen.

Arbeitsbeispiel

Als Beispiel für die Leistung des Gestaltungsbeirates sei hier das ursprünglich für H&M errichtete Kaufhaus in der Regensburger Altstadt genannt. Daran kann man sehr gut sehen, dass der Gestaltungsbeirat genau an der Stelle ansetzen konnte, wo die Altstadtsatzung an ihre Grenzen kam.

Am Kassiansplatz inmitten der Altstadt sollte das erst 1968 errichtete Wohn- und Geschäftshaus ab-

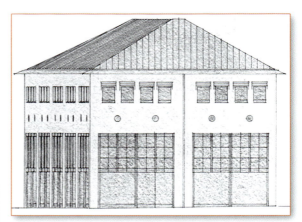

Abb. 22: Ansicht der Erstplanung für H&M (1998).
Quelle: Stadt Regensburg, Bauordnungsamt

Abb. 20: H&M-Grundstück vor 1968.
Quelle: Stadt Regensburg, Abteilung Presse- und Öffentlichkeitsarbeit

Abb. 21: Neubau der Sparkasse auf dem späteren H&M-Grundstück (1968). Quelle: Stadt Regensburg, Abteilung Presse- und Öffentlichkeitsarbeit

gerissen und durch einen Neubau ersetzt werden (Abb. 20 u. 21). Der erste Entwurf orientierte sich mit seiner geplanten Lochfassade und dem geneigten Dach grundsätzlich an den Regeln der Altstadtschutzsatzung. Allerdings hatte die Planung eher den Charme einer Feuerwache (Abb. 22). Daher wurde der Gestaltungsbeirat mit dem Entwurf befasst, der allerdings auch die Architekturwächter nicht überzeugen konnte. Aufgrund der prominenten Lage empfahlen sie die Durchführung eines kleinen Wettbewerbes. Über die Anwendung der Altstadtschutzsatzung bei Neubauten wurde intensiv diskutiert. Der Beirat vertrat dabei die Haltung, dass die Satzung grundsätzlich auch für Neubauten gelten muss. Zumindest die Kernelemente – wie zum Beispiel Massivität, Lochfassade, geneigtes Dach und Materialgetreuheit – sollten auch für Neubauten gelten. Inwieweit in Details Abweichungen möglich sein sollten, sollte entwurfsabhängig entschieden werden. Nach Durchführung der Mehrfachbeauftragung konnte keiner der vorgelegten Entwürfe auf Anhieb überzeugen, man beschloss aber, mit dem Entwurf des Architekturbüros Mahler Günster Fuchs weiterzuarbeiten (Abb. 23).

Abb. 23: Ansicht des Siegerentwurfs (Architekturbüro Mahler Günster Fuchs, Stuttgart, 1998).
Quelle: Stadt Regensburg, Bauordnungsamt

Abb. 24: Neubau H&M. Quelle: Stadt Regensburg, Abteilung Presse- und Öffentlichkeitsarbeit

Das gemeinsam erzielte Ergebnis ist ein „moderner Bau mit mittelalterlicher Trutzigkeit", wie es in der Presse formuliert wurde. Die Kernelemente der Altstadtsatzung wurden berücksichtigt, und gleichzeitig erkennt man den zeitgemäßen Neubau (Abb. 24).

(Mehr Infos zum Regensburger Gestaltungsbeirat unter: www.regensburg.de/rathaus/aemteruebersicht/planungs-u-baureferat/bauordnungsamt, Stichwort Gestaltungsbeirat)

Fazit

Ob Gestaltungssatzung, Bebauungsplan oder Gestaltungsbeirat, juristisch durchsetzbar oder nicht, all diese Elemente sind grundsätzlich geeignete Instrumentarien zur Stadtbildpflege. Welche der Optionen im Einzelfall Anwendung finden sollte, hängt von den individuellen Rahmenbedingungen ab. Liegt zum Beispiel eine sehr heterogene Bebauung vor, so wird man sich mit einer Gestaltungssatzung schwertun. Umgekehrt kann ein Gestaltungsbeirat bei der Sanierung von Einzelbaudenkmälern nur begrenzt weiterhelfen. Der Erfolg ist stets von den Akteuren abhängig. Bei Bauherren oder Investoren muss oft erst ein Bewusstsein für die Bedeutung des Stadtbildes geschaffen werden. Der Politik müssen diese Belange wichtig sein, und sie muss im Einzelfall die Entscheidungen verteidigen. Die Verwaltung muss die Belange der Baukultur den Antragstellern gegenüber überzeugend vertreten.

Wir haben in Regensburg die Erfahrung gemacht, dass sich, gerade bei der Gestaltung der öffentlichen Räume, im Dialog mit den verschiedenen Akteuren viel mehr bewirken lässt als mit Bescheiden oder Auflagen. Allerdings bringt diese Methode einen erhöhten Arbeitsaufwand mit sich. Und: ein einmal erreichter Qualitätsstandard ist kein Garant auf Dauer, sondern er muss stets fortgeschrieben und weiterentwickelt werden. Während die Fassadengestaltung noch einer gewissen Kontinuität unterliegt, muss man bei der Möblierung des öffentlichen Raumes immer wieder von neuem auf die sich ändernden Bedürfnisse der Akteure und die Weiterentwicklung der Technik sowie der Materialien eingehen.

Insofern muss, wer aktive Stadtbildpflege betreiben will, kontinuierlich „in Bewegung" bleiben. „Aber Sport hält ja bekanntlich fit."

Literatur

PETZET, M. (1997): Denkmäler in Bayern. – Regensburg.

Stadt Regensburg, Planungs- und Baureferat, Bauordnungsamt (Hrsg.) (2002): Gestaltungsbeirat. Ein Zwischenbericht 1998-2001 (Regensburg Plant und Baut, Band 7). – Regensburg.

Stadt Regensburg, Planungs- und Baureferat, Bauordnungsamt (2004): Gestaltungsbeirat. Werkbericht 2002–2004 (Regensburg Plant und Baut, Band 10). – Regensburg.

Stadt Regensburg, Planungs- und Baureferat, Bauordnungsamt (Hrsg.) (2008): Gestaltungsbeirat 1998–2008. Ein Erfolgsmodell (Regensburg Plant und Baut, Band 15). – Regensburg.

Stadt Regensburg, Planungs- und Baureferat, Bauordnungsamt/Stadtplanungsamt (2009): Gestaltungshandbuch Altstadt. Leitfaden für Bauherren und Geschäftsinhaber (Regensburg Plant und Baut, Band 16). – Regensburg.

Stadt Regensburg, Planungs- und Baureferat, Amt für Stadtentwicklung (Hrsg.) (2011): 40 Jahre Städtebauförderung in Regensburg. Eine Erfolgsgeschichte. – Regensburg

Stadt Regensburg, Amt für Stadtentwicklung (Hrsg.) (^{2}2010): Regensburg im Fokus. 70 Jahre Stadtentwicklung aus der Vogelperspektive. – Regensburg.

Freie Räume? Freiräume im Stadtbild

Doris Gstach

Zusammenfassung

Freiräume sind ein wichtiger Bestandteil des Stadtbildes. Neben klassischen planerischen Steuerungsinstrumenten wie darunter bauleitplanerischen Regelungen und Gestaltungsleitlinien für den öffentlichen Freiraum beeinflussen heute Alltagspraktiken, insbesondere der Wunsch nach Koproduktion und selbstgemachter Stadt, aber auch neue Formen des Umgangs mit Stadtwildnis das Bild des Freiraums. Dessen Interpretation ist abhängig von verschiedenen Faktoren wie Werthaltungen, Wissen und Kommunikation. Insbesondere für die Akzeptanz „neuer Freiraumbilder" erweist sich das Kommunizieren von Hintergründen und Zusammenhängen oft als entscheidend. Für ein stimmiges Gesamtbild ist eine Balance von tradierten und neuen, von dauerhaften und flüchtigen Bildern und von vorausschauender und selbstgemachter Stadt zu entwickeln. Wie das Ergebnis aussehen soll, ist zu verhandeln.

Abstract

Open spaces are a crucial part of the cityscape. It is not just conventional planning instruments such as land use regulations and public space design guidelines, which influence the appearance of open spaces. More and more current everyday practices, especially demands for co-production and a self-made-city as well as new approaches in dealing with urban wilderness play a role in shaping the picture. Its interpretation depends on various aspects such as attitudes, knowledge and communication. Communication concerning background and context often shows to be especially important for the acceptance of "new open space pictures". A coherent overall picture asks for a balance between traditional and new, between longterm and ephemeral images and between a foresighted and a self-made-city. How this looks like, is to be negotiated.

Bedeutung von Freiraum als Aspekt im Stadtbild

Freiräume, das sind die freien Räume zwischen den Gebäuden, die frei geblieben sind von Bebauung oder wieder frei geworden sind durch Abriss. Quantitativ gesehen sind sie ein maßgeblicher Teil des stadträumlichen Gefüges. Dass sie auch als wichtiger Bestandteil des Stadtbildes wahrgenommen werden, verdeutlichen Marketing-Aussagen vieler Städte. Es wird von stadtbildverschönernden Parkanlagen und prägnanten Plätzen gesprochen, von bunten Beeten, die Farbe ins Stadtbild bringen oder gar von der grünen Seele der Stadt[1]. Gemeint sind damit in der Regel die besonders prominenten Orte in der Stadt, der historische Marktplatz oder der Schlossgarten, Orte, die nicht nur als Alltagsraum, sondern gezielt auch für die Außendarstellung in Szene gesetzt werden.

Stadtbildprägend für die Bewohnerschaft wirken aber auch die weniger exponierten Freiräume und Grünanlagen. Sie bilden wichtige identitätsstiftende Elemente im Quartier. Neben diesen „feinkörnigen" Freiraumstrukturen sind es vor allem die großmaßstäblichen städtischen Freiräume wie Grüngürtel, grüne Ringe, Grünzüge, Flusstäler und Stadtwälder, die das Gesamterscheinungsbild einer Stadt bestimmen und gliedern. Auch darauf greifen Stadtmarketing und Immobilienwirtschaft gerne für Werbe-

Abb. 1: Hannover, Herrenhäuser Gärten.   Foto: D. Gstach

zwecke zurück und sprechen etwa von der „Stadt am Fluss" oder von „Wohnquartieren im Grünen". Der österreichische Architekt und Stadtplaner Camillo Sitte konstatiert bereits Ende des 19. Jahrhunderts in seinen Positionen zu einem Städtebau nach künstlerischen Grundsätzen, dass Städte ohne grüne Zäsuren nicht denkbar seien. „Jede Allee ist langweilig; aber keine Großstadt kann sie gänzlich entbehren, denn ihr endloses Häusermeer braucht alle nur erdenklichen Formen zur Unterbrechung des ewigen Einerlei, zur Gliederung des großen Ganzen, zur Orientierung" (SITTE 1909/2009: 20).

Es ist aber nicht alleine das Erscheinungsbild, das uns Freiräume positiv wahrnehmen lässt. Freiräume sind außerdem charakterisiert durch das Frei-Sein von etwas und für etwas. Freiräume sind definitorisch frei von Bebauung (vgl. CHEVALLERIE 1976: 28). Vor allem in Grünräumen suchen die Menschen auch einen Ort, der frei ist vom Lärm und von der Hektik des Alltags. In öffentlichen Freiräumen ist die Freiheit der Zugänglichkeit das zentrale konstituierende Element. Klassische Freiraumtypen wie Stadtplätze und Parkanlagen sind multifunktionale Räume, die frei sind für verschiedenste Nutzungen. Freiräume verheißen außerdem Offenheit, heißt es im Handwörterbuch der Raumordnung (vgl. ARL 2005). Diese „Verheißung", frei zu sein von etwas und für etwas, machen sie zu einem Sehnsuchtsort im Stadtraum, zu einer Projektionsfläche von Wünschen.

Alltagspraktiken und natürliche Prozesse als Einflussgrößen

Im Sinne einer planvollen stadträumlichen Entwicklung wird auch die Entwicklung der Freiräume durch vielfältige Steuerungsinstrumente beeinflusst. Die Bauleitplanung nimmt Einfluss darauf, ob, wo, in welcher Größe und mit welchen Funktionen besetzt, Freiräume entstehen. Baumschutzsatzungen sollen verhindern, dass Bäume leichtfertig und ohne tragfähige Begründung aus dem Stadtbild entfernt werden. Ortsbildsatzungen und Gestaltungssatzungen treffen Aussagen etwa über Heckenhöhen, Oberflächenmaterialien und Ausstattungselemente im öffentlichen Freiraum. Neben solchen gezielt von professioneller Seite eingesetzten Steuerungsgrößen sind es heute aber gerade auch Alltagspraktiken im Freiraum, verschiedenste Arten der Nutzung und Aneignung, die das Erscheinungsbild transformieren. Stellte bis zum Beginn des 20. Jahrhunderts noch das Flanieren durch Parkanlagen und auf Promenaden die zentrale Nutzung öffentlicher Freiräume dar, wurde zunehmend der Ruf nach erweiterten Nutzungsmöglichkeiten laut. Ein wichtiger Wegbereiter dafür war der damalige Hamburger Oberbaudirektor Fritz Schumacher, dessen Forderung, Park-

Abb. 2: Der Wiener Burggarten wurde im Zuge der Umbrüche nach 1968 zum Austragungsort des Kampfes um die „Wiener Rasenfreiheit". Es dauerte allerdings bis in die 1980er Jahre, bis die Rasenflächen endlich freigegeben wurden. Der Wiener Burggarten heute. Foto: D. Gstach

zur Mithilfe bei der Parkpflege und zum "guerilla gardening". Es bringt aber auch neue Typen von Freiräumen wie bürgerschaftlich initiierte und betriebene Gemeinschaftsgärten in ihren vielfältigen Formen hervor. Das handgestrickte Erscheinungsbild prägt diese Räume und ist gleichzeitig zum Sinnbild einer von der Zivilgesellschaft gestalteten, einer selbstgemachten Stadt geworden. Es wird aber auch deutlich, dass das darüber produzierte Bild nicht von

Abb. 3: Gemeinschaftsgärten am Radschnellweg, Kopenhagen. Foto: D. Gstach

anlagen müssten ein „In-Besitz-Nehmen für die verschiedenen Lebensbeschäftigungen" ermöglichen, zunehmend die Parkkonzepte prägte (vgl. SCHUMACHER 1928: 17). Die Palette der Ansprüche und dessen, was unter Inbesitznahme verstanden wird, ist seither immer wieder Gegenstand gesellschaftspolitischer Debatten und Aushandlungsprozesse und damit ein Spiegel gesellschaftlicher Werthaltungen. Noch bis in die 1980er Jahre wurde darum gekämpft, Rasenflächen in Parkanlagen betreten zu dürfen. Heute ist das Sonnenbaden und Picknicken in vielen Parkanlagen zu einem alltäglichen Bild geworden.

Neue Ansprüche haben die alten aber nicht ersetzt. Wir flanieren auch heute noch mit Vorliebe durch Parkanlagen und picknicken im Stadtpark. Doch daneben werden vermehrt Wünsche geäußert nach Beteiligung, nach Koproduktion und selbstgemachter Stadt. Entsprechend vielfältig sind auch die Bilder der Freiräume in der Stadt geworden. Das wachsende zivilgesellschaftliche Engagement im Freiraum führt zu Patenschaften für Baumscheiben,

Abb. 4: Bürgerschaftlich organisierte Umgestaltung einer Brache zum Gemeinschaftsgarten. Foto: D. Gstach

allen gleichermaßen geschätzt wird. In den geschaffenen Bildern kommt auch das klassische Dilemma eines partizipativen bzw. mit bottom-up bestimmten Prozesses, damit gleichzeitig Exklusivität und Ausgrenzung zu befördern und die demokratische Legitimation der Nutzung öffentlicher Güter infrage zu stellen, zum Ausdruck.

Als eine Spielart des „In-Besitz-Nehmens" sind auch temporäre Nutzungen im öffentlichen Freiraum zu verstehen. Auch sie verändern, wenn auch nur auf Zeit, das Bild. Seit die zentralen Plätze der Stadt nach zähem Ringen langsam freigeräumt sind von parkenden Autos, werden sie zunehmend vom Stadtmarketing für verschiedenste temporäre Aktivitäten beansprucht. Daneben bieten Städte vermehrt die Möglichkeit, öffentliche Freiräume für private oder gewerbliche Events zu mieten. Angebote vom Sportevent über das Firmenjubiläum bis zur „Strandbar" sorgen heute dafür, dass der öffentliche Raum mehr denn je zur Bühne wird und damit auch sein „Gesicht" verändert. Ähnlich wie bei verschiedenen Formen der selbstgemachten Stadt ist hier der betreffende öffentliche Freiraum der freien Zugänglichkeit und Alltagsnutzung damit all denjenigen, die an der Sondernutzung kein Interesse haben, zumindest auf Zeit entzogen.

Gerade im Freiraum bestimmen auch natürliche Prozesse über das Erscheinungsbild. Der Wechsel von Blühaspekten und die Herbstfärbung der Vegetation sind willkommene belebende Phänomene im Stadtbild. Sich „frei entfaltende Vegetation" im Sinne einer Stadtwildnis ist im Bild hingegen wenig erwünscht. Verschiedene Studien verdeutlichen, dass Pflegezustand und Gestaltung die Bewertung des Freiraums maßgeblich beeinflussen. GRUEHN geht in einer Untersuchung dem Zusammenhang zwischen Grundstückswert und Nähe zu Grünstrukturen nach. Bei einem Vergleich wichtiger freiraumrelevanter Faktoren (Zugänglichkeit, Schmuckflächenanteil, Gestaltungsintensität, Pflegezustand und

Abb. 5: Temporäre „Strandbar" in München. Foto: D. Gstach

Abb. 6: Temporäre Streetballflächen vor dem Berliner Hauptbahnhof. Foto: D. Gstach

Abb. 7: Beachvolleyballturnier auf einem Bahnhofsvorplatz. Foto: D. Gstach

Aufenthaltsqualität) zeigt sich, dass die Aspekte Pflege- und Gestaltungsintensität den weitaus stärksten Einfluss auf den Grundstückswert besitzen (vgl. GRUEHN 2006: 17). Ein ganz ähnliches Bild zeichnen diverse Umfragen der letzten Jahre zu verschiedenen Freiraumthemen, etwa eine 2013 im Auftrag der ELCA (European Landscape Contractors Association) durchgeführte FORSA-Studie zur Zufriedenheit mit urbanem Grün in zehn europäischen Großstädten, bei der rund 5.000 Personen befragt wurden. Auf die Frage, was bei öffentlichen Parks und Grünanlagen (sehr) wichtig sei, wünschen sich 90% der Befragten, dass „sie attraktiv gestaltet sind und optisch ansprechend wirken" und 88%, dass „sie professionell gepflegt sind". Dies sind gleichzeitig die beiden häufigsten von acht genannten Aspekten[2] (vgl. ELCA 2013). Wie wichtig das Erkennen einer bewussten Gestaltung für eine positive Wahrnehmung ist, verdeutlicht auch die Reaktion auf „ungewohnte Bilder" im Stadtraum wie die sogenannten urbanen Wälder. Urbane Wälder wurden in den vergangenen Jahren an einzelnen Stellen z.B. in Leipzig geschaffen, um brachliegende Grundstücke kostengünstig aufzuwerten und gleichzeitig das örtliche Grünflächenamt nicht mit weiteren zu pflegenden Flächen zu belasten. Eine Studie des Helmholtz-Zentrums für Umweltforschung (vgl. RINK, ARNDT 2011) zeigt, dass das sich bietende Erscheinungsbild, das von (noch) kleinen, nicht aufgeasteten Gehölzen (Forstware) anstelle von sichtbar gepflegter Baumschulware geprägt wird und keine Wege, Sitzgelegenheiten oder ähnliche nutzungsförderlichen Elemente enthält, von den Befragten mehrheitlich kritisch gesehen wird.

Wir MACHEN uns ein Bild

Natürliche Prozesse und Alltagspraktiken beeinflussen das Erscheinungsbild eines Freiraumes. Wie wir dieses wahrnehmen, ob wir es als ansprechend oder eher negativ bewerten, ist keine objektivierbare Größe, sondern abhängig von unserer Interpretation. Wir machen uns also ein Bild. Wie es „aussieht", ist abhängig von vielen Faktoren, etwa individuellen Werthaltungen und gesellschaftlichen Normen. Aber auch Hintergrundwissen und die Kommunikation über verschiedene Medien in Bezug auf den betreffenden Ort sind maßgeblich daran beteiligt. Diese Aspekte lassen sich gezielt einsetzen, um das Bild, das wir uns machen, zu steuern bzw. zu verändern. Tom KOENIGS (1991) hat im Zusammenhang mit dem Frankfurter GrünGürtel die Aussage geprägt, der Park müsse in den Köpfen entstehen. Gemeint ist damit, dass es zunächst darum geht, über verschiedene Ansätze der Vermittlung die Idee hinter einem Freiraumkonzept verständlich zu machen, um das real Wahrnehmbare verstehen und wertschätzen zu können. Es sind vielleicht besonders solche Freiraumgroßstrukturen, die nach einer Interpretationshilfe, nach Vermittlung und Unterstützung bei der Entwicklung eines persönlichen Bildes verlangen.

Welchen Einfluss die Veränderung von Werthaltungen, Hintergrundwissen und gezielte Kommunikation auf unser Freiraumbild haben, zeigt sich besonders eindrücklich am Beispiel naturnaher bzw. ungestalteter, brachliegender Flächen. Es wurde bereits deutlich, dass ungepflegte Flächen und freiwachsende Natur eher ungeliebte Bilder erzeugen. Doch Wissen um die Bedeutung von „Wildwuchs" steigert dessen Wertschätzung. Wir sehen die Fläche dann wörtlich mit anderen Augen. Dafür wirbt etwa die Wildnis-Kampagne der Stadt Wien, die über diverse Strategien versucht, durch das Vertrautmachen mit Bildern von Stadtwildnis Akzeptanz gegenüber ökologisch wertvollen Flächen zu schaffen (vgl. Magistrat der Stadt Wien o.J.). Auch Brachen erfahren teilweise eine Imageaufwertung. Üblicherweise wird das Bild, das sie vermitteln, von der Mehrheit der Bevölkerung als negativ empfunden. Im Zusammenhang mit der Forderung nach mehr Möglichkeiten für selbstbestimmte Aneignungspraktiken

Abb. 8: Park Gleisdreieck Berlin. Das Schild und die Bezeichnung als ‚Gleiswildnis' machen deutlich, dass es sich hier um ein bewusst erhaltenes Stück Stadtwildnis als Teil des Parks handelt.   Foto: D. Gstach

jedoch verheißen gerade brachliegende Flächen die nötige Offenheit. Was landläufig als Ausdruck von Öde, Nutzlosigkeit, Wertlosigkeit und Niedergang wahrgenommen wird, ist für andere zum Möglichkeitsraum, zum unbesetzten, im positiven Sinne „leeren Raum", zum Ausdruck von Freiheit geworden.

Es geht aber nicht nur um die „Uminterpretation" bestehender Freiraumphänomene. Auch mit neuen gestalterischen Ansätzen erschaffen wir neue, bis dahin möglicherweise ungewohnte Bilder. So finden aus verschiedenen Gründen – seien es Sparzwänge und entsprechende Ansätze zur Pflegeextensivierung oder das Ziel, die Biodiversität zu erhöhen – naturnahe Gestaltungen und das gezielte Einsetzen von Sukzession in den letzten Jahren auch vermehrt bewusste Anwendung in der Freiraumgestaltung (vgl. auch Prominski, Maas 2014). Diese Ansätze gilt es zu vermitteln. Wo das gelingt, vor allem, wo „Wildwuchs" und naturnahe Bereiche als bewusster Teil einer Gestaltung verstanden werden, verändert sich auch die Bewertung und Interpretation des Erscheinungsbildes.

Auch der Landschaftspark Duisburg Nord ist ein solches Beispiel. Dort erzeugt die Kombination aus vereinzelten, intensiv gestalteten Flächen und Sukzessionsbereichen ein einprägsames Bild, das in seiner Charakteristik inzwischen breite Akzeptanz gefunden hat. Neben einer intensiven Vermittlungsarbeit der neuen und ungewohnten Bilder, die der Park erzeugt, verweist Rosenberg (2009) noch auf einen

Abb. 9a und b: Das Nebeneinander von Sukzessionsflächen und gärtnerisch gestalteten Bereichen prägt das Bild des Landschaftsparks Duisburg-Nord.   Foto: D. Gstach

weiteren Aspekt, der die positive Wahrnehmung des Bildes unterstützt hat. Zum einen wird die Bedeutung der baulichen Strukturen aus vormaliger Nutzung durch deren Umnutzung für diverse aktuelle Freizeitaktivitäten transformiert. Zum anderen machen punktuell geschaffene, vertraute gärtnerische Elemente wie geschnittene Hecken und Blumenbeete das Areal als gestaltete Fläche, als Park lesbar.

Neben verschiedenen Aspekten, die unsere Interpretation eines Freiraumes beeinflussen, ist es nicht zuletzt auch das Anliegen, mit dem wir einen Freiraum aufsuchen, das uns beeinflusst. Tessin (2004, 2008) differenziert die Wahrnehmung in einen Besuchermodus und einen Alltagsmodus. Danach sind gestalterische Aspekte wichtiger, wenn man sich im Besuchermodus befindet, also etwa gezielt einen Freiraum aufsucht, um diesen zu besichtigen, während im Alltagsmodus eher das Geschehen vor Ort und die Alltagstauglichkeit für die gewünschte Nutzung im Vordergrund stehen. Dies, so Tessin, beruhe auf dem Theorem der Hintergrundserfüllung, nach dem ein Bedürfnis, dessen Befriedigung erfüllt ist, in den Hintergrund tritt. Auf den Freiraum übertragen bedeutet das, dass, wenn das Bedürfnis nach ansprechender Gestaltung erfüllt ist, diese in den Hintergrund tritt und sich die Aufmerksamkeit auf das Geschehen konzentriert. Tessin spricht dabei auch von einer Ästhetik des Performativen. Die wachsende Zahl temporärer Aktivitäten verstärkt die Bedeutung, die die Geschehensebene für unsere Interpretation des Freiraums hat.

Das Bild braucht einen Rahmen

Betrachten wir die aktuelle Vielfalt unterschiedlichster Freiräume in der Stadt und die Prozesse, die unsere Interpretation beeinflussen, dann wird deutlich, dass wir mit einer wachsenden Vielfalt von Bildern konfrontiert sind und dass diese verstärkt durch zivilgesellschaftliche Prozesse mitbestimmt werden. Was lässt sich daraus schließen? Tradierte Freiräume wie die großen Parkanlagen aus dem 19. Jahrhundert zeigen eine bemerkenswerte physische Konstanz bei weitgehender Flexibilität neuen Ansprüchen gegenüber. Sie verkörpern unser baukulturelles Erbe ebenso und fungieren als Gerüst im Stadtraum, als strukturgebende Elemente, Merkzeichen und Zeichen physischer Kontinuität.

Doch unsere heutige Gesellschaft verlangt ganz offensichtlich zunehmend nach Freiräumen, die weitergehende Freiheiten bieten, „loose fit places", wie sie Ward-Thompson (2002) nennt, und schafft damit entsprechende neue Bilder.

Abb. 10: Selbstgemachte Stadt, Weimar.   Foto: D. Gstach

Abb. 11: Englischer Garten, München.   Foto: D. Gstach

Abb. 12: Tempelhofer Freiheit, Berlin. Foto: D. Gstach

Benötigt wird letztlich eine Balance zwischen flüchtigen und dauerhaften, zwischen tradierten und neuen Bildern und zwischen vorausschauender und selbstgemachter Stadt. Ohne Steuerung wird sich diese Balance nicht einstellen. Die wechselhaften Bilder brauchen einen „Rahmen". Wie Bild und Rahmen aussehen sollen und wie sie zusammen passen könnten, ist zu verhandeln.

Literatur

ARL (2005): Handwörterbuch der Raumordnung. Online abrufbar: www.arl-net.de/content/handwoerterbuch-der-Raumordnung (Stand: 24.10.2015).

DE LA CHEVALLIERE, H. (1976): Mehr Grün in die Stadt. Freiraumplanung im Wohnungs- und Städtebau. – Wiesbaden, Berlin.

ELCA (2013): Urban Green Ranking – Zufriedenheit mit urbanem Grün in europäischen Großstädten. Forsa-Umfrage. Online abrufbar: www.elca.info/european-urban-green-congressen.aspx (Stand: 24.10.2015).

GRUEHN, D. (2006): Bedeutung von Freiflächen und Grünräumen für den Wert von Grundstücken und Immobilien. Forschungsprojekt im Auftrag der GALK-DST, Endbericht, ARC Berichte. – Wien.

KOENIGS, T. (Hrsg.) (1991): Vision offener Grünräume. Grün-Gürtel Frankfurt. – Frankfurt/New York.

Magistrat der Stadt Wien (o.J.): Stadt.Wildnis.Wien. Online abrufbar: stadtwildnis.wien.gv.at/site/) (Stand: 24.10.2015).

PROMINSKI, M. u. MAAS, M. (2014): Urbane Natur gestalten: Entwurfsperspektiven zur Verbindung von Naturschutz und Freiraumnutzung. – Basel.

RINK, D., ARNDT, T. (2011): Urbane Wälder: Ökologische Stadterneuerung durch Anlage urbaner Waldflächen auf innerstädtischen Flächen im Nutzungswandel. Ein Beitrag zur Stadtentwicklung in Leipzig. UFZ-Bericht 03/2011. – Leipzig.

ROSENBERG, E. (2009): Gardens, Landscape, Nature: Duisburg-Nord, Germany. – In: Sandra Iliescu (Hrsg.): The Hand and the Soul. Aesthetics and Ethics in Architecture and Art. Charlottesville and London.

SCHUMACHER, F. (1928): Ein Volkspark. Dargestellt am Hamburger Stadtpark. – München.

SITTE, C. (1909/2009): Der Städtebau nach seinen künstlerischen Grundsätzen, vermehrt um ‚Großstadtgrün', 3. unveränd. Nachdr. Wien 1909. – Basel.

TESSIN, W. (2004): Freiraum und Verhalten. Soziologische Aspekte der Nutzung und Planung städtischer Freiräume: eine Einführung. – Wiesbaden.

TESSIN, W. (2008): Ästhetik des Angenehmen. Städtische Freiräume zwischen professioneller Ästhetik und Laiengeschmack. – Wiesbaden.

WARD THOMPSON, C. (2002): Urban open space in the 21st century. In: Landscape and Urban Planning 60/2002, S. 59–72.

Anmerkungen

1 www.zentrale-dienste-schorndorf.de/leistungen/stadtgruen.html;
www.jena.de/de/84344/?&_nav_id1=84354;
www.loerrach.de/751;
www.wuppertal.de/tourismus-freizeit/gruenes_wuppertal/gruene_anlagen/102370100000148441.php

2 Frage: Bei öffentlichen Parks und Grünanlagen ist (sehr) wichtig, dass (bei den Antworten Prozentzahlen der Nennungen in Klammern) 1) sie attraktiv gestaltet sind und optisch ansprechend wirken (90%), 2) sie professionell gepflegt sind (88%), 3) ausreichend Sitzgelegenheiten und Bänke vorhanden sind (87%), 4) eine breite Vielfalt an Bäumen und Pflanzen vorhanden ist (80%), 5) Ruhezonen und Rückzugsmöglichkeiten vorhanden sind (80%), 6) Spielflächen und Spielmöglichkeiten für Kinder vorhanden sind (72%), 7) Möglichkeiten und Flächen für sportliche Aktivitäten vorhanden sind (61%), und 8) dass gastronomische Angebote in der Nähe der Grünanlage vorhanden sind (44%).

Eine Erfolgsgeschichte am Beispiel der „Gemeinschaft Stadtbild Coburg e.V."

Hans-Heinrich Eidt

Zusammenfassung

Die Gemeinschaft Stadtbild Coburg e.V. wurde 1973 mit dem Ziel gegründet, die immer umfangreicher werdenden Abbrüche in der Altstadt zu verhindern. Die Gemeinschaft ist im Bereich der Stadtbildpflege und des Denkmalschutzes tätig. Um das Bewusstsein der Bürger für ihre Stadt anzuregen, finden unter anderem Prämierungen gut sanierter Gebäude, Rundgänge, Vorträge und Altstadtfeste statt, und es werden Prämien für Fenster-, Tür- und Schulprogramme vergeben.

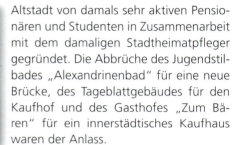

Durch ein großartiges Spendenprogramm konnte die Gemeinschaft mit 1,5 Mio. DM und seit August 2012 mit 3,2 Mio. € in großem Stil Sanierungen unterstützen, ganze Sanierungen finanzieren und letztlich Gebäude zur Renovierung aufkaufen.

Abstract

The community Stadtbild Coburg e.V. was founded in 1973 in order to prevent demolitions in the historical center. The community is working in the field of monument protection. For strengthen public awareness, awards of well renovated buildings, tours, lectures, festivals in the historical center and school programs take place. Because of donations, the community has the possibility to support and finance renovations and to buy buildings.

Gründung – „Kampf um das Stadtbild"

Die Gemeinschaft wurde im Jahre 1973 in Coburg als Reaktion auf die fortschreitende Zerstörung der Altstadt von damals sehr aktiven Pensionären und Studenten in Zusammenarbeit mit dem damaligen Stadtheimatpfleger gegründet. Die Abbrüche des Jugendstilbades „Alexandrinenbad" für eine neue Brücke, des Tageblattgebäudes für den Kaufhof und des Gasthofes „Zum Bären" für ein innerstädtisches Kaufhaus waren der Anlass.

Nach jahrelangen Streitigkeiten mit der Stadtverwaltung und vor allem mit dem damaligen Oberbürgermeister und Verunglimpfungen als „Käseglöckner" und „Fassadenglotzer" ist es durch eine Vielzahl von Aktionen gelungen, das Bewusstsein sowohl der Politiker als auch der Bevölkerung für den Erhalt des im Kriege fast unbeschädigten Stadtbildes zu schärfen: Altstadtfeste, Prämierung gelungener Renovierungen, ein Programm zur Renovierung alter Türen und Fenster, ein Schulprogramm zur Information engagierter Schulklassen, aber auch kritische Veranstaltungen und ganzseitige Zeitungsannoncen zur Kritik an zerstörerischen Bauvorhaben u.a. prägten die ersten zehn Jahre nach der Gründung.

Programm „Blühendes Coburg I"

Die Wende zur besseren Akzeptanz stellte sich ein, als vor ca. 25 Jahren die Firma Brose der Gemeinschaft Stadtbild eine Spende von 1,5 Mio. DM, verteilt auf fünf Jahre, beginnend 1987, mit dem Auftrag gab, damit in Coburg Gebäude zu sanieren.

Insgesamt gelang es, 77 Gebäude unterschiedlicher Qualität zu sanieren oder die Eigentümer mit finanzieller Unterstützung zur Renovierung anzuregen: gegeben wurden zwischen 2.000 DM und 180.000 DM, wobei nicht der Eigentümer, sondern in erster Linie das Gebäude mit seinen Bedürfnissen der Renovierung im Mittelpunkt der Überlegungen stand. Das Programm nannten wir „Blühendes Coburg", wobei wir die Mittel in freier Form verteilen konnten. Dafür zwei Beispiele:

Wir renovierten die Fassade eines Gebäudes in der Pfarrgasse für 180.000 DM. Davon wurden dem Eigentümer 30.000 DM als verlorener Zuschuss gegeben, die restlichen 150.000 DM wurden als Darlehen gegeben. Da klar war, dass der Eigentümer dieses nicht zurückzahlen konnte, andererseits aber verhindert werden sollte, dass er die Spende zu Bargeld machte, vereinbarten wir, dass er das Darlehen mit jährlich 5.000 DM unter der Bedingung zurückzahlen konnte, dass er oder seine Angehörigen das Haus selbst bewohnten; hätte er das Haus jedoch verkauft, wäre der jeweilige Darlehensrest zur Rückzahlung an die Gemeinschaft Stadtbild Coburg fällig geworden. So aber war die Schuld nach 30 Jahren Eigenbesitz gelöscht.

Einem gut situierten Zahnarzt dagegen boten wir 2.000 DM an für den Fall, dass er im Dachstuhl seines renovierten Hauses ein Einscheibenfenster entfernte und mit Sprossen versah.

Nach dieser insgesamt etwa siebenjährigen Tätigkeit erlahmte das Engagement in der Gruppe ein wenig. Der Verein reduzierte seine Tätigkeit auf gelegentliche Stellungnahmen zu Bauvorhaben und arrangierte sich mit dem neuen Baubürgermeister.

Programm „Blühendes Coburg II"

Neuen und bis heute anhaltenden Schwung brachte die Entwicklung im Jahre 2012 mit sich. Am Sonnabend vor Pfingstsonntag, am 26.5.2012, stand der Altstadtbereich in der Herrengasse in Flammen. Viele Mieter, Eigentümer und Geschäftsinhaber verloren ihre Existenz. Der Gesellschafter der Familie Brose, Herr Michael Stoschek, erfuhr noch in der Nacht von der Katastrophe, rief seine Schwester Christine Volkmann an und vereinbarte mit ihr die Zahlung einer Soforthilfe von 5.000.000 €. Eine Art Jury unter Leitung des damaligen 2. Bürgermeisters Norbert Tessmer (heute Oberbürgermeister) unter Mitwirkung eines Mitarbeiters der Fa. Brose verteilte schnell und unbürokratisch 180.000 € an private Brandopfer. Die zugesagte Summe wurde aber nicht voll benötigt, da die geschädigten Häuser weitgehend brandversichert waren. So blieben ca. 4,2 Mio. € ungenutzt. Deswegen entschlossen sich die Sponsoren, die restlichen Beträge über eine Institution auszuzahlen, die schon länger gemeinnützig tätig war und ähnliches schon verwaltet hatte.

Und so kamen sie auf die Gemeinschaft Stadtbild Coburg e.V. und bestimmten, dass diese Gelder – wie vor 25 Jahren – von der Gemeinschaft zur Renovierung, Sanierung und zur Verschönerung der Stadt Coburg eingesetzt werden sollten. Einen Teilbetrag von 1 Mio. € bestimmten sie jedoch ausdrücklich für die Planung einer Tiefgarage unter dem Schlossplatz mit der Auflage, dass die Gemeinschaft Stadtbild Coburg e.V. in die Planung mit einbezogen werden sollte, um für eine stadtbildverträgliche Gestaltung der Ein- und Ausfahrten zu sorgen.

Organisation des Sanierungsprogramms

Im August/September 2012 begann das vom Vorstand beauftragte Sanierungsgremium, intensiv über die Einsatzmöglichkeiten der großzügigen Spende nachzudenken. Vor allem verkommene Gebäude in der Ketschenvorstadt wurden in die Überlegungen einbezogen. Gleichzeitig erbaten viele Eigentümer Förderung und Bezuschussung ihrer Baumaßnahmen bei verschiedenen Sanierungsvorhaben. Gerade auch die Denkmalsbehörde verwies immer wieder Bauwillige an die Gemeinschaft, die die Unterstützung erheblich unbürokratischer bieten konnte und die zudem regelmäßig mit höheren Beträgen als den meist spärlichen staatlichen Summen helfen konnte. Ein kleines Auswahlgremium bestehend aus dem 1. Vorsitzenden Rechtsanwalt Dr. Eidt, dem 2. Vorsitzenden Architekt und Bausachverständigen Stephan Zapf und dem freien Architekten Karl Glodschei entscheidet über die Mittelvergabe. Die Objekte werden vom Auswahlgremium ausgesucht, von Mitgliedern der Gemeinschaft oder dem Denkmalsamt angegeben oder von interessierten Eigentümern selbst vorgeschlagen. Soweit möglich, wird die Renovierung dann mit dem jeweiligen Eigentümer abgestimmt, es erfolgt eine Beratung wegen der Inanspruchnahme staatlicher Denkmalschutz-Fördermittel und ein Beschluss über die Zuschuss-Summe.

Die finanzielle Unterstützung geht völlig unbürokratisch und „ungerecht" vor: In erster Linie entscheidet das Gebäude in seiner Wirkung für die Stadt, seiner Wertigkeit und seiner Renovierungsbedürftigkeit. Erst in zweiter Linie wird die Finanzkraft des Eigentümers abgeschätzt: wer wahrscheinlich hinreichend Mittel zur Verfügung hat, bekommt eine kleinere Summe, z.B. um eine alte Türe zu erhalten, Sprossenfenster einzubauen etc.; wenn jedoch dem Eigentümer die Mittel der Sanierung fehlen, übernimmt die Gemeinschaft Stadtbild Coburg auch die gesamten Kosten (in bisher zwei Fällen mit zweimal 70.000 €, einmal 30.000 € und in 2015 noch ein Haus mit ca. 40.000 €; die teuerste Maßnahme im Jahr 2016 wird mit insgesamt ca. 100.000 € gefördert). Wie vor 25 Jahren erhält der Eigentümer, dessen Haus – jedenfalls von außen – voll saniert wird, einen geringeren Teil der aufgewendeten Kosten als verlorenen Zuschuss. Für den Restbetrag wird ein zinsloses Darlehen vereinbart und im Grundbuch gesichert; der jährliche Rückzahlungsbetrag wird aber solange erlassen, wie der Eigentümer oder seine Familie das Haus selbst bewohnen. Ändert sich dies, ist der nicht verbrauchte Darlehensbetrag zurückzuzahlen. Dadurch soll nur verhindert werden, dass die von Stadtbild finanzierte Wertsteigerung durch einen Verkauf des Hauses den Eigentümer ungerechtfertigt bereichert. Im Jahr 2015 kaufte die Gemeinschaft das Haus Victoriastraße 10 mit dem Ziel, dieses Einzeldenkmal, das seit Jahren leer stand, im Jahr 2016 innen und außen zu sanieren. Dabei soll das Programm des Freistaats Bayern für den Bau von Wohnungen für Flüchtlingsfamilien ausgeschöpft werden.

Die gesamte Verwaltung dieses Projektes führt der 1. Vorsitzende Dr. Hans-Heinrich Eidt im Büro im „Hexenturm" durch, den der Verein auf sein Betreiben hin im Jahr 2013 gekauft hat. Er besucht die Eigentümer, bearbeitet die Zuschussbitten, bei den Gesamtsanierungen schreibt er teilweise auch die Arbeiten aus, beauftragt und beaufsichtigt die Handwerker in Zusammenarbeit mit den Eigentümern. Derzeit (Stand 29.02.2016) umfasst dieses Programm insgesamt 211 Objekte, die zwar geprüft, aber nicht alle auch finanziell gefördert werden.

Wenn diese Mittel verbraucht sein werden, wird eine Gesamtdokumentation zusammengestellt, um dieses bisher wohl einmalige Sponsoring mit Bildern „vorher" und „nachher" darzustellen.

Abb. 1: Webergasse 4 in Coburg, Mai 2015.

Abb. 2: Webergasse 4 in Coburg, Juli 2015.

Abb. 3: Judengasse 29 vor der Sanierung durch Stadtbild.

Abb 4: Judengasse 29 nach der Sanierung durch Stadtbild.

Abb. 5: Creidlitzer Str. 91 vor der Sanierung durch die Gemeinschaft.

Abb. 6: Creidlitzer Str. 91 nach der Sanierung im Juni 2015.

Alle Abbildungen: H.-H. Eidt

Stadt gestalten – Stadt erhalten. Eindrücke von einer öffentlichen Diskussionsveranstaltung am 27. Oktober 2015 in Hamburg

Helmuth Barth

Zusammenfassung

Die wichtigsten Ergebnisse einer öffentlichen Diskussion im Oktober 2015 in Hamburg werden zusammengetragen, gefolgt von einer Beschreibung des Instruments „Städtebauliche Erhaltungsverordnung".

Abstract

First the most important results of a public discussion in October 2015 in Hamburg are collected, after this the "urbanistic provision of conservation" is described.

Hintergrund für die Diskussionsveranstaltung

Menschen wollen sich wohlfühlen in ihrer Stadt. Die kulturelle Identität in den Quartieren wird zunehmend von den Bürgern geschätzt. Ein unversehrtes bauhistorisches und authentisches Ortsbild trägt wesentlich zum Wohlbefinden bei. Nun wird die städtebauliche Eigenart einer Straße, eines Quartiers oder eines ganzen Stadtteils zunehmend verunklart, sei es durch bauliche Veränderungen, durch Abrisse oder durch Neubauten. Die Beeinträchtigung kann erheblich sein. Es besteht die Gefahr, dass das den Milieuwert ausmachende Erscheinungsbild nach und nach verlorengeht. Das geltende Planrecht gewährleistet keinen ausreichenden Schutz der städtebaulichen Eigenart. Ein Instrument, um den Bestand zu bewahren, ist der Denkmalschutz. In der Freien und Hansestadt Hamburg ist das Denkmalschutzgesetz im Jahre 2013 novelliert worden. Insgesamt 5.000 Gebäude und Ensembles mit 18.000 Adressen sind jetzt durch das Gesetz geschützt und bedürfen für eine Veränderung einer Genehmigung. Aber sie repräsentieren lediglich zwei Prozent des gesamten Gebäudebestandes. Sehr viel umfangreicher ist jedoch der historisch wertvolle Bestand an ungeschützter Bausubstanz in der Stadt. Hier setzte die Initiative des Vereins Freunde der Denkmalpflege e.V. an. Er gewann mit der Hamburgischen Architektenkammer und der Freien Akademie der Künste zwei Kooperationspartner und organisierte eine öffentliche Diskussionsveranstaltung zum Thema Stadtbild und Stadtgestalt.

Ablauf der Diskussionsveranstaltung

Für den Auftakt war der Flensburger Stadtbildpfleger Eiko Wenzel eingeladen worden. Er öffnete den Blick von außen, nämlich aus der Sicht der Baukultur in der Fördestadt Flensburg, und zeigte auf, wie Denkmalpflege, Städtebauförderung, Bauleitplanung, Erhaltungssatzungen, Baugenehmigungen und Gestaltungssatzungen in einer Kommune zusammen betrieben werden können. Einen Stadtbildpfleger gibt es in Hamburg (bisher) nicht.

Im Anschluss an dieses Impulsreferat trat das Podium zusammen, das sieben Experten aus verschiedenen Institutionen versammelte. So erläuterte Monika Grubbauer, Professorin für Geschichte und Theorie der Stadt an der HafenCity-Universität in Hamburg, wie Stadtbildpflege und Stadtatmosphäre zur räumlichen Stadtentwicklungsplanung beitragen können. Ähnlich argumentierte Dirk Schubert, Vorsitzender der Fritz-Schumacher-Gesellschaft. Er berichtete über die Erfahrungen mit Instrumenten der Stadtbildpflege, der Quartierserhaltung und des Milieuschutzes. Bekanntlich hat Fritz Schumacher als Oberbaudirektor zu Anfang des 20. Jahrhunderts ganz wesentlich das Erscheinungsbild Hamburgs geprägt und unverkennbare Backsteinquartiere geschaffen. Die weiteren Diskussionsbeiträge konzentrierten sich im Wesentlichen auf das Instrument der städtebaulichen Erhaltungssatzungen, oder Erhaltungsverordnungen, wie sie in Hamburg genannt werden. Sie sind im Baugesetzbuch § 172 Abs. 1 verankert.

Cordula Ernsing, Stadt- und Landschaftsplanerin im Bezirk Hamburg-Nord, berichtete über den Umgang und die Erfahrungen mit diesem Instrument, über Erfolge und Misserfolge. Wie viele Erhaltungsverordnungen hat der Bezirk bislang erlassen, wie viele sind geplant, wie können sie durchgesetzt werden, wie werden die Bürger informiert? Dieser Blick aus der Praxis kam im Publikum gut an. Der nächste Vortragende hob das Thema auf die Landesebene. Es war Jörn Walter, Oberbaudirektor der Stadt und verantwortlich für die übergeordnete Planung. Er beantwortete die Fragen, wie sich städtebauliche Initiativen wie die Internationale Bauausstellung IBA, Wohnungsbaustrategien oder Gutachten wie „Mehr Stadt in der Stadt" und die Olympiabewerbung Hamburgs auf Erhaltungsziele auswirken. Insbesondere ging er auf die Zusammenarbeit von Stadt und Bezirk ein und auf die Frage, wie sie noch verbessert werden kann. Eine Nachverdichtung im Stadtbild hielt er für alternativlos, gleichzeitig plädierte er für eine kompromisslose Weiterentwicklung der Backstein-Initiative des Hamburger Senats.

Den Schlussbeitrag vor der allgemeinen Diskussion steuerte der Landeskonservator Andreas Kellner bei. Er bewertete die städtebauliche Dimension des neuen Hamburger Denkmalschutzgesetzes und beschrieb, wie Erhaltungsverordnungen den Denkmalschutz unterstützen können. Aus seiner Sicht wird dieses Instrument zu wenig genutzt; es sollte öfter und strikter angewendet werden. Er setzte sich außerdem für eine Nachinventarisierung schützenswerter Häuser ein. Anschließend begann eine allgemeine Diskussion, moderiert von Matthias Frinken, Architekt und Stadtplaner in Hamburg. Das Publikum im Saal beteiligte sich engagiert an den Gesprächen. Absicht der Veranstalter war es, das Instrument der städtebaulichen Erhaltungsverordnung stärker in das Bewusstsein der Öffentlichkeit zu rücken. Dazu war auch eine Handreichung vorbereitet worden, die jeder Besucher auf seinem Platz vorfand.

Im Folgenden soll deshalb etwas detaillierter auf dieses Thema eingegangen werden.

Was sind städtebauliche Erhaltungsverordnungen?

Eine städtebauliche Erhaltungsverordnung nach § 172 Abs. 1 Nr. 1 BauGB dient der Erhaltung städtebaulicher Eigenart und verhindert den Verlust städtebaulich wertvoller Objekte. Es ist ein Instrument auf der Bezirksebene und in Hamburg in der Regel bei den jeweiligen Stadt- und Landschaftsplanungsabteilungen der sieben Bezirke angesiedelt. Mit der Verordnung wird ein Genehmigungsvorbehalt bei Rückbau und Nutzungsänderung von Gebäuden sowie bei der Errichtung von Neubauten wirksam. Die Erhaltungsverordnung tritt neben das geltende Planrecht. So sind beispielsweise im Bezirk Hamburg-Nord zwölf Erhaltungsgebiete ausgewiesen. Eines

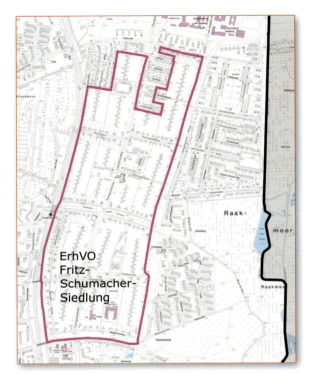

Abb. 1: Erhaltungsgebiet Fritz-Schumacher-Siedlung in Hamburg-Langenhorn.   Foto: Bezirksamt Hamburg-Nord

Abb. 2: Reihenhaus in der Fritz-Schumacher-Siedlung in Hamburg-Langenhorn.   Foto: C. Gattner

Abb. 3: Einzelhäuser in der Fritz-Schumacher-Siedlung in Hamburg-Langenhorn.   Foto: C. Gattner

Abb. 4: Doppelhaus in der Fritz-Schumacher-Siedlung in Hamburg-Langenhorn.   Foto: C. Gattner

davon ist die Fritz-Schumacher-Siedlung im Stadtteil Langenhorn (Abb. 1). Die Begründung umfasst folgende Punkte: die Festlegung des Verordnungsgebietes, den Anlass und die städtebauliche Zielsetzung, die geschichtliche Entwicklung, das städtebauliche Prinzip mit Reihen-, Doppel- und Einzelhäusern (Abb. 2, 3, 4), mit Gemeinbedarf und Läden, den Baumaterialien und der Farbgestaltung, die rechtliche Wirkung der Verordnung. Eine bebilderte und beschriebene Auflistung der unterschiedlichen Haustypen komplettiert die Verordnung. Die Häuser in der Siedlung zeichnen sich durch eine symmetrische Fassadenaufteilung sowie einheitliche Sprossenfenster und Dachdeckungen aus. Das Straßenraster ist fast orthogonal.

Stadtbilder – Stadterzählungen (BHU 2015)

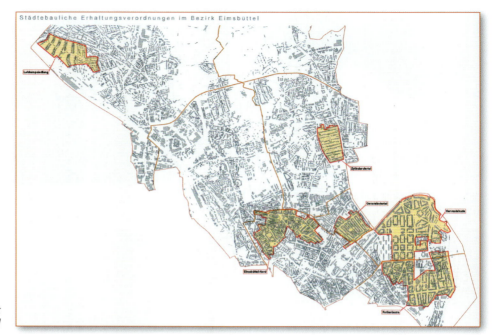

Abb. 5:
Erhaltungsgebiete in
Hamburg-Eimsbüttel.
Plan: Bezirksamt
Hamburg-Eimsbüttel

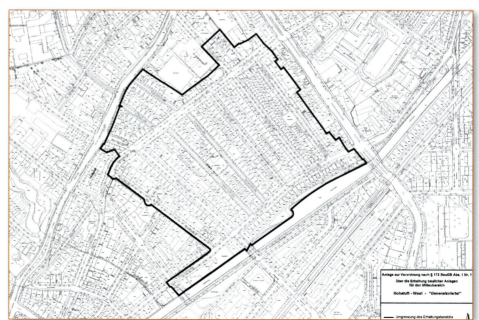

Abb. 6:
Erhaltungsgebiet
„Generalsviertel" im
Hamburger Stadtteil
Hoheluft-West.
Plan: Bezirksamt
Hamburg-Eimsbüttel

Ein zweites Beispiel sei aus dem Bezirk Hamburg-Eimsbüttel aufgeführt, wo es bislang sechs Erhaltungsgebiete gibt (Abb. 5). Dort hatte ein Einwohnerprotest in der 1871 entstandenen Bismarckstraße im Stadtteil Hoheluft-West, in der viele Häuser aus der Gründerzeit stehen und ein Gebäudeabriss nicht verhindert werden konnte, den Ausschlag gegeben, eine Erhaltungsverordnung für das gesamte Quartier („Generalsviertel") zu erlassen (Abb. 6). Die Straßenzüge dort zeichnen sich durch homogene Strukturen aus, durch eine klare Aufteilung des Straßenraumes, durch kleinteilige Blockrandbebauung, vorgehängte Balkone und schönen Fassadenschmuck

Abb. 9: Wohnhäuser in der Wrangelstraße 45–49 in Hamburg-Eimsbüttel. Foto: H. Barth

Abb. 7: Stadtvillen in der Bismarckstraße in Hamburg-Eimsbüttel. Foto: H. Barth

Abb. 10: Wohnhäuser in der Wrangelstraße 14–16 in Hamburg-Eimsbüttel. Foto: H. Barth

Abb. 8: Wohnhäuser in der Wrangelstraße 25–31 in Hamburg-Eimsbüttel. Foto: H. Barth

Abb. 11: Wohnhäuser in der Kottwitzstraße in Hamburg-Eimsbüttel. Foto: H. Barth

Abb. 12: Straßenzug in der Kielortallee in Hamburg-Eimsbüttel.
Foto: H. Barth

Abb. 13: Stadtvillen in der Koopstraße in Hamburg-Eimsbüttel.
Foto: H. Barth

Abb. 14: Wohnhäuser in der Kippingstraße in Hamburg-Eimsbüttel.
Foto: H. Barth

Abb. 15: Titelseite des Gestaltungsleitfadens für das Bergedorfer Villengebiet. Foto: Bezirksamt Hamburg-Bergedorf

(Abb. 7–11). Veränderungen wie Vorgartenversiegelung, Carports, Dachaufbauten usw. würden das Gesamtbild empfindlich stören. Der Erlass der Verordnung kam gerade noch rechtzeitig und verhinderte Verwerfungen.

Nun gibt es in Hamburg aber auch Straßenzüge, in denen wertvolle Häuser weder durch den Denkmalschutz noch durch eine Erhaltungsverordnung vor Abriss oder Veränderungen geschützt sind. Ein Beispiel ist das Quartier Kielortallee/Koopstraße/Kippingstraße im Bezirk Hamburg-Eimsbüttel. Hier stehen Gründerzeithäuser in unterschiedlichster Architektursprache und prägen unverkennbar ein gediegenes Wohnviertel (Abb. 12–14). Der Bezirk bereitet hier gegenwärtig eine Erhaltungsverordnung vor, die hoffentlich den Charakter des Quartiers rettet.

Erwähnt werden sollte noch, dass Erhaltungsverordnungen ergänzt werden können durch Gestaltungssatzungen und Gestaltungsleitfäden. Ein vorbildliches Beispiel ist der Gestaltungsleitfaden für das Villengebiet im Bezirk Hamburg-Bergedorf (Abb. 15). Diese 16-seitige Broschüre listet Gestaltungsempfehlungen, Problembereiche und Gestaltungsmerkmale auf, illustriert mit Fotos der unterschiedlichsten Gebäude in dem Villengebiet. Sie war allen betroffenen Hauseigentümern zugestellt worden. Es bleibt aber auch festzustellen, dass die Hamburger Bezirke sehr unterschiedlichen Gebrauch von Erhaltungsverordnungen machen. Bislang gibt es ca. 30 bis 40 Gebiete mit Erhaltungsverordnungen. Dabei scheint es jedoch wichtig zu sein, dass hamburgweit vergleichbare Standards geschaffen werden. Oft weiß auch der Bürger nicht, dass er in einem Erhaltungsgebiet wohnt und welche Folgerungen daraus zu ziehen sind.

Als Fazit der öffentlichen Diskussion am 27. Oktober lässt sich festhalten, dass es nicht genug Erhaltungsgebiete geben kann, dass Stadt und Bezirke an einem Strang ziehen sollten und dass die Bürger sich einbringen müssen und sollten, schon, um für sich selbst eine lebenswerte Stadt zu erhalten.

Literatur

BDA Landesverband Nordrhein-Westfalen (2015): Bestand braucht Haltung. Positionspapier zum Umgang mit dem baulichen Erbe. – Hamburg.

Denkmalschutzamt Hamburg (Hrsg.) (2013): Praxishilfe Denkmalpflege. Hinweise für Architekten und Bauherren. – Hamburg.

Denkmalverein Hamburg (2015): Stadt gestalten – Stadt erhalten. Was können städtebauliche Erhaltungsverordnungen zur Bewahrung des Hamburger Stadtbildes beitragen? – Hamburg.

Fuhrhop, D. (2015): Verbietet das Bauen! Eine Streitschrift. – München.

Hamburger Behörde für Stadtentwicklung und Wohnen (Hrsg.) (2014): Innenstadtkonzept Hamburg 2014. – Hamburg.

Hipp, H. (2009): Wohnstadt Hamburg. – Berlin.

Mitscherlich, A. (1971): Thesen zur Stadt der Zukunft. – Berlin.

Rauterberg, H. (2013): Wir sind die Stadt! Urbanes Leben in der Digitalmoderne. – Berlin.

Geschichtsbewusst und behutsam: Die Bürgerinitiative „Unsere lebenswerte Stadt" wehrt sich gegen „Legomanie" und „Schlumpfbarock" in Bad Neuenahr-Ahrweiler

Axel Hausberg und Markus Hartmann

Zusammenfassung

Die Bürgerinitiative „lebenswerte Stadt" entstand zu einer Zeit, in der in Bad Neuenahr sehr viel historische Bausubstanz einer Bauinvestoren-Architektur geopfert wurde. Die Initiative versucht, mit unterschiedlichen Angeboten und Formaten, die Bevölkerung für das kulturelle Erbe der Badestadt zu sensibilisieren. Sie klärt auf, sie weist auf alternative Wege des Bauens und Erhaltens hin, und sie installierte eine Sehschule, die regelmäßig zu verschiedenen Themen einlädt. Die BI möchte die heutige Stadt behutsam weiterentwickeln, damit sie auch für die nächsten Generationen noch lebenswert ist.

Abstract

The citizens' initiative "livable city" came into being at a time when a great amount of the historic fabric of a building investors-architecture was sacrificed in Bad Neuenahr. The initiative attempts to sensitize the population to the cultural heritage of the spa town with the help of different offers and formats. It clarifies, it points to alternative ways of building and maintaining, and it installed an orthoptic practice that invites to discuss different topics on a regular basis. The BI intends to develop the present town carefully, so that it is still worth living for future generations.

Die Hintergründe

Die heutige Doppelstadt Bad Neuenahr-Ahrweiler liegt im malerischen Rotweinanbaugebiet der Ahr (Kreis Ahrweiler, Rheinland-Pfalz), in einer Landschaft, in der andere Urlaub machen. Tatsächlich bot sie einmal eine erstaunlich gut erhaltene und attraktive Bausubstanz: die Badestadt wurde nicht umsonst „das rheinische Karlsbad" genannt.

Das mittelalterliche Ahrweiler ist bis heute als (nahezu) geschlossene Fachwerkstadt innerhalb einer gänzlich erhaltenen Stadtmauer mit vier Stadttoren erlebbar. Auch den Zweiten Weltkrieg, der vielen Städten ihr Gesicht raubte, haben das Heilbad Neuenahr und Ahrweiler sehr gut überlebt; größere Schäden gab es nur im Stadtteil Ahrweiler, man baute jedoch das zerstörte Viertel im Fachwerkstil wieder auf. Bad Neuenahr mit seinen großen Hotels und Kliniken war Lazarettstadt.

Es sind die 1960er Jahre, die insbesondere Bad Neuenahr massiv veränderten. Man betrieb Neugestaltung mit Abrissbirne und Bagger. Teilweise ist dies dem Zeitgeist geschuldet: Die 1960er und 1970er sind Jahre, die sich bewusst von „Altem" lösen und im radikalen Errichten moderner Hochhäuser einer Zugewandtheit zur Modernität Ausdruck verleihen. Dieser Trend fiel in Bad Neuenahr umso leichter, da die Bädergeschichte nach dem Zweiten Weltkrieg nicht einfach fortgeschrieben werden konnte. Die großen prachtvollen Hotelbauten wurde zweckentfremdet genutzt. Man stellte sie, nur 20 km südlich der neuen Bundeshauptstadt Bonn gelegen, dem Materialamt des Heeres zur Verfügung. Zum Teil waren diese Bauten auch in keinem guten baulichen Zustand mehr.

Dieser Trend, Altes rücksichtslos niederzulegen und neu zu bauen, reißt auch in den folgenden Jahrzehnten (den 1980ern und 1990ern), in denen sich schon viele Städte ihrer Geschichte bewusst werden und markante Gebäude erhalten, nicht ab. Zwar keimt auch in Neuenahr ein Geschichtsbewusstsein, aber es erschöpft sich in Diashows und Vorträgen, die dokumentieren, wie prachtvoll das Heilbad einst war. Zu einem Umdenken kommt es jedoch nur punktuell. So verliert das Bad seit den 1950ern bis heute ganze Straßenzüge geschlossener Bausubstanz und monumentale Hotelbauten, die durchaus mit Bauten aus Städten wie Baden-Baden, Wiesbaden und Bad Ems mithalten konnten.

Abb. 1: Bad Neuenahr mit der Landskron um 1900 – seit damals hat sich die Ansicht drastisch verändert.   Foto: Archiv BI „Unsere lebenswerte Stadt"

*Abb. 2: Das „Neue Kurhaus" von Bad Neuenahr um 1905 – wurde nach Plänen des Kölner Architekten Oscar Schütz 1905 fertiggestellt. Der große Festsaal verfügt über 700 Parkett- und 300 Balkonplätze. Im Kurhaus befinden sich auch die Spielbank Bad Neuenahr und weitere Räume für Kongresse und Festveranstaltungen.
Foto: Archiv BI „Unsere lebenswerte Stadt"*

Abb. 3: Bad Neuenahr, Grand Hotel Flora mit Dependence Villa Flora – 1872 von der Familie Schroeder gegründet. Foto: Archiv BI „Unsere lebenswerte Stadt"

Abb. 4: Das ehemalige Hotel Flora in Bad Neuenahr beherbergt heute das Rathaus der Stadt. Die Dependence Villa Flora wurde abgerissen; an dieser Stelle schmückt heute die Volksbank die Stadt. Foto: A. Hausberg

ihren Höhepunkt. Durch die Jahrzehnte nahmen die Fassaden allenfalls geringen Bezug auf die Bäderarchitektur, auf gründerzeitliche Nachbarbebauung oder lokale Bautraditionen. Auch verändert sich die Bevölkerungsstruktur massiv; Bad Neuenahr entwickelt sich zu einem Dorado für Senioren benachbarter Großstädte.

So stellt sich das Bad heute sehr inhomogen dar. Die Bausubstanz umfasst nach wie vor kleinbäuerliche Eifler Einhäuser der Vorbäderzeit (der Ursprung des Bades liegt in drei Winzer- und Bauerdörfern), Architektur der Heilbad-Ära (seit 1859 kommen Kurgäste – die Bausubstanz reicht somit von dieser Zeit bis in die 1920er Jahre), bis zu allen architektonischen Nachkriegsstilen in einem wilden Durcheinander.

Wie stoppt man ein treibendes Schiff?
Die Bürgerinitiative gründet sich

„Wir sind eigentlich 50 Jahre zu spät!" Mit diesem Satz eröffneten die Gründer der Initiative ihre Versammlung im Sommer 2014 im alten Tanzsaal eines ehemaligen Hotels. Sie wollen schauen, wie sie als Bürgerinnen und Bürger die Stadtentwicklung beeinflussen können. Die Initiative ist davon überzeugt, dass das Gestalterische die Lebensqualität entscheidend beeinflusst; sie möchte die Geschichte eines Ortes bewahrt und gewürdigt wissen, wohl wissend, dass sich die Gegenwart aus der Vergangenheit speist und

Die Jahrtausendwende verschärft diese Entwicklung sogar noch dahingehend, dass die Bauaktivitäten nun bevorzugt von der Errichtung seniorengerechter Eigentumswohnungen in Bauinvestorarchitektur beherrscht werden und erreicht derzeit

architektonisch widerspiegeln darf. Die Initiative blickt mit großer Sorge auf gegenwärtige Entwicklungen, die diese beiden Punkte außer Acht lassen und nur noch die Rendite in den Blick nimmt. Sie befürworten den Erhalt dessen, was ihre Stadt einmalig macht und wollen, dass das Neue daran Maß nimmt.

Die (bau-)rechtliche Lage ist nicht einfach. Bebauungspläne, Gestaltungs- und Erhaltungssatzungen, vielleicht auch das Installieren eines Gestaltungsbeirates, wären vermutlich die adäquaten Mittel einer Stadtgestaltung. Die Bürgerinitiative (BI) versucht, diese Möglichkeiten immer wieder ins Gespräch zu bringen.

Doch auch die Sensibilisierung der Bevölkerung für die verbliebenen Schätze in ihrer Stadt ist ein herausragendes Ziel – dazu gehört es, Bürgerinnen und Bürger zu informieren, zu schulen, kompetent zu machen in Sachen Baustile und Baukultur; andere Wege, andere Gestaltungen, regionale Materialien aufzuzeigen. Es gilt, die Stadt mit ihrer Geschichte weiterzubauen, und Bauherrenindividualismus zu verunmöglichen.

Abb. 5: Kaiserhof, Prunkbauten aus der Blütezeit der Stadt Bad Neuenahr um die Jahrhundertwende. Foto: Archiv BI „Unsere lebenswerte Stadt"

Abb. 6: Im Oktober 1977 eröffnete das Kaufhaus Moses, für den das ehemalige Hotel „Kaiserhof" in Bad Neuenahr hatte weichen müssen. Foto: A. Hausberg

Die BI möchte Gestaltungsvorgänge transparent machen. Noch werden Entscheidungen vielfach über die Köpfe von Bauherren oder Räten hinweg einfach gefällt. Sie strebt das Ziel an, dass die Stadt Heimat für alle Generationen bleibt und dass es allen Schichten möglich ist, dort zu leben. Die derzeitigen Entwicklungen vertreiben junge Familien, da Bad Neuenahr „zu teuer" und „zu alt" wird. Dabei bleibt die BI mit den kommunalen Behörden (Stadt/Kreis) in Kontakt und versucht, mit ihnen gemeinsam Lösungen zu entwickeln.

Ein Kessel Buntes: die Arbeit der Bürgerinitiative

In der Bürgerinitiative „Unsere lebenswerte Stadt" engagieren sich derzeit ca. 80 Einwohner auf unterschiedliche Weise. Der Vorstand umfasst fünf Personen, die verschiedene Ressorts betreuen: Baukultur (Bausubstanz der Stadt, alt und neu), Stadtgrün (Parks und Gärten), Hausbesitzer (direkte Ansprache von Besitzern erhaltenswerter Häuser), Handwerk (Aufbau eines Netzwerkes von Könnern alter Gewerke), Bevölkerungsstruktur (soziale Dimension).

Der Reigen der Aktivitäten ist dabei sehr unterschiedlich, ständig im Wandel und noch weitgehend im Aufbau:
- Pressearbeit im Sinne von Aufklärung über Abrisse, Historie von Häusern und städtebauliche Entwicklungen,
- Vorträge, Ausstellungen, Foren, Diskussionen,
- Zugehen und Einbeziehen von Politik, Immobilienmarkt, Architekten, Häuslebauern,
- Aufbau von Netzwerken und Vernetzung mit anderen Initiativen mit ähnlichen Zielen (lokal oder überregional),
- Aufbau unterschiedlicher Plattformen und Unterstützungsangebote für Hausbesitzer, Einbeziehen des Denkmalschutzes, Anträge auf Unterschutzstellungen,
- … und eben auch kritische Stadtrundgänge und Sehschulen.

Die Sehschule
Sensibel machen für die Umwelt
Ein Format der BI ist die Sehschule – das sind kritische Stadtrundgänge durch Straßenzüge und Parks, Aufzeigen von Geschichte und Geschichten, „Lesen" dessen, was sich zeigt, Auseinandersetzung mit dem, was man sieht und vielleicht so nicht gesehen hätte. Vertrautes wird „sichtbar" gemacht, hinterfragt, durchleuchtet. Der Aufbau ist in der Regel dieser: hinführender Vortrag in die Thematik, Rundgang mit verschiedenen Stopps und Erläuterungen, Nachlese im Sinne von Austausch, Diskussion.

Themen für solche Rundgänge waren bislang:
- Gründerzeit – wie waren Fassaden gedacht, wie sehen sie heute aus?
- Bädergeschichte – gelesen entlang den Fassaden einer Prachtstraße
- Gemeinschaft und Individualismus – aufgezeigt an einer ehemals homogenen Siedlung
- Flanieren und Relaxen – was Stadtgrün alles leisten muss
- Wie gewachsen …? – sozialkritischer Blick auf die Bevölkerungsstruktur eines Stadtviertels

Die Sehschulen sind derzeit die Hauptaktivität, um Bürgerinnen und Bürger in die Diskussion zu bekommen. Das Format Sehschule verfolgt drei Ziele: sehen lernen, übersetzen lernen und anderes in den Blick nehmen.

Sehen lernen
Oft bleibt Wahrnehmung unreflektiert. Wir fühlen uns an einem bestimmten Ort wohl oder nicht – es fällt uns jedoch schwer die Gründe dafür zu formulieren. Was macht diesen Ort aus, was stimmt, was macht ihn ansprechend? Oder umgekehrt, was stimmt nicht? Wo kippt Gestaltung? Wo korrespondiert sie mit dem Umfeld, oder umgekehrt, wo werden Linien gebrochen, brechen Geschosshöhen ab, wechseln Materialien, usw.? Die Sehschule will lehren, wahrzunehmen und das Beobachtete ins Wort zu bringen.

Übersetzen lernen
Achtsam zu werden für das Großartige der Bau-/Gartenbaukultur ist der Boden, auf dem Neues entstehen kann. Fassaden sind mehr als gemauerte Steine. Sie erzählen Geschichte, die Geschichte des Ortes, der Erbauer, aber auch ihrer Zeit. Fassaden spiegeln Weltanschauungen wider, Werte und Ansichten einer Gesellschaft. Ebenso wie Gärten und Parks. Sie „lesen" zu lernen, andere Epochen würdigend wahrzunehmen und sie in unsere Tage zu „übersetzen", ist das Ziel der Sehschule.

Anderes in den Blick nehmen

Das Aufzeigen und Diskutieren an positiven wie negativen Beispielen, wie Fassaden/Grünanlagen anders hätten gestaltet werden können, hilft, aufzuzeigen, wie eine „runde Gestaltung" heute aussehen könnte. Sehr oft ist es nicht das Empfinden von Menschen, das zu schrägen Gestaltungen verleitet, sondern Unwissenheit und Alternativlosigkeit. Wo sehe ich positive Beispiele, wie Architekten die Nachbarbebauung in die Gestaltung mit in den Blick nehmen? Wo erfahre ich, wie Wärmeschutz, Fenster- und Türengestaltung an meinem Haus aussehen müsste? Wo sehe ich, welche Materialien, Farben oder Details für eine Epoche typisch sind? Wo darf ich baukulturelle „Verbrechen" unserer Tage benennen? Und wie wird unser Stadtbild homogen, unverwechselbar? In der Regel begünstigen Fehlplanungen, unterlassene Stadtplanung und unheilvolle Verbindungen zwischen Immobilienwirtschaft und Entscheidungsträgern sowie ein sehr schwacher Denkmalschutz diese Entwicklungen. Die Sehschulen bieten einen passenden Rahmen, um sich über diese Themen auszutauschen.

Erfolg Bürgerinitiative? Fragen, Erfahrungen, Schwächen

Die Sehschulen, wie auch die übrigen Veranstaltungen, sind allesamt gut besucht, in Zahlen: zwischen 30 und 60 TeilnehmerInnen jedes Mal. Der Austausch ist bereichernd und fruchtbar. Es finden sich auch Vertreter unterschiedlicher Institutionen und Interessensverbände zu diesen Treffen ein (Mehrgenerationen-Wohnprojekte, Energieberatung, etc.), so dass auch Vernetzungen stattfinden und Kontakte entstehen. Die große Zahl der interessierten Besucher sind Zugezogene, die genau in den Häusern wohnen, für die Altbauten weichen mussten. Wie erreichen wir die Hausbesitzer erhaltenswerter Altbauten, und wie die Einheimischen? Die Formate sind allesamt interessant, jedoch frontal, schulisch und kognitiv.

Wie erreichen wir, dass die Menschen in die Umsetzung, ins Nachdenken, ins Gestalten geraten? Wie schaffen wir es, dass sie aufstehen, sich zu Wort melden, aktiv werden, protestieren? Die Aktionen laufen mit Bürgerinnen und Bürgern. Das ist gut. Das kann Öffentlichkeit schaffen: öffentliche Auseinandersetzungen, öffentliche Diskussionen. Wir sind der Politik vielleicht lästig, tun aber nicht weh. Wir sind bei Architekten vielleicht umstritten, stören aber nicht. Wir lassen Bauinvestoren vielleicht aufhorchen, verändern aber nicht ihre Projekte. Wie

Abb. 7: Beispiel von unterlassener Stadt- und Bauplanung im Fall einer Fassadendämmung im Stadtteil Ahrweiler.
Foto: A. Hausberg

Abb. 7: Führung der Sehschule in einer historischen Siedlung im Stadtteil Ahrweiler. Foto: A. Hausberg

kann unser Tun wirkungsvoll und politisch relevant werden?

Es gibt also noch viel zu tun. Wir sind davon überzeugt, dass wir auf dem richtigen Weg sind. Bislang bescheinigt man der BI schon, dass sie eine Diskussion über Baukultur in Bad Neuenahr angestoßen hat – ein kleiner, aber nicht unbedeutender Teilerfolg. Wir hoffen, dass uns das auch noch im Stadtteil Ahrweiler gelingt, wo die Fehlentwicklungen Neuenahrs nun beginnen, um sich zu greifen.

Weitere Informationen
Bürgerinitiative „Unsere lebenswerte Stadt" im Internet unter: www.lebenswertestadt.jimdo.com

„Ich sehe was, was du nicht siehst ..." – Stadtwahrnehmung und Bildung

Barbara Welzel

Zusammenfassung
Stadtwahrnehmung ereignet sich nur ausschnittsweise spontan; andere Bereiche werden durch Zeigen entdeckt. Städte sind „schizophren" geworden: Ihre Semantiken und Strukturen, zu denen elementar das Wissen um öffentliche Bauten und Räume wie um die „Europäische Stadt" gehört, sind in Wissenschaft, Politik und Planung zugänglich; sie sind aber nicht zuverlässig im Orientierungswissen der Bürgerinnen und Bürger verankert. Das unmittelbare Wahrnehmen der Semantik und Grammatik von Städten gehört daher in Bildungspläne.

Abstract
City Perception happens only partially spontaneously; other areas are discovered by pointing. Cities have become „schizophrenic": their semantics and structures, including the elementary knowledge of public buildings and spaces such as the „European city", are accessible in science, policy and planning; but they are not reliably anchored in the citizens' orientational knowledge. Therefore, the immediate perception of the semantics and grammar of towns should be incorporated into curricula.

Ich sehe was, was du nicht siehst ...
Leben in Städten ist selbstverständlich: Mehr als die Hälfte aller Menschen lebt inzwischen in Städten; das Wahrnehmen, das „Lesen" von Städten ist es nicht. Die „Europäische Stadt" ist ein wiederkehrendes Thema gleichermaßen in Forschung, Politik und Planung; sie gilt als identitätsstiftend. Doch wird die Struktur von Städten, ihre „Grammatik" und „Semantik", zumindest von jungen Menschen häufig nicht verstanden, mehr noch: Es wird erst gar nicht bewusst, dass überhaupt Strukturen bestehen – darauf deuten ungezählte Erfahrungen etwa in universitären Seminaren. Empirische Untersuchungen zur Stadtwahrnehmung Jugendlicher bestätigen, dass Orientierung mittels persönlicher Wege erfolgt, nicht aber durch ein Strukturwissen ergänzt oder unterlegt wird.[1] Auch zahllose Alltagsbegegnungen belegen, dass die grammatischen und semantischen Strukturen von Städten, städtischen Situationen und Architekturen nicht selbstverständlich zum Orientierungswissen gehören. Insbesondere öffentliche Bauten, öffentliche Platzsituationen, Kulturbauten, historische Denkmale und Kirchen bleiben in weit ausgeprägterem Maße unterhalb der Wahrnehmungsschwelle der Bürgerinnen und Bürger, als dies zahlreiche politische und wissenschaftliche Diskurse vermuten lassen. Zu beobachten ist eine schroffe Diskrepanz zwischen der gesellschaftlichen, politischen sowie kulturellen Bedeutung von Städten einerseits und der Alltagswahrnehmung ihrer Einwohnerinnen und Einwohner auf der anderen. Man könnte von einer „schizophrenen" Stadt sprechen.

Das Gemeinsame der europäischen Städte kann so nicht wahrgenommen werden. Die einzelnen

Städte entfalten ihren „genius loci" im Spannungsverhältnis mit wiederkehrenden Strukturen und Eigenschaften europäischer Städte. Solche Kenntnis war jahrhundertelang die Basis von Mobilität – eine Beheimatungsmöglichkeit im Ortswechsel, die in der globalisierten Moderne eher an Bedeutung gewinnt. Ich sehe was, was du nicht siehst … und das ist eine europäische Stadt. Solche Lesekenntnis gehört in die Bildungspläne.

Ich sehe was, was du nicht siehst … und das ist …
1967 hatte Roland Barthes geschrieben: „Die Stadt ist ein Diskurs und dieser Diskurs ist wirklich eine Sprache. Die Sprache spricht zu ihren Bewohnern, wir sprechen unsere Stadt, in der wir uns befinden, einfach indem wir sie bewohnen, durchlaufen und anschauen" (BARTHES 1967, S. 202). Beinahe 40 Jahre später hat dieser Satz eine gänzlich veränderte Bedeutung. Selbstverständlich sprechen Bewohnerinnen und Bewohner ihre Städte auch weiterhin. Doch deuten zahlreiche Beobachtungen und Studien darauf hin, dass sie gänzlich andere Sätze dabei lesen und sprechen, als sich Roland Barthes hätte vorstellen können. Auch in der veränderten Situation „lebt" eine Stadt, verändert sich, wandelt sich. Doch ist die zunehmende „Schizophrenie" der Städte zu beobachten. Eine städtische Hauptkirche – grammatischer Ankerpunkt in jeder europäischen Stadt – lässt sich nicht leichthin als Treffpunkt mit jungen Menschen verabreden. Sie ist kein fester Eintrag in der Kartierung der Stadt; sie prägt weder das Bild, das sich viele Personen von ihrer Stadt machen, noch ihr Wegenetz. Diejenigen, die über Stadt öffentlich (auch im „Bund Heimat und Umwelt in Deutschland") sprechen – so die Schlussfolgerung –, haben häufig ein anderes Bild der Stadt als viele derjenigen, die sich in der Stadt bewegen. Sie sehen etwas, was die anderen nicht sehen.

Ich sehe was, was du nicht siehst, und das ist dunkel, unverständlich, abweisend
Es war nicht einfach herauszubekommen, warum unsere Studierenden (als stellvertretend beschriebene Gruppe) in Dortmund die Reinoldikirche nicht fanden – um dieses öffentliche Gebäude als Beispiel zu wählen, das als einer von nurmehr vier authentischen Erinnerungsorten der Zeit vor der Industrialisierung in der Dortmunder Innenstadt das Gewicht dieser Überlieferung schultert. Mindestens zwei mentale Konzepte scheinen der Wahrnehmung entgegenzustehen. Erstens gelten Kirchenbauten als religiöse Gebäude in dem Sinne, dass ausschließlich gläubige Christen darin etwas zu tun haben. Warum also sollte jemand, der oder die nicht religiös ist, hineingehen? Und warum jemand, der oder die einer anderen Religion angehört? Zweitens gilt die Reinoldikirche als Beispiel einer mittelalterlichen Kirche und damit als ein Objekt der Vergangenheit. Warum aber sollte jemand heute an einen Ort von früher gehen? Was soll diese Person in der Vergangenheit wollen, schließlich will niemand rückwärtsgewandt sein. Der erste Vorbehalt zielt auf das Verständnis von kulturellem Erbe und auch von Denkmalschutz. Diese Konzepte gehen – bis hin in Gesetzgebung und Zuwendung öffentlicher Mittel – davon aus, dass ein Bauwerk wie die Reinoldikirche Erbe der Allgemeinheit ist. Diese Allgemeinheit sollte dann allerdings – so wird man folgern dürfen – auch von ihren Erbschaften in Kenntnis gesetzt werden. Dies verbindlich zu garantieren, ist in der gesellschaftlichen Aufgabenverteilung Aufgabe von Bildung. Die verbindliche Verankerung der europäischen Stadt sowie der Kompetenzen und des Wissens zur Stadtwahrnehmung in Bildungsplänen ist allerdings gegenwärtig nicht gesichert.

Beim zweiten Einwand rächt sich, dass kunsthistorische Narrative – jedenfalls diejenigen, die sich zumeist in Denkmaleinträgen, Kirchenführern, Stadtführungen, Plaketten im Stadtraum etc. finden – allzu oft in vergleichsweise schlichter historischer Manier in den Bauwerken Stilepochen aufzeigen, sie zu Exempeln vergangener Epochen oder auch einfach nur vergangener „Stile" machen. Der Gegenwartsbezug der Bauten wird hingegen nicht benannt. Dabei steht eine Kirche wie die Dortmunder Reinoldikirche mitten in der heutigen Stadt; sie ist Teil der Gegenwart. Man wird also fragen müssen, ob sich solche ausschließlich historisierenden Narrative daran beteiligen, die Stadt „schizophren" werden zu lassen. Mit gutem Grund beschreiben neuere Forschungsansätze die Orte als Erinnerungsorte und zielen auf die „Biographie" der Objekte, die bis in die Gegenwart reicht und eine Zukunftsperspektive aufweist. Verbunden ist die zu beobachtende Aussparung eines Bauwerks wie der Reinoldikirche aus dem „Bild" der Stadt mit ganz konkreten Wahrnehmungen im städtischen Raum. Da bewegt man sich auf dem Hellweg, die Schaufensterzone gibt die Blickführung vor. In den Fenstern wird präsentiert, was in den Bauten zu erwarten ist. Oft sind die Türen geöffnet, Musik dringt in den Straßenraum. Wer diese Straße entlangläuft, hat eine Vorstellung, was ihn oder sie in den Kaufhäusern erwartet, wie man sich darin bewegt, ob man darin sprechen darf etc. Und dann kommt da diese Mauer an der Straße, sie ist dunkel, es gibt keine einladende Tür (Abb. 1). Man weiß nicht, was einen darin erwartet, ob man überhaupt hinein darf, wie man sich in diesem Gebäude bewegt.[2] Zahlreiche Gespräche zeigen: Jede/r, die/der einen – im wörtlichen wie auch übertragenen Sinn – Zugang zu Kirchenbauten und -räumen hat, vermag sich kaum vorzustellen, wie unzugänglich diese Bauten und Kulturdenkmale wirken können. Wenn Bildungsverantwortliche ihrer Verantwortung zur Eröffnung kultureller Teilhabe nachkommen würden, könnte das Spiel etwa lauten: Ich sehe was, was du nicht siehst, und das ist auf den ersten Blick dunkel, unverständlich, abweisend – und ich zeige es dir, mache es verständlich und überbringe vor allem eine Einladung.

Abb. 1: Dortmund, Stadtkirche St. Reinoldi; Foto aus dem Projekt Bild-Sucher! Die Stadtkirche St. Reinoldi in Fotografien von Schülerinnen und Schülern des Max-Planck-Gymnasiums in Dortmund. Foto: Alfsmann, Grigoleit/Bild-Sucher!/ Lehrstuhl für Kunstgeschichte der TU Dortmund

Ich sehe was, was du nicht siehst: Stadtspäher unterwegs ...

In den letzten Jahren wurden vom Seminar für Kunst und Kunstwissenschaft der Technischen Universität Dortmund in wechselnden Konstellationen zahlreiche Projekte moderiert, die das Stadterkunden junger Menschen anstiften. Entwickelt wurden modellhaft Formate stadt- und baukultureller Bildung. Schließlich wurden diese Bestrebungen in die Studienpläne für Lehramtsstudierende sowie Studierende eines Masterstudiengangs „Kulturanalyse und Kulturvermittlung" aufgenommen. Zu den festen Be-

Abb. 2: Schüler der Hauptschule am Remberg in Hagen im Projekt „Stadtspäher". Foto: Stadtspäher/ Lehrstuhl für Kunstgeschichte der TU Dortmund

standteilen der Arbeit zählen regelmäßige Kooperationen mit Schulen.[3] Diese Aktivitäten stehen in einem Konzert zahlreicher Projekte, wie sie gerade auch von den Architektenkammern oder ebenfalls von bürgerschaftlichen Vereinen durchgeführt werden. An entscheidender Stelle gehen sie darüber hinaus, indem sie auf institutionelle und curriculare Implementierung setzen. Als Modelle verstehen sie sich daher auch in ihrer strukturellen Verantwortungsgemeinschaft zwischen Universität und Schule. Ganz konkret werden in solchen Bildungsprojekten Karten der eigenen Stadt angelegt. In der Grundschule kann etwa der Weg von der Schule zur Reinoldikirche gezeichnet werden, um dieses Bauwerk und Kulturdenkmal in der Vorstellung der eigenen Lebenswelt zu verorten. Mit Schüler/innen einer siebten Klasse in Hagen wurde von einem hohen Gebäude in der Stadtmitte ausblickend eine Idee der Stadt entwickelt, um dann von dort aus die Häuser der Schüler/innen gemeinsam aufzusuchen. Die eigene Wohnsituation erhielt so eine erfahrbare Beziehung zur Innenstadt und zu den öffentlichen Bauten dort. Dokumentiert wurde diese Aktion mit Fotos aller „Stadtspäher" jeweils an der Haustür ihres Wohnhauses (Abb. 2). Für Dortmund bieten sich als Ausgangspunkt das Dortmunder U oder der Turm der Reinoldikirche an (Abb. 3). Mit Studierenden wurden Stadtpläne und Stadtansichten Dortmunds, also ihrer Studienstadt, mit Plänen und Ansichten ihrer Heimatorte und/oder einer weiteren europäischen Stadt verglichen. Erst in diesem Vergleich wurde ihnen deutlich, dass es eine Grammatik europäischer Städte gibt und dass Orientierungswissen zu gewinnen ist. Stadtspaziergänge waren auch hier immer wieder das Format der Wahl. In parallelen Projekten erprobten junge Künstler/innen und Stadtplaner/innen zeichnerische und literarische Annäherungen an Städte und Baudenkmale.[4] Allen Projekten gemeinsam ist die Verbindung von Informationen, Verortung und Wahrnehmungsschärfung. Es gilt, Bauwerke und städte-

Abb. 3: Blick aus dem „Lautsprecher" im Dortmunder U. Foto: R. Baege

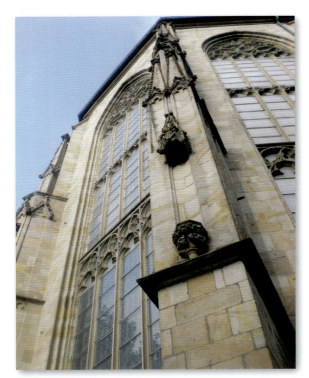

Abb. 4: Dortmund, Stadtkirche St. Reinoldi. Postkarte aus dem Projekt Bild-Sucher! Die Stadtkirche St. Reinoldi in Fotografien von Schülerinnen und Schülern des Max-Planck-Gymnasiums in Dortmund.
Foto: N. Drejka/Bild-Sucher!/ Lehrstuhl für Kunstgeschichte der TU Dortmund

bauliche Strukturen – Semantik und Grammatik der Stadt – überhaupt in den Blick zu nehmen, die Wahrnehmung eines Gebäude über die Schaufensterzone hinaus nach oben auf die architektonische Gestaltung zu weiten, Landmarken in Karten der eigenen Stadt einzutragen, Relationen im eigenen Wegenetz zu entwerfen. Solche Arbeit am Wahrnehmen der Stadt setzt basaler an als gängige Praktiken der Wissensvermittlung. Sie zielt auf „Lesefähigkeit", um die Sprache der europäischen Städte zu verstehen, um mitsprechen zu können. Erst mit dieser Literalität der Stadtspäher überwindet die Stadt ihre „Schizophrenie", es kann jener „Diskurs", von dem Roland Barthes gesprochen hatte, stattfinden, und wir können – wie er es formuliert hatte – unsere Städte sprechen.

Du siehst, was ich nicht sehe ...
So sehr es zur Verortung in den europäischen Städten gehört, ihre Landmarken zu kartographieren und ihre Semantik und Grammatik zu erlernen, so sehr kommt für diejenigen, die das sehen, was viele (junge) Menschen nicht sehen, etwas Anderes dazu: die Neugier auf das, was diese Menschen sehen. Du siehst, was ich nicht sehe. Bei einem Fotoprojekt mit zwei achten Klassen haben wir diese jungen Menschen eingeladen, in Fotografien ihre Sichtweise auf die Reinoldikirche zu erarbeiten. Entstanden sind Fotos, die sich deutlich von den kodifizierten Postkartenaufnahmen unterscheiden (Abb. 1, 4). Eine kleine, durch eine Jury ausgewählte Gruppe von Schüler/innen wurde eingeladen, ihre Blickweisen für eine Postkartenserie zur Verfügung zu stellen. Die Botschaft: Was du siehst, interessiert. Der Erlös aus dem Kartenverkauf kommt der Erhaltung des Bauwerks zugute: Du trägst mit deiner Blickweise und deinem Engagement zum zivilgesellschaftlichen Engagement für den Erhalt des Kulturdenkmals bei (Bildsucher 2010). Regelmäßig stellen wir Projekte an genau dem Ort aus, den sie bearbeitet haben: die Reinoldikirche, das Museum Osthaus in Hagen, das Dortmunder U etc. Deutlich wird, wie wichtig die Offenheit für jugendkulturelle Sichtweisen auf die Orte ist – auch die Sichtweisen der Studierenden sind hier explizit gemeint (Abb. 5). Zugleich bestehen junge Menschen regelmäßig darauf, sich auch andere Wege durch die Städte zu bahnen und hiervon Bilder zu machen. Als wichtigste Herausforderung stadtkultureller Bildung stellt sich zunehmend heraus, diese beiden Pole miteinander auszubalancieren, sie miteinander ins Gespräch zu bringen, sie in das Bild der Stadt zu integrieren – oder genauer:

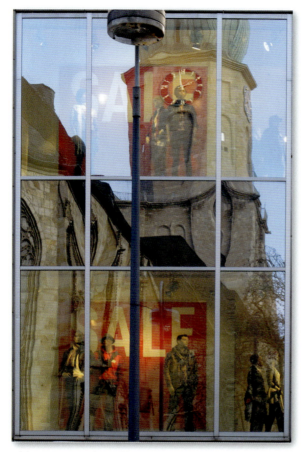

Abb. 5: Dortmund, Stadtkirche St. Reinoldi. Foto aus dem Projekt „Warum ist hier kein Einkaufszentrum".
Foto: U. Schrader/ Lehrstuhl für Kunstgeschichte der TU Dortmund

das Bild der Stadt vielstimmig werden zu lassen; dies aber auf eine Weise, dass die Stimmen voneinander wissen und sich als Teile eines gemeinsamen „Diskurses" verstehen. Dieser Diskurs umfasst auch das weite Feld der Bildung und nimmt die beteiligten Institutionen in die Pflicht. Ein großer Schritt wäre es, die Lesekompetenzen für Städte verbindlich zu vermitteln.

Literatur

Barthes, R. (1967): Semiologie und Stadtplanung. In: Das semiologische Abenteuer, S. 199–209. – Frankfurt am Main.

Busse, K.-P., Welzel, B. et al. (2013): Stadtspäher in Hagen. Baukultur in Schule und Universität. – Ludwigsburg (auch als Download unter www.wuestenrot-stiftung.de/download).

Busse, K.-P., Welzel, B. et al. (2014): Stadtspäher im Dortmunder U. Baukultur in Schule und Universität. – Ludwigsburg (auch als Download unter www.wuestenrot-stiftung.de/download).

Franke, B., Welzel, B. (Hrsg.) (2011): Warum ist hier kein Einkaufszentrum? Die Reinoldikirche in Dortmund (Dortmunder Schriften zur Kunst/Studien zur Kunstgeschichte 3). – Norderstedt.

Studio Urbane Landschaften (2009): Stadtsurfer, Quartierfans & Co. Stadtkonstruktionen Jugendlicher und das Netz urbaner öffentlicher Räume. – Berlin.

van Haaren, B., Schmidt-Kallert, E. (Hrsg.) (2014): KunstwOrte. Ein graphisches und literarisches Projekt von Studierenden der Technischen Universität Dortmund an verschiedenen urbanen Orten des Ruhrgebiets (Dortmunder Schriften zur Kunst/Kataloge und Essays 19). – Lüdinghausen.

van Haaren, B., Schmidt-Kallert, E. (Hrsg.) (2015): Schreiben und Zeichnen als Erkenntniswege im Städtebau (Blaue Reihe/Dortmunder Beiträge zur Raumplanung 144; zugleich: Dortmunder Schriften zur Kunst/Kataloge und Essays 21). – Essen.

Welzel, B. (2010): Bild-Sucher! Die Stadtkirche St. Reinoldi in Fotografien von Schülerinnen und Schülern des Max-Planck-Gymnasiums in Dortmund. – In: www.schaubuero.de.

Welzel, B. (2013): Kunstgeschichte, Bildung und kulturelle Menschenrechte. – In: C. Hattendorff, C., Tavernier, L., Welzel, B. (Hrsg.): Kunstgeschichte und Bildung. (Dortmunder Schriften zur Kunst/Studien zur Kunstgeschichte 5), S. 63–84. – Norderstedt.

Welzel, B. (2014): „Stadtschlenderer" im Museum – Die Kunsthalle Karlsruhe als Laboratorium baukultureller Bildung. – In: Kunsthalle Karlsruhe, Hess, R. (Hrsg.): Bauen und Zeigen. Aus Geschichte und Gegenwart der Kunsthalle Karlsruhe. Ausstellungskatalog Karlsruhe 2014, S. 295–301. – Bielefeld.

Wüstenrot Stiftung (Hrsg.) (2010): Baukultur. Gebaute Umwelt. Curriculare Bausteine für den Unterricht. – Ludwigsburg.

Anmerkungen

1. Studio Urbane Landschaften: Stadtsurfer, Quartierfans & Co. Stadtkonstruktionen Jugendlicher und das Netz urbaner öffentlicher Räume, Berlin 2009. Vgl. aber auch WELZEL, B.: „Stadtschlenderer" im Museum – Die Kunsthalle Karlsruhe als Laboratorium baukultureller Bildung. In: Kunsthalle Karlsruhe, Heß, R. (Hrsg.): Bauen und Zeigen. Aus Geschichte und Gegenwart der Kunsthalle Karlsruhe. Ausstellungskatalog Karlsruhe 2014, Bielefeld 2014, 295–301.
2. Herausgearbeitet wurden die hier referierten Beobachtungen v.a. in dem Projekt „Warum ist hier kein Einkaufszentrum"; FRANKE/WELZEL 2011.
3. Einen Überblick gibt WELZEL 2013, hier finden sich auch detaillierte Nachweise zu einzelnen Projekten. Hervorzuheben ist das Mustercurriculum zu baukultureller Bildung der Wüstenrot Stiftung 2010, zur Implementierung wurde in Dortmund das Modellprojekt Stadtspäher durchgeführt; BUSSE und WELZEL 2013 und 2014.
4. Stellvertretend kann auf das Studienprojekt KunstwOrte mit Ausstellung im Dortmunder U 2014, VAN HAAREN/SCHMIDT-KALLERT 2014 sowie VAN HAAREN/SCHMIDT-KALLERT 2015 hingewiesen werden.

Geliebtes Bild – ungeliebtes Erbe. Potsdam zwischen Barock und Nachkriegsmoderne

Frauke Röth

Zusammenfassung

Das bauliche Stadtbild Potsdams ist sehr stark geprägt durch die Zeit des preußischen Königs- und Kaiserreichs. Nach dem Zweiten Weltkrieg wurden über die Kriegszerstörung hinaus dem Zeitgeist entsprechend weitere, das Stadtbild prägende Gebäude im Zentrum der Stadt abgerissen. Die Stadtstruktur wurde überformt und hinsichtlich eines zeitgenössischen, modernen Stadtbildes neu entwickelt.

In den späten 80er Jahren entwickelte sich eine Bewegung, die an die preußische Baugeschichte anknüpft. Ging es zu Beginn um den Erhalt historischer Bausubstanz, so geht es heute um den Wiederaufbau der Innenstadt, wie sie in der Zeit vor dem Zweiten Weltkrieg war. Dafür wird der Abriss besonderer historischer Gebäude der Nachkriegsarchitektur in Kauf genommen. Die Geschichte scheint sich zu wiederholen, und ein widersprüchlicher Konflikt in der Potsdamer Stadtentwicklung wird offenbar.

Abstract

The image of the city of Potsdam is mainly influenced by the time of the prussian empire. After World War II, when parts of Potsdam were ruined, the GDR Dictatorship destroyed even more defining city structure. Due to a vision for a new era and new ways to define architecture and urban construction, the city had been changed and got a new image in the centre.

In the late 80ies a movement for preserving the historical architecture began to work and changed later for the purpose of rebuilding the old urban structure of the former centuries, not respecting the historical value of younger, modern buildings which were supposed to be destroyed for the reconstruction.

It seems history is repeating and a contradictory conflict of the urban development of Potsdam gets apparent.

Kurze Erläuterungen zur Potsdamer Stadtbaugeschichte und deren Kontinuitäten
Repräsentation und Fassade. Zur Kontinuität der Potsdamer Baugeschichte

„Potsdams Historie bietet durch die zahlreichen Parks einen ruhigen Kontrapunkt zum lebendigen Alltag der Stadt. Nur selten vereinen sich Natur und Wasser so unmittelbar mit den Vorzügen einer städtischen Infrastruktur. Vom Stadtschloss über die Nikolaikirche bis hin zur Freundschaftsinsel […], die Potsdamer Mitte befindet sich direkt in Sichtweite. Im Neuen Garten um den Heiligen See erstrahlt Preußens Glanz und Gloria, während auf der gegenüberliegenden Uferseite Prominente wie Günther Jauch oder Wolfgang Joop ihre Villen bezogen haben. […] Gelegen in einem urbanen Umfeld und unmittelbarer Nachbarschaft zu Potsdams Leitbauten, wie dem Stadtschloss oder dem Palais Barberini an der „Alten Fahrt", schaffen wir für Sie einen ruhigen, grünen Platz zum Leben."
www.lumeacht.de/standort/

Preußen, Barock, Sanssouci, Joop und Jauch sind typische Schlagworte, die vielen einfallen, wenn sie an Potsdam denken. Die Assoziationen zur Landeshauptstadt Brandenburgs sind, wie die obige Immobilienwerbung illustriert, oft einseitig und verweisen zum einen auf die touristischen Attraktionen und zum anderen auf die lokale Prominenz der Stadt. Die Selbstdarstellung als ruhige Stadt im Grünen, die Betonung der repräsentativen Gebäude wie auch der Hinweis auf Preußens Glanz und Gloria haben Tradition. Sie sind als repräsentative Aufgaben einer Stadt zu verstehen, die lange Zeit Residenz der Hohenzollerndynastie war.

Mitte des 17. Jahrhunderts beginnt die Geschichte Potsdams als eine der wichtigsten Städte des Königs- und Kaiserreichs Preußen. Potsdam wurde aufgrund seiner Lage an der Havel, wegen seiner geografischen Nähe zu Berlin und der reizvoll lieblichen Landschaft am Wasser als Residenzstadt ausgewählt. Von nun an entwickelte sich die Stadt baulich zur Präsentationsstadt: Die Preußenkönige Friedrich II. (Spätbarock, Neopalladianismus), Friedrich Wilhelm III. (Klassizismus, Spätklassizismus, Neobarock) und Friedrich Wilhelm VI. (Historismus, Neoromantik) waren es, die Potsdams Stadtbild prägten. Ihre architektonischen Vorlieben glichen sich darin, Landschaft und Architektur zu verbinden. Daher entstanden unzählige Schlösser, die oft in besondere Parklandschaften wie den Schlosspark Sanssouci oder den Babelsberger Park eingebettet wurden.

Besondere Kontinuität ist in der Potsdamer Baugeschichte auch hinsichtlich der Relevanz und Überordnung der Fassaden und hinsichtlich der Bevorzugung der architektonischen Außenwirkung gegenüber der Funktionalität von Architektur zu erkennen. Es handelt sich hier um eine Tradition, die sich bis in die Gegenwart hinein zum Ausdruck bringt. Viele historische Bürgerhäuser und das Potsdamer Rathaus sind durch das Geld und Engagement des Königs entstanden. Das hohe Selbstbewusstsein und der Repräsentationswille des Bürgertums, sonst üblicherweise Ausgangspunkt für den Bau der Bürgerhäuser, waren in Potsdam nicht ausschlaggebend für die historische Stadtentwicklung. Denn das Potsdamer Bürgertum litt über lange Zeiträume unter großer Armut. Die aufwendigen Fassaden der sogenannten Bürgerhäuser wurden durch den König mitfinanziert und den einfachen Häusern vorgeblendet. Den Bewohnern fehlten oft die Mittel, die Räume zu beheizen und zu nutzen. Repräsentative Fassaden und Gebäude, die eine Gesellschaft vortäuschten, die sie nicht einlösen konnten und die für Funktionen entworfen wurden, welche den Nutzungen und Anforderungen nicht entsprachen, prägen seither das Potsdamer Stadtbild (HAHN 2003: 65, 67ff.).

Zur Kontinuität der Potsdamer Militärgeschichte

Neben der Fassadenarchitektur hat auch die Militärgeschichte Preußens eine wesentliche Bedeutung für Potsdams Stadtentwicklung. Mit Friedrich Wilhelm I., der im Jahr 1713 gekrönt und als Soldatenkönig bekannt wurde, begann die bis heute andauernde Geschichte Potsdams als eines bedeutenden Militärstandorts. Für die Bevölkerung der Stadt stellte die Militärpolitik, auch die der nachfolgenden Herrscher, eine große Belastung dar, musste sie doch lange Zeit die Soldaten ernähren und beherbergen, oft ohne Entschädigungen dafür zu erhalten. Darüber hinaus führte „die Militarisierung der Zivilgesellschaft zu einer willkürlichen und kaum regulierten Beherrschung der Garnisonstädte durch die Armee, was eine Stimmung der Passivität in den Reihen der Bürger und Magistrate begünstigte" (CLARK 2007: 185). Das Stadtbild wurde baulich unter anderem durch die Garnisonkirche, das Militärwaisenhaus und später durch eine Vielzahl von Kasernenbauten geprägt.

Auch für die Nationalsozialisten spielte Potsdam als repräsentative Garnisonstadt eine bedeutende

Rolle. Unter anderem mit dem von Goebbels geplanten „Tag von Potsdam" am 21. März 1933, an dem sich Hitler und Hindenburg vor der Garnisonkirche die Hand gaben, stellten sich die gerade an die Macht gekommenen Nationalsozialisten in die Tradition Preußens. Im Zusammenhang mit Potsdams militärgeschichtlicher Tradition ist auch an die Potsdamer Konferenz von 1945 zu erinnern, auf der die Alliierten über die politische Neuordnung und Entmilitarisierung Deutschlands berieten. Trotzdem ist Potsdam bis heute als militärischer Standort von großer Bedeutung.

Wiederaufbau in der DDR

Die Zeit nach dem Zweiten Weltkrieg war, gerade in einer Stadt wie Potsdam, stark geprägt vom Wunsch des Neubeginns und der Distanzierung von der jüngsten Geschichte. So beschreibt der Potsdamer Architekturführer von 1982 die Entwicklung der Stadt:

> „Die politische Neuordnung [...] eröffnete von Anfang an dem Städtebau in Potsdam neue Möglichkeiten; aus der Residenz- und Garnisonstadt des preußisch-deutschen Militarismus entstand bald nach Gründung der DDR eine sozialistische Bezirksstadt. [...] Ziel aller städtebaulichen und architektonischen Maßnahmen der Gegenwart muß es sein, das aus der Vergangenheit überkommene lebendige Stadtbild zu bereichern und gleichzeitig die Lebensbedingungen in Potsdam den sich ständig ändernden, weiterentwickelnden Bedürfnissen der Werktätigen anzupassen" (BARTMANN-KOMPA u.a. 1982: 14).

Die Zerstörungen des Zweiten Weltkriegs eröffneten den Stadtplanern der Nachkriegszeit die Möglichkeit, die damals unhygienischen und ungeliebten ärmlichen Innenstadtarchitekturen vergangener Jahrhunderte zu beseitigen und die Utopien und Ideale einer zukunftsweisenden Moderne umzusetzen, die sich erstmals an den „Bedürfnissen der Werktätigen" orientieren sollte. In Potsdam gab es darüber hinaus einen großen Willen, sich der Symbole der monarchischen Macht Preußens und des Militarismus zu entledigen (BARTMANN-KOMPA u.a. 1982: 14).

Ganz einfach machte man sich diese Entscheidungen nicht. Ganze Häuserzeilen wurden in den 50er Jahren wieder aufgebaut, so entstand unter anderem 1958 „mit der Staabstraße" die erste „Barockstraße der DDR" im Herzen Potsdams (GLOBISCH 1991: 2571). Erst im Jahr 1959 fiel die Entscheidung, die stark zerstörte Ruine des Stadtschlosses zu sprengen, nachdem man 1955 den Beschluss gefasst hatte, die Lange Brücke autogerecht wiederaufzubauen, um eine moderne Stadt für die Bewohner Potsdams zu planen. Das Stadtschloss stand genau in der Verlängerung der Langen Brücke, weshalb die Ruine des Stadtschlosses mit seiner international beachteten Knobelsdorff-Fassade unter großem Protest von Architekten und Kulturschaffenden abgebrochen wurde (HAHN 2003: 144f.).

Auch der „Bedarf an schnell zu errichtenden Wohnraum war groß. Wie in vielen Städten der DDR, fielen auch in Potsdam die Entscheidungen oftmals gegen den Erhalt von Altbauten, für deren Abriss und die Errichtung schnellbaubarer Plattenbauten" (WUNNICKE 2014: 236).

So entstanden in der Potsdamer Innenstadt neben vielen Typenbauten unter anderem das markante „Haus des Reisens" (1969) und das Wohnhaus am Staudenhof (1972). Beide sind besondere Wohngebäude, die mit ihren gleichartigen Formen und Wiederholungen den architektonischen Idealen der Zeit entsprachen und die Utopie von sozialer Gleichberechtigung, Egalität und der Herrschaft der Masse widerspiegeln.

Diese neue effiziente Bauart wurde den Anforderungen der Zeit am besten gerecht. Viele Wohnungen ließen sich preiswert und schnell, mit hohen Standards und in großen Mengen bauen. Sie halfen, die Wohnungsnot zu lindern und zeitgemäßen

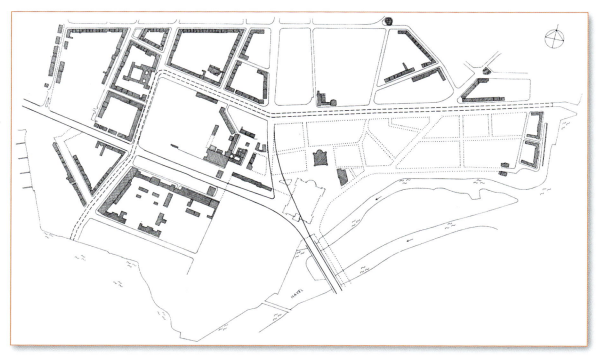

Abb. 1: Planung der zu erhaltenden Bauwerke, Stand 1948, gut erkennbar ist die angedachte Verkehrsführung über die Lange Brücke.
Quelle: StadtBauwelt, 82(48), 1991

Wohnansprüchen zu entsprechen. Bis 1989 konnte man der Nachfrage an Wohnraum nicht gebührend nachkommen und hatte kaum Kapazitäten, bauliche Ansprüche anderer Art zu befriedigen. Hatte man bis in die 70er Jahre noch viele historische Fassaden der Potsdamer Innenstadt rekonstruiert, so konnte man „auf Grund fehlender Materialien, Gelder und Baukapazitäten nur einen Teil ihrer Objekte erhalten […] und […] kämpfte […] mit der historischen Bausubstanz" (WUNNICKE 2014: 236).

Ende der 80er Jahre hätten mit einer anderen Politik auch hunderte alte innerstädtische, dem Verfall preisgegebene Wohnhäuser saniert werden können, um den Wohnraum weiterhin zu nutzen. Man entschied aber pragmatisch für den Abriss und den Neubau (GLOBISCH 1991: 2572).

Dieser Pragmatismus dürfte auch bei der Entscheidung zum Abbruch der Ruine der Garnisonkirche entscheidend gewesen sein, deren geplanter Wiederaufbau heute heftige Diskussionen provoziert. Wegen fehlenden Baumaterials und fehlender finanzieller Mittel und insbesondere angesichts der Rekonstruktion der nahegelegenen Nikolaikirche stellte sich die Frage, ob Bedarf an zwei Kirchen vorhanden sei und ob beide Kirchen rekonstruiert werden könnten. Gegen den Erhalt der Garnisonkirche sprach zudem, dass die Militärgemeinde, der Hauptnutzer der Kirche, mit der Kapitulation der Wehrmacht aufgelöst worden war. Die evangelische Kirche selbst verzichtete auf den Wiederaufbau der Nikolaikirche, da Großkirchen nicht den zeitgemäßen Nutzungsanforderungen entsprachen. Der Rat des Bezirkes Pots-

Abb. 2: Eine neue Vision für Potsdam, Perspektive eines Entwurfs von H.-J. Kluge 1966.   Quelle: StadtBauwelt, 82(48), 1991

dam sprach sich 1966 für die Rekonstruktion der Nikolaikirche und eine Spendenaktion unter dem Titel „Potsdam – Stadt des kirchlichen Wiederaufbaus" aus (GRÜNZIG 2014). Der formulierte Anspruch für die Umgebung der wiederaufgebauten Gebäude war, dass sich die Neubauten in die „Komposition der Gesamtstadt" eingliedern, der neuen Gesellschaft dienen, sie darstellen und gleichzeitig den Ansprüchen kommender Generationen Spielraum lassen (BARTMANN-KOMPA u.a.1982: 15).

Wendezeit – ARGUS und AG Pfingstberg

Umwelt- und Denkmalschutz waren sehr heikle Themen zur Zeit des DDR-Regimes. In der gesamten Republik formierte sich in den späten 80er Jahren politischer Widerstand, der Stellung zu Fragen des Umwelt- und Denkmalschutzes bezog und der beklagte, dass eine offene und befriedigende Auseinandersetzung mit diesen Themen ausblieb. Vor allem der Verfall innerstädtischer Gebäude und der Abriss historischer Bauten rief auch in Potsdam engagierte BürgerInnen auf den Plan. Die Würdigung und der Erhalt der baulichen Zeugen der Zeit vor der Kriegszerstörung wurden von vielen BürgerInnen eingefordert, von großen Teilen der DDR-Führung jedoch abgelehnt. Eine offene Diskussion fand nicht statt. Im November 1987 fasste die Stadtverordnetenversammlung Potsdams den Beschluss zur „Rekonstruktion der Innenstadt", woraufhin viele Abrisse folgen sollten.

Über die Geschichte der einzelnen Gebäude hinaus gehörten diese vom Abriss bedrohten Architekturen zum Potsdamer Stadtbild. Viele Potsdamer identifizierten sich mit den historischen Gebäuden und der Stadtstruktur, und so suchten sie sich einen eigenen Weg, die Abrisspläne in die Diskussion zu bringen und die Abrisse zu verhindern.

1988 gründete sich beispielsweise die Stadtökologiegruppe ARGUS (Arbeitsgemeinschaft Umweltschutz und Stadtgestaltung) in Potsdam. Die AktivistInnen der Gruppe setzten sich vor allem gegen den Abriss und für den Erhalt der historischen Bausubstanz Potsdams ein. Sie verfolgten aber auch ausdrücklich politische Ziele. Nicht zuletzt deshalb wurden die Mitglieder der Gruppe politischen Repressalien ausgesetzt. ARGUS wurde wie viele andere Stadtökologiegruppen durch das MfS überwacht. Ähnlich erging es den Mitgliedern der AG Pfingstberg, welche sich ebenfalls im Jahr 1988 gegründet hatte.

Die AG Pfingstberg setzte sich für den Park am Pfingstberg ein. Hier hatte Friedrich Wilhelm der IV. 1863 das Belvedere errichten und die Umgebung von Peter Joseph Lenné, dem königlich-preußischen Gartengeneraldirektor, als Parkanlage gestalten lassen. Nach der Abdankung des Kaisers 1918 wurden Belvedere und Pfingstberg ein Sehnsuchts- und Erinnerungsort an das „Alte Potsdam", also an das preußische Potsdam, von dem sich das DDR-Regime distanzierte. In den vom Bezirk geduldeten Arbeitseinsätzen wurde der Park des Pfingstberges mit den spärlichen zur Verfügung stehenden Mitteln wiederhergestellt. Im Juni 1989 organisierte die AG auf dem Pfingstberg ein für Potsdam legendäres Pfingstbergfest mit ungefähr 3.000 Besuchern. Das Fest schweißte die alternative Szene Potsdams zusammen, war Ausgangspunkt für verschiedene politische Aktivitäten und zeigte den Beteiligten, wie viel Kraft die Bewegung hat, von der man heute weiß, dass sie die Wende- und Nachwendezeit bedeutend prägte. Wichtige Mitglieder von ARGUS und der AG Pfingstberg haben bis heute entscheidenden Einfluss auf die politische und architektonische Entwicklung der Stadt Potsdam.

Abb. 3: Arbeitseinsatz der AG Pfingstberg auf ebendiesem um 1988. Foto: J. Koltzer

Nachwende – Preußen continues

Der Wunsch nach Befreiung von den Themen der DDR-Zeit war in der Nachwendezeit sicherlich groß. Die Abkehr vom und erneute Hinwendung zum kulturellen Erbe Preußens gibt sich im Rahmen politischer Umgestaltung in der Nachkriegs- wie auch in der Nachwendezeit gleichermaßen symbolträchtig. Zunächst forderten Amtsträger und Bürgerinitiativen eine „behutsame Wiederannäherung an das charakteristische, historische Stadtbild. Später schlug man einen brachialen Weg ein, dessen Rechtfertigung die Politik in der Opferrolle der Stadt preußisch repräsentativer Architekturen sieht, also darin, dass aus verschiedensten Gründen Ruinen historischer Gebäude nicht gewürdigt und abgerissen wurden. Aus dieser Opferrolle beziehen sie so viel Kraft, dass es als unproblematisch angesehen wird, die gleichen Fehler unter anderen Vorzeichen erneut zu begehen.

Potsdam hat sich in der DDR-Zeit weiterentwickelt, wollte sich von der Geschichte befreien, hat eine moderne Utopie verfolgt. In dieser Zeit sind Nachkriegsgebäude entstanden, die zeittypischen städtebaulichen Strukturen entsprachen. Die Stadt wurde von einer Stadtplanung geformt, die zum ersten Mal seit ihrer Entdeckung durch die Hohenzollern im 17. Jahrhundert die Bedürfnisse ihrer Bewohner in den Mittelpunkt stellte. Die Fassaden- und Garnisonstadt wurde damit zu einem Beispiel für eine neue Entwicklung, die viele Städte in vergleichbaren Situationen mit Potsdam teilen. Doch besonders für Potsdam, das wohl nie über ein selbstbewusstes Bürgertum verfügte, das stets der Repräsentation dienen sollte und sich königlichen Funktionen unterzuordnen hatte, waren öffentliche Nutzungen und Räume in der Innenstadt wie auch die Anerkennung der Bewohner und ihrer Interessen eine Neuheit, die bei aller Kritik an der politischen und stadtplanerischen Umsetzung zu berücksichtigen bleibt.

Problematisch ist, dass die baulichen Zeitzeugen der DDR, die von der jüngeren Geschichte erzählen

Abb. 4: Die Ruine des 1991 abgerissenen, modernen Stadttheaterrohbaus vor der wiederaufgebauten Nikolaikirche, 1991. Foto: E.-J. Ouwerkerk

und mahnen, abgerissen werden sollen, um die Wunden, die durch die Abrisspolitik der DDR-Zeit entstanden sind, zu heilen. Diese herbeigesehnte Heilung wird sich nicht einstellen. Erst recht nicht, indem die Diskussion erneut einseitig geführt und neue Wunden in die Stadtstruktur gerissen werden. Die oft kritisierten Fehler der DDR-Zeit werden somit unter der Hand wiederholt, die defizitäre Stadtplanung verstetigt ihre Unzulänglichkeit.

Die wiederaufgebauten Gebäude werden mit neopalladianischen Fassaden des 18. Jahrhunderts versehen. Zeitgemäßen Funktionen können die alten Fassaden aber nicht gerecht werden. Die Strukturen werden allein den Bildern preußischer Repräsentation gerecht, mit der sich Banken und Geschäfte auch heute gern schmücken. Den Vorstellungen und Ansprüchen aufgeklärter und selbstbewusster Bewohner an die Stadt entspricht diese Formensprache nicht. Potsdam zerstört seine intakten öffentlichen Gebäude, um feudale Stadtstrukturen, in denen die zivile Stadtgesellschaft stets eine untergeordnete Rolle spielte, wieder auf-

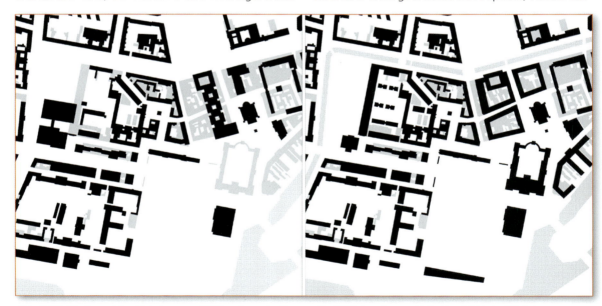

Abb. 5: Die Stadtgrundrisse Potsdams von 1978 und von der Planung für 2020, jeweils grau hinterblendet ist der Städtebau von 1939, gut zu erkennen sind die Solitäre der Nachkriegsarchitektur, die in der Planung durch geschlossene Blockrandstrukturen ersetzt werden sollen, und die Abweichungen der Planung von der historischen Bebauung 2011. Quelle: Daniel Felgendreher, Arch+

Abb. 6: Unterschiedliche Zeitschichten treffen am Alten Markt aufeinander: Fachhochschulgebäude, zu Teilen wiederaufgebaute Nikolaikirche, Landtag in Gestalt des wiederaufgebauten Stadtschlosses, 2015.   Foto: R. Seyffer

Abb. 7: Wiederaufgebauter Historismus für die moderne Kunst: „ Der bei einem Luftangriff 1945 zerstörte Palast Barberini am Alten Markt wird mit historischer Fassade wieder aufgebaut. In das nach italienischem Vorbild gestaltete Bürgerhaus werden die Werke moderner Künstler einziehen." (LANGE 2015), 2015. Visualisierung Museum Barberini.
Quelle: www.museum-barberini.com

Abb. 8: Die vorgeblendete prunkvolle Fassade vor dem Langen Stall, rechts davon die Feuerwache und links im Bild das Rechenzentrum, für die letztgenannten ist der Abbruch beschlossen.   Foto: F. Röth

zubauen. Davon erhofft man sich, den Schmerz über den Verlust des schönen Bildes der Repräsentationsarchitektur zu lindern. Aber jegliche Nutzungen und Funktionen, die eine Stadt heute zu erfüllen hat, werden missachtet. Fraglich ist darum nur noch, ob die umfassenden Qualitäten, der materielle Wert und die Potentiale der bestehenden Strukturen nicht erkannt oder nicht anerkannt werden.

Ausblick auf die Stadt von morgen

Vielleicht fehlt den politischen Akteuren die Distanz, vielleicht fehlt ihnen die Auseinandersetzung mit der älteren und der jüngeren Stadtgeschichte oder es mangelt ihnen an einer Vision, um über die Formen hinaus eine Stadt denken zu können. Vielleicht darf man in der architektonischen und stadtplanerischen Gestaltung Potsdams aber auch den politischen Willen verwirklicht sehen, ohne Vorbehalte und Berührungsängste an die preußische Tradition anzuknüpfen.

Wie zukunftsfähig ist eine Stadtpolitik, die sich wesentlichen funktionalen Fragen verschließt und dies durch historische Gestaltungen zu kompensieren versucht?

Welche Auswirkungen hat die rückwärtsgewandte Repräsentationsarchitektur für eine wachsende Stadt? Die Landeshauptstadt Brandenburgs hat ein schweres, historisch aufgeladenes Erbe, bei dem eine kritische Auseinandersetzung Not tut. Die bisherige Politik ist in dieser Hinsicht gescheitert und verschließt sich jeder offenen Diskussion. Für die Zukunft der Stadt ist ein gesunder Umgang mit der kritischen Geschichte aber dringend notwendig. Die Baugeschichte kann ein wichtiges, immer auch mahnendes Element sein, das unverstellt und aufrichtig an die Komplexität der Geschichte, aber auch an Defizite und Qualitäten vergangener Versuche der Stadtentwicklung erinnert.

Literatur

Bartmann-Kompa, I.; Kutschmar, A.; Karn, H. (1981): Architekturführer DDR Bezirk Potsdam. – Berlin.

Clark, C. (2008): Preußen. Aufstieg und Niedergang 1600–1947. – München.

Daniel, C. (2015): Berlin ist bunt. Potsdam ist grün. Willkommen im Einstein Hof. www.lumeacht.de/standort/. 2015-10-25.

Fischer, J. (2011): Rekonstruktivismus als soziale Bewegung – Eine architektursoziologische Aufklärung. -ARCH+, 204, S. 76–79.

Globisch, R. (1991): Stadtplanung in Potsdam vor und nach der Wende. – StadtBauwelt, 82 (48), S. 2569–2572.

Grünzig, M. (2014): Garnisonkirche. Von '45 bis '68. ohnegarnisonkirche.wordpress.com/garnisonkirche-von-45-bis-68/. 2015-10-25.

Grünzig, M. (2014): Kirchenspaltung, die zweite, www.christen-brauchen-keine-garnisonkirche.de/in-eigener-sache/faz-artikel.html. 2015-10-25.

Hahn, P.-M. (2003): Geschichte Potsdams. – München.

Lange, A. (2015): Historische Architektur trifft Moderne Kunst. museumbarberini.com/. 2015-10-25.

Oswalt, P. (2011): Rekonstruktion und Utopie. -ARCH+, 204, S. 62–65.

Reiss-Schmidt, S.; Meissner, H. (1991): Potsdam weiterbauen. – StadtBauwelt, 82(48), S. 2558–2568.

Sabrow, M. (2012): Umgang mit der DDR-Architektur in Potsdam. Verschwindende Brüche. www.pnn.de/potsdam/615273/. 2015-10-25.

„Steffen" (2014): blog.reiseland-brandenburg.de/pfingstberg-belvederepotsdam-mauerfall-blog. 2015-10-25.

Steinmetz, A. (2014): Mit ARGUS-Augen. – In: Agonie und Aufbruch, S. 212–231. – Potsdam.

Wunnicke, R. (2014): „Wir wollten einfach etwas machen." – In: Agonie und Aufbruch, S. 232–257. – Potsdam.

Stadtspaziergang: „Vom Rathaus zum Neuen Museum"

Thomas Rothe

Zusammenfassung

Der Titel dieser Stadtführung bezeichnet nicht nur Anfangs- und Endpunkt des Weges, sondern weist auch auf die stadtplanerische Bedeutung dieser beiden Gebäudekomplexe hin, die – jeder zu seiner Zeit – in deutlichem Kontrast zu nahegelegenen mittelalterlichen Bauten errichtet wurden und in vorbildlicher Weise einen mehrere Jahrhunderte überbrückenden architektonischen Spannungsbogen repräsentieren. Innerhalb dieser „Rahmenhandlung" werden bei dem Gang in das Lorenzer Viertel exemplarisch nicht nur einige große mittelalterliche Bauprojekte in ihrem historischen Kontext vorgestellt, sondern auch einige Beispiele moderner Bauten – von Bausünden über historische Rekonstruktionen und behutsame Modernisierungen bis hin zu erstklassiger zeitgenössischer Architektur.

Abstract

The title of this guided tour does not only define the start and end of the tour. The City Hall and the New Museum have a significance for urban planning having been in contrast with medieval nearby buildings. Because of this they represent in exemplary fashion an architectural span over several centuries. On the guided tour through St. Lorenzer quarter, large medieval construction projects are presented in their historical context as well as examples of modern buildings are shown.

Rathaus

Der Ursprung des Nürnberger Rathauses geht zurück auf den Anfang des 14. Jahrhunderts. Zu dieser Zeit bestand Nürnberg noch aus zwei separaten Stadtteilen (Sebalder und Lorenzer Viertel), die jeweils von einer eigenen Stadtmauer umgeben waren, getrennt durch die Pegnitz. Erst in den Jahren 1323–1325 wurde die Pegnitz an zwei Stellen überbrückt, was beide Stadtteile zusammenwachsen ließ. Kurz vorher (1322) kaufte der Nürnberger Rat das nördlich des noch nicht existierenden Hauptmarktes gelegene Brothaus des Klosters Heilsbronn, und ließ von 1332 bis 1340 über dem ersten Obergeschoss den heute noch existierenden gotischen Rathaussaal errichten. Mit 40 Metern Länge und einer Scheitelhöhe von 12 Metern war dies seinerzeit der größte Profanbau nördlich der Alpen.

Mit zunehmender Bedeutung Nürnbergs und dem Anwachsen der Bevölkerung auf bis zu 50.000 Einwohner wurde das Rathaus durch den Ankauf benachbarter gotischer Gebäude sukzessive allmählich erweitert.

Abb. 1: Westliche Rathausfassade um 1616.
Quelle: Stadtgeschichte Museen, Nürnberg, 1978

Abb. 2: Rathausfassade und Hallenchor von St. Sebald, Blick nach Norden.
Foto: T. Rothe

Mit dem Selbstbewusstsein einer florierenden Reichsstadt entschloss man sich Anfang des 17. Jahrhundert zum Neubau in der Architektur eines italienischen Palastes. Die 1616 begonnenen Bauarbeiten an der von Jakob Wolff d.J. geplanten Vierflügelanlage kamen infolge der Auswirkungen des Dreißigjährigen Krieges gegen 1622 zu einem vorzeitigen Ende – nur die Westfassade konnte bis dahin fertiggestellt werden. Heute präsentiert sich diese Fassade an einer der spannendsten Sichtachsen der Nürnberger Altstadt als mutiger, horizontal betonter Kontrast zu der vertikal orientierten Masse des gegenüberliegenden hochgotischen Hallenchores von St. Sebald – verbunden durch das im perspektivischen Fluchtpunkt liegende Dach der Kaiserstallung, die zeitlich etwa in der Mitte zwischen beiden Bauten entstand (1494).

Hauptmarkt

Nach dem Brückenschlag von 1323 bis 1325 (s.o.) befand sich das am nördlichen Pegnitzufer gelegene jüdische Ghetto mit seinen 1.800 Bewohnern ur- plötzlich im Zentrum der nun zusammengewachsenen Stadt. Diese Lage wurde vom Stadtrat als ideal für einen großen Marktplatz angesehen, und mit Zustimmung Kaiser Karls IV. wurde 1349 in einem brutalen Pogrom das Ghetto geräumt und niedergerissen. 562 Juden wurden dabei ermordet, der Rest konnte fliehen. Auf den Fundamenten der abgerissenen Synagoge entstand auf Veranlassung des Kaisers die gotische Frauenkirche (1352 bis 1362) – als Symbol des Sieges der *Ecclesia* über die *Synagoga*.

So hatte Nürnberg durch diesen brutalen stadtplanerischen Akt endlich den ersehnten zentralen, etwa einen Hektar großen gepflasterten Marktplatz erhalten. Er diente aber nicht nur als Handelszentrum, sondern wurde auch schon im Mittelalter als "urban event location" genutzt: Heiltumsweisung, Ritterspiele, prunkvolle Begrüßung der Kaiser bei ihren Besuchen, der erste Karnevalsumzug Deutschlands (Schembartlauf) sowie öffentliche Bestrafungen (Pranger und Leibesstrafen) fanden auf dem Platz statt.

Im 20. Jahrhundert vereinnahmten die Nazis den Platz als „Adolf-Hitler-Platz" und machten ihn bereits 1933 zum Ort pompöser Aufmärsche anlässlich der Reichsparteitage. Auf dem völlig zerstörten Hauptmarkt fand am 20. April (sic!) 1945 die Siegesparade der amerikanischen Truppen statt. Durch den etwas einfallslosen Wiederaufbau ist leider die Vielfalt der mittelalterlichen Fassaden verlorengegangen; einzig die Frauenkirche mit ihrem „Männleinlaufen" und der Schöne Brunnen erinnern an die einstige Pracht.

Kontrovers diskutierte Sonderveranstaltungen (Mountain Bike District Ride, Beachvolleyball-Meisterschaften, Deutsche Meisterschaft im Weitsprung), aber auch liebgewordene Großereignisse wie Ostermarkt, Weinfest, Töpfermarkt, Bardentreffen und natürlich der Nürnberger Christkindlesmarkt, vertreiben oft (viel zu oft?) die Marktstände des werktäglichen Gemüsemarktes in die umgebenden Areale.

Ein schlüssiger und mutiger stadtplanerischer Entwurf zur Steigerung der Attraktivität dieses riesigen Platzes steht leider immer noch aus, genauso wie ein Denkmal zur Erinnerung an das Pogrom von 1349.

Heilig-Geist-Spital
Die nächste Station des Spazierganges führt auf die Museumsbrücke. Diese Brücke wurde im Rahmen des Wiederaufbaus von zwei auf vier (!) Fahrspuren verbreitert, in Vorwegnahme einer geplanten Nord-Süd-Magistrale mit Untertunnelung des Burgberges! Dieser monströse Einschnitt in die Altstadt wurde glücklicherweise nie in die Realität umgesetzt. Heute profitiert die Fußgängerzone von der Überbreite der Brücke.

Schaut man von der Brücke nach Osten, erblickt man mit dem Heilig-Geist-Spital ein weiteres mittelalterliches Großbauprojekt: Die 1331/1339 (also noch vor dem Juden-Pogrom von 1349) erfolgte Stiftung des Heilig-Geist-Spitals durch Konrad Groß gilt als eine der größten und wertvollsten Seelgerätstiftungen einer Einzelperson überhaupt. Groß, oft als der reichste Bürger des Mittelalters eingestuft, war Finanzier von Kaiser Ludwig dem Bayern und erhielt 1339 die Reichsschultheißenwürde. Das Heilig-Geist-Spital bot zunächst Platz für 128 Sieche und 72 Pfründner (Rentner), wurde nach Konrad Groß Tod aber bereits im Mittelalter mehrfach durch Zustiftungen erweitert. Erst die 1521 erfolgte Stiftung der Fuggerei in Augsburg übertraf finanziell die Großsche Heilig-Geist-Stiftung.

Konrad Groß ließ das Spital zu seinem Seelenheil am Nordufer der Pegnitz errichten. Der heutige touristische Blickfang dieses riesigen Areals ist allerdings erst 1525 entstanden, die Überbrückung des Pegnitz-Nordarmes durch den Stadtbaumeister Hans Beheim d.Ä.: Drei hintereinander angeordnete Brückenhäuser mit zwei eingeschlossenen Innenhöfen! Diese bautechnische und architektonische Meisterleistung Beheims fügt sich nahtlos in seine Reihe bedeutender Nürnberger Bauten (Kaiserstallung, Unschlitthaus, Mauthalle, Holzschuherkapelle u.v.m.) ein, mit denen er dem Nürnberg der beginnenden Neuzeit das noch heute spürbare mittelalterliche Flair verliehen hat. Auch das Spital wurde im Zweiten Weltkrieg schwer beschädigt, konnte aber bis auf die Heilig-Geist-Kapelle weitgehend wieder aufgebaut werden und zeugt bis

Abb. 3: Brückenbau des Heilig-Geist-Spitals. *Foto: T. Rothe*

heute von dem unternehmerischen Mut und der Weitsicht des Konrad Groß, denn noch fließen Erlöse aus der, mittlerweile von der Stadt Nürnberg verwalteten, Stiftung in den Betrieb des unter städtischer Leitung stehenden Altersheimes an diesem historischen Ort.

Lorenzer Platz

Das hochfrequentierte Zentrum der südlichen Altstadt ist der von der Lorenzkirche dominierte Lorenzer Platz. Die Lorenzkirche wurde zwischen 1280 und 1400 als spätgotische Basilika errichtet und 1439–1477 um den monumentalen Hallenchor erweitert. Auch sie wurde im Krieg schwer beschädigt, aber als eines der ersten Bauwerke Nürnbergs originalgetreu wieder aufgebaut (1945–1952). Die Kunstwerke waren während des Krieges im Kunstbunker unter dem Burgberg sicher verwahrt. So präsentiert sich die Lorenzkirche heute in einzigartiger Weise wie eine katholische Pfarrkirche des Jahres 1518 mit nahezu komplettem mittelalterlichem Inventar – wie eine Zeitkapsel. Herausragende Kunstwerke wie das Sakramentshaus des Adam Kraft (1493–1496) und der Engelsgruß des Veit Stoß (1517/18) machen St. Lorenz zu einem der meistbesuchten Bauwerke Nürnbergs.

Kleiner aber eindrucksvoller mittelalterlicher Gegenpol der Kirche ist das schräg gegenüber stehende romanisch-gotische Nassauer-Haus, der einzige erhaltene Geschlechterturm Nürnbergs. Auch dieses Bauwerk wurde im Krieg zerstört und wieder aufgebaut. Alle anderen mittelalterlichen Bauwerke in unmittelbarer Nähe haben den Krieg nicht überlebt.

Schwere Bausünden der frühen 50er Jahre (Kaufhof, Duda-Eck) hatten den Stadtrat und die Nürnberger Bürger sensibilisiert. Als Ende der 1970er Jahre anlässlich der Einrichtung der Fußgängerzone und des U-Bahn-Baus der Lorenzer Platz neu gestaltet werden sollte, war der Stadtrat, allen voran der Stadtbaureferent Otto Peter Görl, fest entschlossen, das einzigartige Ensemble von Kirche und Nassauerhaus nicht durch klotzige Neubauten zu verschandeln, sondern sensibel mit den mittelalterlichen Schätzen umzugehen. Direkt gegenüber der Lorenzkirche, das Nassauer Haus flankierend, sollte ein Kaufhaus entstehen, eingebunden in das Verteilergeschoss des U-Bahnhofes. Karstadt bekam den Zuschlag, wollte aber unbedingt eine typische Betonrippenfassade realisieren.

Mehrfach lehnte der Baukunstbeirat die Entwürfe der Architekten Winkler und Kappler ab, und Görl verdeutlichte mit einer Skizze die Vorstellungen der Stadt. Die Karstadt-Verantwortlichen setzten allerdings darauf, dass der Stadt Nürnberg die Zeit für weitere Umplanungen zu knapp wird, weil das Projekt an den Bau der U-Bahn geknüpft war. Im Herbst 1976 eskalierte der Streit, und das ganze Projekt stand auf der Kippe. Erst im Januar 1977 kam es endlich zu einer Einigung. Die Hartnäckigkeit der Stadt, so Baureferent Görl, habe sich gelohnt. Der Kaufhausbau in der Innenstadt sei nicht nur „ein Präzedenzfall für Europa, sondern für die ganze Welt". 44 Monate hatte die Planungsphase gedauert. 13 Entwürfe hatten die Architekten eingereicht. Im Februar 1978 war Richtfest. Am 5. Oktober 1978 konnte das damals 60 Millionen Mark teure Gebäu-

Abb. 4: Kaufhof, 1951.   *Quelle: Stadtarchiv Nürnberg*

de endlich eröffnet werden. Nicht jeder war begeistert, aber die örtliche Presse sprach von einem „Schmuckstück". Zugegeben, aus heutiger Sicht wirkt das Karstadt-Ensemble ein wenig „hausbacken", aber ohne die konsequente Haltung des Stadtrates wäre es viel, viel schlimmer geworden.

Neues Museum

Nach dem ersten Erfolg gegen schlechte moderne Architektur bei dem Karstadt-Projekt tat sich Nürnberg aber noch lange schwer mit der Akzeptanz hochklassiger zeitgenössischer Architektur in der Altstadt. So erhoben sich z.B. bei dem 1991 vorgelegten Plan für die Neubebauung des Augustinerhof-Geländes (westlich des Hauptmarktes), nach einem Entwurf des Stararchitekten Helmut Jahn, massive, zum Teil polemische Proteste, die durch die Altstadtfreunde organisiert wurden. Nach der Sammlung von mehr als 50.000 Unterschriften kam es 1996 zu einem Bürgerentscheid, der das Projekt endgültig kippte. Der Investor ging pleite, das Areal wurde 2001 zwangsversteigert. Heute – 24 Jahre nach dem Jahn-Projekt – befindet sich auf dem Gelände ein Großparkplatz (!), da das neue Projekt nach Plänen des Architekten Volker Staab (geplanter Baubeginn 2009) bislang an baurechtlichen Einsprüchen der Nachbareigentümer scheiterte.

Dass erstklassige moderne Architektur dennoch auch in Nürnberg durchsetzbar ist und nach Fertigstellung hohe Akzeptanz bei der Bevölkerung findet, zeigt die letzte Station dieses Stadtspaziergangs: Das 2000 eröffnete Neue Museum für Kunst und Design, ebenfalls ein Entwurf von Volker Staab (s.o.).

Eine 100 Meter lange geschwungene Glasfassade öffnet nicht nur atemberaubende Einblicke in das Museum, sondern spiegelt auch die benachbarte historische Stadtmauer und verbindet so gekonnt Alt und Neu. Die von Rémy Zaugg geschaffene „Kunst am Bau" verstärkt diese Synthese z.B. da-

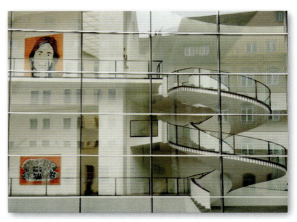

Abb. 5: Einblick in das Neue Museum. Foto: T. Rothe

durch, dass sich eine von Zaugg gestaltete Sandsteinfassade mit den Namen berühmter Nürnberger (Hans Sachs, Albrecht Dürer, Veit Stoß) in Staabs Fassade spiegelt: Die moderne Kunst als Spiegel der alten Kunst. Eine Teilnehmerin des Rundganges fasste ihren Eindruck wie folgt zusammen: „Das Neue Museum hat mich mit der modernen Architektur wieder versöhnt" – Passender kann man es nicht sagen!

Geschichte für Alle e.V.

Der 1985 als „Institut für Regionalgeschichte" gegründete Verein hat es sich zum Ziel gesetzt, Geschichte von ihrem verstaubten Image zu befreien und sie so zu präsentieren, dass sie für ein breites Publikum interessant wird. Rundgänge werden in Nürnberg, Fürth, Erlangen und Bamberg angeboten; ein besonderer Schwerpunkt liegt auf der Vermittlung von Nürnbergs „brauner Historie" und dem Umgang mit diesem schweren Vermächtnis: Reichsparteitagsgelände, Dokumentationszentrum, Memorium Nürnberger Prozesse und Nürnbergs Engagement für Menschenrechte sind selbstverständlicher Bestandteil des angebotenen Führungsprogramms. Zielgruppenorientierte Rundgangskonzepte

Abb. 6: Spiegelung in der Fassade.   *Foto: T. Rothe*

wie Theaterrundgänge, Rundgänge für Kinder oder Rundgänge mit regionalen Kostproben sorgen dafür, dass auch Kunden, die einfach nur unterhalten werden wollen, dennoch auf spielerische Weise etwas über die Geschichte ihrer Stadt lernen. Mit über 1.100 Mitgliedern, 15 Angestellten und über 250 freien Mitarbeitern, die jedes Jahr über 10.000 Bildungsangebote durchführen, ist in den 30 Jahren seines Bestehens aus „Geschichte für Alle" ein richtiges Unternehmen geworden. In jüngerer Zeit nimmt „Geschichte für Alle" in Zusammenarbeit mit anderen großen Vereinen, wie etwa den Altstadtfreunden, auch dezidiert Stellung zu Fragen der Stadtentwicklung – und findet Gehör, auch wenn es in Einzelaspekten unterschiedliche Ansichten gibt.

Abb. 7: Neues Museum von Norden.   *Foto: T. Rothe*

Das Neue Nürnberg nach 1945: Rundgang durch eine Facette des Stadtbildes

Brigitte Sesselmann und Manfred Jupitz

Zusammenfassung

Wir machen einen Rundgang durch die östliche Sebalder Altstadt in Nürnberg und stellen sie als ein Beispiel für den gelungenen Wiederaufbau vor. Beim Wiederaufbau standen Stadtgrundriss und Stadtbild, nicht jedoch historische Stilformen oder historische Bausubstanz im Vordergrund. In diesem Gebiet, das wegen der spontanen Überwucherung der bald nach dem Zweiten Weltkrieg geräumten Trümmerflächen damals „Steppe" genannt wurde, wohnen heute etwa 2.500 Bürger.

Abstract

The tour includes the eastern Old Town of Sebald in Nuremberg and presents it as an example of the successful reconstruction. During the reconstruction, the focus was on the town plan and cityscape, but not on the characteristic historic style or the historic basic structures of the buildings. About 2500 citizens live in this area, which was then called "Steppe" because of the spontaneous overgrowth of cleared debris area soon after the Second World War.

Einleitung

Nürnberg wurde im Zweiten Weltkrieg zu 90% zerbombt und gehörte zu den am stärksten zerstörten Städten Deutschlands. Die Beseitigung von 10 Mio. Tonnen Schutt hat fünf Jahre gedauert. Bereits 1947 wurde ein städtebaulicher Ideenwettbewerb für den Wiederaufbau ausgelobt. Es haben 188 Architekten aus ganz Deutschland teilgenommen. Der erste Preis ging an die Nürnberger Architekten Wilhelm Schlegtendal und Heinz Schmeiss-

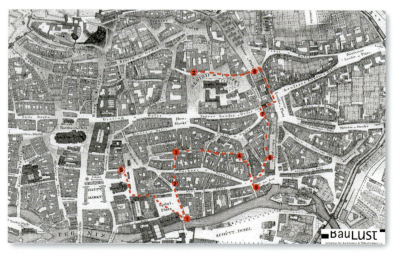

Abb. 1: Historische Karte der nördlichen Nürnberger Altstadt (1811) mit eingetragenen Stationen des Rundgangs in der „Steppe".
Quelle: Grundsteuerkataster Bayerisches Landesamt für Vermessung und Geoinformation, Bearbeitung: BauLust e.V.

ner, die einen Wiederaufbau auf dem alten Stadtgrundriss, aber keine Rekonstruktion historischer Stilformen vorsahen.

Grundgedanken und wichtige Elemente aus dem Wettbewerb wie z.B. Blickachsen, neue Verkehrsverbindungen, Straßenverbreiterungen, Bebauungsdichte und Hochwasserfreilegungen wurden in einem Grundplan aufgenommen und konsequent realisiert. Aufgrund fehlender gesetzlicher Grundlagen wurde hierfür ein (ehrenamtlich tätiges) Aufbaukuratorium gegründet. In 783 Einzelgutachten und Empfehlungen zu Bauvorhaben und Gestaltungsfragen wie z.B. zu Materialien, Dachneigungen und Dachaufbauten hat das Aufbaukuratorium beraten. Es wurde 1955 durch den bis heute existierenden Baukunstbeirat ersetzt. Wurde das Gebiet der östlichen Sebalder Altstadt bald nach der Trümmerräumung noch „die Steppe" genannt, so entwickelte es sich seit den 1950er Jahren wieder zu einem lebendigen Stadtviertel und baulich bemerkenswerten Ensemble, das ein wertvolles baukulturelles Dokument der Wiederaufbauzeit darstellt.

Abb. 2: Hans-Sachs-Platz mit umstrittenem Bankgebäude.

Rundgang
Startpunkt (S) ist der Obstmarkt; von dort geht es durch die Hans-Sachs-Gasse auf den Hans-Sachs-Platz.

Station 1: Hans-Sachs-Platz (früher Spitalplatz)
Das Denkmal mit Hans Sachs hat den Krieg nahezu unbeschadet überstanden. Die Großform eines Bankgebäudes (1970) anstelle von kleinteiligen Fachwerkhäusern entzweit bis heute die Gemüter (vgl. Abb. 2). In der östlichen Raumkante des Platzes hat 1938 die Beseitigung der Hauptsynagoge schon vor der Reichskristallnacht eine Lücke hinterlassen. Beim Wiederaufbau nach dem Zweiten Weltkrieg wurde die Chance genutzt, die Pegnitz durch begleitende Fußwege für die Bevölkerung erlebbar zu machen. Graffiti an den neugebauten Häusern waren damals übliche „Kunst am Bau"; heute verschwinden sie oft unter dicken Dämmschichten.

Station 2: Heugässchen/Tucherstraße
Vielfach, z.B. in der Tucherstraße, wurden Erker und Chörlein ersetzt durch Loggien und Balkone mit dem typischen Stabgeländer der 1950er Jahre. Hausfiguren (hier: Eckmadonnen-Nachbildungen, Abb. 3) sind wieder an einigen Häusern zu sehen. Die heutige Motorisierung war damals nicht absehbar, es ist wenig Platz für Grün in den Innenbereichen und auf den Straßen geblieben. Stellplätze sind auf privaten Parkdecks, in Tiefgaragen und in den Höfen untergebracht, doch ist deren Anzahl leider zu gering. Von den originalen Haustüren mit ihren filigranen Messingprofilen (vgl. Abb. 4 und 5) sind nur noch wenige zu finden, denn Baumarktprodukte haben Einzug erhalten.

Abb. 5: Heute prägen Baumarktprodukte die Fassaden, und für Kellerfenster werden Sägezähne aus der Fassade geschnitten.

Station 3: Platnersgasse/Martin-Treu-Straße

Viele Straßen tragen noch die ursprünglichen Namen, dabei ist bei manchen „Gässchen" deren Titel durch die räumliche Weite nicht mehr nachvollziehbar. So weitet sich die Platnersgasse zur Martin-Treu-Straße mit einem zweigeschossigen Parkdeck auf. Hier befand sich das zweite jüdische Ghetto bis zu seiner Auflösung 1499. An das Wohnhaus von Nürnbergs berühmtem Steinmetz Adam Kraft erinnern eine Tafel und ein Steinrelief über dem Hauseingang (vgl. Abb. 6).

Abb. 3: Ecke Wunderburggasse – Die Madonna wurde auf der Wärmedämmfassade befestigt, die am Erker gerade noch Platz für das Seitenfenster gelassen hat.

Abb. 4: Hauseingänge wurden noch bis in die 60er Jahre mit Liebe zum Detail gestaltet.

Abb. 6: Beim Wiederaufbau hat man auch der ehemaligen berühmten Bewohner des Stadtviertels gedacht – Adam Kraft, Bildhauer und bis 1509 berühmter Sohn Nürnbergs.

Station 4: Martin-Treu-Straße/Wunderburggasse/Judengasse

An die Stelle abgeschlossener enger Höfe sind beim Wiederaufbau begrünte Innenbereiche getreten, die öffentlich zugänglich sind. Heute sind sie leider oft durch Stellplätze für Pkw abgewertet (Abb. 7).

Abb. 7: Die Denkmalpflege setzt sich für den Erhalt der Graffiti an den Fassaden ein; die Straßen und Höfe sind geprägt von parkenden Autos.

Station 5: Am Sand

Die Bezeichnung Am Sand erinnert an die sandige Beschaffenheit des Pegnitzufers. Gegenüber liegt die Insel Schütt, deren Name auf durch die Pegnitz angeschwemmten (aufgeschütteten) Boden hinweist. Die Insel war früher eine Stätte von allerlei Volksbelustigungen, am Sand gab es ein Bad. Ansonsten waren die Ufer jedoch dicht bebaut und nicht wie heute zugänglich. Auf der Insel, die inzwischen mit einer Tiefgarage unterbaut ist, finden auch heute noch Feste wie beispielsweise das Bardentreffen statt.

Station 6: Obere Talgasse

Der innere Stadtgraben wurde von den Herrenschützen als Schießstätte genutzt. Das sog. Herrenschießhaus von 1582/83 beherbergt heute das Jugendzentrum für politische Bildung. Der Hochbunker (Abb. 9, rechts) überstand mit seinen ein Meter starken Betonmauern alle Kriegswirren. Vor rund 20 Jahren wurde er zu einem Wohnhaus umgebaut und dient heute einer Senioren-WG als Domizil.

Abb. 9: Das Herrenschießhaus (heute Bildungszentrum) am historischen Schießgraben mit Blick zu einem Bunker und dahinter der innere Laufer Schlagturm, ein Relikt der ersten Stadtmauer.

Station 7: Innere Laufer Gasse

Hier hat sich in den 1970er Jahren Nürnbergs erstes Programmkino etabliert (vgl. Abb. 10). Neben einer kleinteiligen Geschäftsstruktur hat sich in den letzten Jahren in der Straße ein gastronomischer Schwerpunkt entwickelt. Ein modernes Büro- und Geschäftsgebäude setzt derzeit den Schlusspunkt in

Abb. 8: Bei Wiederaufbau wurde das vorher dicht bebaute Pegnitzufer zugänglich gehalten.

Abb. 10: Die Meisengeige, eine ehemalige Bäckerei, ist seit den 70er Jahren Programmkino, für dessen Erhalt sich erst kürzlich die Bevölkerung eingesetzt hat.

der baulichen Entwicklung und ist Zeichen des kontinuierlichen Wandels.

Station 8: Webersplatz

Die Sieben Zeilen gelten als Vorläufer des sozialen Wohnungsbaus. Die in Reihe gebauten ehemaligen Weberhäuser wurden 1489 vom Rat für die Ansiedlung schwäbischer Barchentweber gebaut und 1524 auf sieben Häuser erweitert. Seitdem tragen die Häuser ihren Namen. Im Krieg wurden sie, bis auf das südlichste Haus, zerstört und anschließend wieder aufgebaut. Der Protest der Altstadtfreunde konnte 1973 nicht verhindern, dass das letzte ursprünglich erhalten gebliebene Gebäude durch einen Neubau ersetzt wurde. Der grüne Webersplatz, früher auch Schwabenberg genannt, und die sieben Zeilen zeichnen noch heute im Stadtgrundriss die vorletzte innere Stadtbefestigung vom Anfang des 14. Jahrhunderts nach (Abb. 11).

Ziel (Z): Egidienplatz

Der Rundgang endet am Tagungsort Pellerhaus, das den Wiederaufbau nach dem Zweiten Weltkrieg in besonderer Weise symbolisiert (vgl. Abb. 12).

Abb. 12: Das Pellerhaus mit seinem markanten Dachsaum bildet die Krone des Egidienplatzes, im Inneren wird der alte Hof rekonstruiert.

BauLust e.V. – Initiative für Architektur und Öffentlichkeit

Der Verein besteht seit 20 Jahren. BauLust sorgt dafür, dass über die Qualität der gebauten Umwelt gesprochen wird – in einer Sprache, die alle verstehen. Ganzheitliches Denken verlangt, Architektur nicht nur als das schöne Haus oder den gelungenen Platz zu begreifen, sondern sie auch in ihrem sozialen und ökonomischen Umfeld, in ihrer alltäglich prägenden Wirkung auf ihre Nutzer und auf die Lebensqualität der Menschen zu sehen. BauLust macht Mut, auch mit zeitgenössischer Formensprache in der Architektur Antworten für Gebäude und Stadträume zu finden. Weitere Informationen unter: *www.baulust.de*.

Abb. 11: Die Sieben Zeilen, ehemalige Webershäuschen, wurden nach der Zerstörung in ähnlichem Stil wieder aufgebaut.

Alle Abbildungen: B. Sesselmann

Stadtbilder – Stadterzählungen (BHU 2015)

Wiederaufbau im Spannungsfeld zwischen Tradition und Moderne

Karl-Heinz Enderle

Wiederaufbau in Nürnberg – ein Sonderfall

Der Rundgang zeigte, warum die Nürnberger Altstadt im Vergleich mit anderen zerstörten und wiederaufgebauten Stadtkernen eine Sonderrolle einnimmt. Dabei wurden die verschiedenen Charakteristika vorgestellt: die Rekonstruktion der wichtigsten Großbauten und die Wiederherstellung der Dachlandschaft, die Anpassung der Neubauten in Maßstäblichkeit und Materialität an den Vorkriegszustand und die Beibehaltung des Straßenrasters sind zu bemerken, allerdings mit Zugeständnissen an das Konzept der verkehrsgerechte Stadt. Die schleichende Aufgabe dieser Prinzipien, verbunden mit dem Einzug des modernen Bauens und dem Abriss vieler historischer Häuser, führte 1973 zur Gründung der Altstadtfreunde, deren Arbeit am Rande des Spaziergangs vorgestellt wurde.

The Reconstruction in Nuremberg – A Special Case

The tour showed why Nuremberg's historic centre has a special role in comparison with other ruined and reconstructed town centres. The various characteristics were presented: the reconstruction of the main large buildings and the restoration of the roofscape, the adaptation of the new buildings in proportion and materiality to the pre-war state and the maintenance of the road grid, but with concessions to the concept of the traffic-friendly city. The subtle mission of these principles, combined with the advent of modern construction and the demolition of many historic houses led to the establishment of the Altstadtfreunde (friends of the historic centre) in 1973, whose work was marginally presented during the walk.

Die Altstadtfreunde

Die Altstadtfreunde Nürnberg sind die mit Abstand erfolgreichste deutsche Denkmal- und Stadtbildinitiative mit lokaler Ausrichtung. Als gemeinnütziger Verein haben sie in den über 40 Jahren ihres Bestehens entscheidend dazu beigetragen, den Einheimischen und Besuchern trotz der verheerenden Zerstörungen deutlich zu machen, dass die Nürnberger Altstadt einst Weltruf genoss. Ob am Unschlittplatz, in der Weißgerber- oder der Zirkelschmiedsgasse, durch das Wirken der Altstadtfreunde konnte an vielen Ecken das Flair der alten Gassen bewahrt werden.

Heute sind die Altstadtfreunde durch viel mehr als ihre konservatorische Arbeit in der Stadtgesellschaft verankert: Das Dr.-Erich-Mulzer-Haus mit seiner Bibliothek dient als Anlaufstelle für Besucher, Mitglieder und Ehrenamtliche, im Museum I22I20I18I Kühnertsgasse wird ein Stück Alt-Nürnberg bewahrt und wieder zum Sprechen gebracht, die Kulturscheune in der Zirkelschmiedsgasse lädt ein zu Kunstausstellungen, zu Konzerten, Lesungen und Theater, und schließlich entsteht im Pellerhaus mit seinem prächtigen Hof eine weitere Kulturoase, vielleicht die schönste in unserer Stadt.

Kontakt

Die Altstadtfreunde Nürnberg im Internet:
altstadtfreunde-nuernberg.de

Vom Stadtbild zum Leitbild – Das Experiment Karlsruhe

Franziska Eidner und Jeannette Merker

Zusammenfassung
Wie plant man eine Planstadt weiter? Seit 2012 läuft in Karlsruhe ein Räumlicher Leitbildprozess, der neue Wege in der Verfahrensweise insbesondere in Bezug auf die öffentliche Transparenz und Teilhabe geht. Ungewöhnlich früh wurden hier die Karlsruherinnen und Karlsruher in den Prozess einbezogen. An das Verfahren selbst stellt sich damit die permanente Herausforderung der öffentlichen Vermittlung einer zunächst sehr abstrakten planerischen Perspektive auf die räumliche Zukunft der Stadt. Anhand des Karlsruher Leitbildprozesses stellt der Beitrag exemplarisch Formate und Kommunikationsmittel vor.

Abstract
How do you plan a New Town further? Since 2012, a spatial concept process has taken place in Karlsruhe, which breaks new ways in the procedure, particularly, in relation to public transparency and participation. The citizens of Karlsruhe were involved in the process unusually early in this case. The process itself raises the ongoing challenge of the public mediation of an initially very abstract planning perspective on the spatial future of the city. On the basis of the Karlsruhe concept process, the contribution illustrates exemplarily formats and means of communication.

Ein abstraktes Bildnis der Stadt
Das Stadtbild ist für jeden Bewohner, jede Besucherin eines Ortes unmittelbar erfahrbar und erlebbar –

es bedarf nicht zwangsläufig der fachkundigen Vermittlung, wenngleich diese das Verständnis für bestimmte Erscheinungsbilder eines städtischen Gefüges zweifelsohne erhöht. Das Stadtbild, das wir beim Durchqueren eines städtischen Raumes erfassen, spricht uns unabhängig von unserem architektonischen, historischen oder planerischen Vorwissen emotional an.

Aber wie verhält es sich mit dem Bild der Stadt, das auf einer viel abstrakteren Ebene entsteht und das sich nicht durch unmittelbare Erfahrbarkeit erschließt? Inwiefern kann es gelingen, Experten und Laien gleichermaßen in einen Prozess zu involvieren, bei dem es um die Entwicklung eines „Räumlichen Leitbilds" einer Stadt geht – also um das Gerüst, den Rahmen, in dem auch das zukünftige Stadtbild gestaltet werden kann?

Als Kommunikationsagentur für Architektur und Stadtentwicklung beschäftigen wir uns in verschiedensten Konstellationen mit den Fragen: Wie lassen sich abstrakte und ergebnisoffene Stadtentwicklungsprozesse vermitteln? Welche Formate eignen sich dafür? Wie und wo wird Planung zum Stadtgespräch? Der räumliche Leitbildprozess in Karlsruhe, den wir seit 2013 begleiten, gibt hier eine Vielzahl an Antwortmöglichkeiten.

Von der Stadterzählung zur Leitbildprosa
In der Planungsfachliteratur wird ein Räumliches Leitbild definiert als „eine übergeordnete Zielvorstellung von einem Raum, der von der Mehrheit der an-

Abb. 1: Wie und wo wird Planung zum Stadtgespräch? Als Agentur für Architekturkommunikation erproben wir unterschiedlichste Instrumente, z.B. im Rahmen der „HausAufgaben Barkenberg" (2015). Foto: U. Pappenberger

Abb. 2: Die Formate zur Vermittlung von Stadtbildern und Planungsprozessen sind vielfältig: Hier ein Beispiel für „Häusergeschichten", eine „erzählte" Ausstellung, die wir gemeinsam mit Anwohnern und Studierenden in Barkenberg entwickelten. Foto: U. Pappenberger

gesprochenen Menschen und Institutionen mitgetragen werden soll, das raumbedeutsame Handeln Einzelner leiten und so die räumliche Entwicklung lenken soll" (DEHNE 2005: 608). Es geht hier also um ein abstraktes Gebilde, um komplexe Vorstellungen zukünftiger räumlicher Entwicklungen, von denen man meinen könnte, sie würde vor allem nur Planungsexperten interessieren.

In Karlsruhe wurden wir eines Besseren belehrt. 2013 startete hier das Experiment eines Leitbildprozesses, bei dem nicht nur Ergebnisse öffentlich präsentiert worden sind, sondern die Ideen und Lösungsansätze, die zu diesen Ergebnissen führen, ebenso öffentlich entwickelt, diskutiert, verworfen und weitergedacht wurden. Das Räumliche Leitbild und seine Themenfelder wurden zum Stadtgespräch:

„Soll der Fächer immer dichter werden und die Peripherie immer abgegrenzter /
Soll eine stadtinterne Land-Stadt-Flucht erfolgen, wenn ja, in welchem Zeitfenster? /
Karlsruhes Teile sind besondere Elemente, teils historisch entwickelt, teils auf Papier geplant /
Doch nur als Ganzes sich die Stadt so facettenreich zusammenfand /
Mögen Neureut, Grünwinkel, Oberreut und Co. nicht fehlen /
Mögen sie durch stärkere Eingliederung in Zukunft die richtigen Parteien wählen /

Abb.3: Wo fängt Karlsruhe an? Wie nahe kommt die Stadt zum Rhein? In welchem Style sollen wir bauen? Mit der Ausstellung „Die Stadt neu sehen. Zehn Fragen an Karlsruhe" startete 2013 der öffentliche Leitbildprozess in Karlsruhe. Foto: M. Müller-Gmelin

*Als Ganzes in Teilen, aus Teilen zum Ganzen, teilbare Gänze, ganze Teilbarkeit /
Nach und nach eingemeindet, ergo einverleibt, sind alle unter einem Dach vereint /
Von Durlach bis Daxlanden kulturell durchfächert– potentiell eine heterogene Pracht /
Das ist der Punkt, an dem über Baden die Sonne und über Schwaben die ganze Welt lacht /
Wenn es der Rhein noch schaffen könnte, Karlsruher zu werden /
Wäre ich der dankbarste Integrationshelfer auf Erden!"* (ERGÜN 2013)

Diese Zeilen stammen aus dem Text „Stadt in Teilen" von der Karlsruher Kulturwissenschaftlerin und Literatin Gülsen Ergün. Wir hatten sie im Herbst 2013 zum Auftakt der „Stadtansichten" eingeladen – neben Planungs- und Verkehrsexperten, Hochschulprofessorinnen und Stadtmarketingprofis. Bei dem Veranstaltungsformat der „Stadtansichten", das wir gemeinsam mit dem Stadtplanungsamt Karlsruhe zur öffentlichen Begleitung des Leitbildprozesses entwickelt haben, ging es darum, vielfältige Impulse für die Auseinandersetzung mit dem Räumlichen Leitbild zu geben und die fachliche Perspektive einer breiteren Öffentlichkeit zu vermitteln. Statt eines Vortrags verfasste Gülsen Ergün ein Gedicht über Karlsruhe und seinen räumlichen Identitätsfindungsprozess. Der Vortragssaal im Karlsruhe Stadtmuseum wurde für 15 Minuten zur Poetry-Slam-Bühne.

Dieses Stück „Leitbildprosa", seine Performance und seine Verbindung mit fachplanerischem Input beschreibt exemplarisch den Weg, den die Stadt Karlsruhe in ihrem öffentlichen Leitbild-Verfahren eingeschlagen hat, und deshalb steht dieses Beispiel auch am Anfang unseres Beitrages. Gerne sind wir der Einladung des Bundes Heimat und Umwelt gefolgt, Beispiele für Kommunikationsmittel und Veranstaltungsformate aus unserer Tätigkeit im Rahmen des Karlsruher Leitbildprozesses vorzustellen, die Anregungen für neue Wege der Planungsvermittlung aufzeigen. Bevor wir ins Detail gehen, soll der Prozess, der in Karlsruhe noch bis Ende 2016 andauert, an dieser Stelle kurz skizziert werden.

Aufgefächert: Karlsruher Identitätssuche

Karlsruhe ist die älteste Planstadt Deutschlands. Bis ins aufgefächerte Stadtlogo spiegelt sich die Karlsruher Identität als Planstadt wider. Seit vor gut 300 Jahren Markgraf Karl Wilhelm am Reißbrett sein Jagdschloss anlegte, ist der „Fächer" mit den vom Schloss strahlenförmig abgehenden Achsen das wohl präsenteste räumliche Element der Stadt. Aber: Wie plant man eine Planstadt weiter? Das 300-jährige Stadtjubiläum 2015 bildete den Anlass, die räumliche Identität in einem umfangreichen Leitprozess zu hinterfragen, der bereits 2012 mit einer Voruntersuchung begann.

Entgegen üblicher Verfahren wurden die Empfehlungen für ein Räumliches Leitbild im Stadtrat und in der Öffentlichkeit nicht erst nach Abschluss der Fachplanungen präsentiert. Das Stadtplanungsamt

Abb. 4: Logo Stadtgeburtstag Karlsruhe 2015.

Karlsruhe hat sich gemeinsam mit dem Fachgebiet Stadtquartiersplanung des Karlsruhe Instituts für Technologie (KIT), das den Prozess begleitet, dafür entschieden, bereits die Ausgangsüberlegungen und Zwischenschritte öffentlich zu diskutieren und weiterzuentwickeln. Dass dieser Weg in Karlsruhe möglich ist, kommt nicht von ungefähr. Hier hat sich auf vergleichsweise hohem Niveau eine Planungskultur der Bürgerbeteiligung etabliert: Die Karlsruher haben Erfahrungen mit Konsenskonferenzen und öffentlichen Planungswerkstätten. Im Rahmen des Räumlichen Leitbildes und dem damit verbundenen öffentlichen Beteiligungsverfahren ging es allerdings erstmals nicht mehr nur um ein konkretes, eingegrenztes Planungsareal, sondern um die gesamte Stadt.

Vom Frage- zum Ausrufezeichen

Ein wichtiges Element in der öffentlichen Vermittlung war neben den verschiedenen Veranstaltungsformaten – von der klassischen Planungswerkstatt über impulsgebende Formate wie die „Lange Nacht des Leitbildes" – vor allem ein sinnhaftes und gleichzeitig sinnliches visuelles Erscheinungsbild, das die Offenheit des Prozesses symbolisiert, die Intention der jeweiligen Prozessphase vermittelt und im öffentlichen Raum (etwa auf Citylight-Plakaten oder im Jubiläumsjahr sogar auf zahlreichen Müllfahrzeugen) Aufmerksamkeit für das Verfahren weckt.

Ein leuchtendes Fragezeichen verwies zum öffentlichen Auftakt 2013 auf Ankündigungsplakaten und Programmheften auf den offenen und partizipativen Prozess der Suche nach Antworten. In der Ausstellung „Die Stadt neu sehen – Zehn Fragen an Karlsruhe" wurden die Schlüsselthemen aus der Voruntersuchung zum Räumlichen Leitbild, mit der das Stadtplanungsamt das KIT in Kooperation mit dem Büro Mess GbR beauftragt hatte, als „Work-in-Progess" in Form von Fragen vorgestellt. Die Ausstellung und die Begleitveranstaltungen thematisierten beispielsweise Fragen zur zukünftigen Anbindung der Stadt an den Fluss, zur Mobilität, zum Grün, zu den Stadteingängen und den Stadtteilen.

Auf das Fragezeichen folgte der Doppelpunkt, der visuell die Ideenphase des Leitbildprozesses in 2014 begleitete. Die Erarbeitung von drei Leitbildkonzepten fand im ersten Halbjahr 2014 im Rahmen der „Planungswerkstatt Räumliches Leitbild Karlsruhe 2015" mit insgesamt fünf öffentlichen Veranstaltungen, inklusive Zwischen- und Abschlusspräsentation, unter intensiver öffentlicher Beobachtung und Kommentierung statt.

Die visuelle Kampagne musste sich auch der Dynamik und Ergebnisoffenheit des Prozesses anpas-

Abb. 5: Visuelles Erscheinungsbild (2013–2016).
Entwurf: EINSATEAM & J. Keller

Abb. 6: Anwendung des grafischen Erscheinungsbilds während der Planungswerkstatt. Foto: J. Merker

sen. Ging man bei der Entwicklung des Keyvisuals 2013 noch davon aus, das Fragezeichen im Jahr 2015 mit einem Ausrufezeichen zu beantworten, wurde im Laufe des Prozesses deutlich, dass es noch einer weiteren internen Reflexionsphase bedarf. 2015 stand daher im visuellen Zeichen der Klammer, denn die Ausstellung „Die Stadt neu denken" zum 300. Stadtgeburtstag Karlsruhes zeigte keinen finalen Leitbild-Entwurf, sondern fasste vielmehr zusammen, pointierte und veranschaulichte die bisherigen und noch folgenden notwendigen Planungsschritte. Bis Ende 2016 erfolgen nun die Abstimmung und Ausarbeitung des Leitbildes zu einem beschlussfähigen Rahmenplan für Karlsruhe. Weitere öffentliche Veranstaltungen sind geplant, und das große Finale wird aller Voraussicht nach 2016 tatsächlich mit einem Ausrufezeichen beworben.

Abb. 7: Öffentliche Präsentation des Finales der Planungswerkstatt Karlsruhe (2014). Foto: M. Müller-Gmelin

Spagat zwischen Fachzirkeln und Stadtöffentlichkeit

„Es ist Spagat und Herausforderung zugleich, die Inhalte so aufzubereiten und zu transportieren, dass man sowohl das Fachpublikum als auch die breite Öffentlichkeit mitnehmen kann" (Philipp Krass in: EIDNER/MERKER 2014: 37). Was Philipp Krass von berchtoldkrass, einem der beteiligten Planungsteams, für seine Arbeit im Rahmen der Planungswerkstatt 2014 beschrieb, gilt auch für das gesamte Veranstaltungsprogramm.

Es bewegte sich stetig zwischen den Polen der Ansprache einer Fachöffentlichkeit und der Involvierung der breiten Laien-Öffentlichkeit. Zudem galt es, einerseits eine Dramaturgie und öffentliches Interesse am Leitbildprozess aufzubauen, andererseits Erwartungshaltungen möglichst nicht zu übersteigern, da ja der Prozess von Beginn an ergebnisoffen angelegt war. Wir fanden mit dem Stadtplanungsamt einen Auftraggeber, der bereit war, dafür auf innovative Veranstaltungsformate und ungewöhnliche Veranstaltungsorte zu setzen und dabei auch in der Ausrichtung des Programms interdisziplinäre Wege zu gehen.

Wichtig war es uns zum einen, die fachplanerische Perspektive immer wieder durch Beiträge von Menschen zu ergänzen, die aus dem Blickwinkel der Kulturinteressierten, der zivilgesellschaftlich Engagierten, der heimatlich in Karlsruhe Verwurzelten den Leitbildprozess betrachteten.

Zum anderen ging es auch um die Herstellung einer gewissen Verbindlichkeit und darum, Transparenz nicht nur zu versprechen, sondern diese auch in der Kommunikation umzusetzen: Ergebnisoffenheit oder Prozessverlängerungen sind auch öffentlich vermittelbar, sie müssen eben nur entsprechend kommuniziert werden. Dass beispielsweise die drei sehr unterschiedlichen Leitbildentwürfe aus der Planungswerkstatt einer erweiterten internen Reflexion durch die Planungsexperten der Stadt bedürfen, erschloss sich allen Beteiligten – wichtig war nur, dass im Rahmen eines „Updates" darüber im Herbst 2014 informiert wurde und man nach der sehr öffentlichen Phase der Planungswerkstatt nicht einfach „abtauchte".

Überblick der Veranstaltungsformate
Detaillierte Einsichten in das Programm, den Prozess und seine Ergebnisse findet man im Internet und in der von der Stadt Karlsruhe herausgegebenen Publikation: „Auf dem Weg zum Räumlichen Leitbild Karlsruhe" (Stadt Karlsruhe 2015). Im Folgenden geben wir einen Überblick über alle öffentlichen Begleitveranstaltungen des Karlsruher Leitbildprozesses, der die Vielfalt der Formate und der involvierten Persönlichkeiten illustriert:

2013
Ausstellung „Die Stadt neu sehen. Zehn Fragen an Karlsruhe" unter anderem mit Eröffnungsimpulsen von Theaterintendant Peter Spuhler und dem international renommierten Stadtplanungsexperten Thomas Sieverts, dem Schülerfotowettbewerb Pic Your City und den Stadtansichten 1+2 als diskursives Format. Hier galt es, in einem kurzen Impulsvortrag von zehn Minuten eine der in bereits in der Voruntersuchung gestellten zehn Fragen an Karlsruhe zu reflektieren und Anregungen für die weitere Diskussion zu geben. Verschiedene Referenten und Positionen trafen an zwei Abenden aufeinander: Vom Klimaforscher über den Urban-Gardening-Aktivisten und Planungsexperten bis hin zur Architekturvermittlerin – die Vielfalt der Perspektiven bereicherte die Diskussion im Anschluss der fünf Vorträge definitiv.

2014
Planungswerkstatt 2014 mit fünf öffentlichen Veranstaltungen an wechselnden Orten in der Stadt (mit Kick-Off, zwei öffentlichen Zwischenpräsentationen, Abschlusspräsentationen und Empfehlungen) und mit einer Update-Veranstaltung nach der Sommerpause.

2015
Stadtansichten 3+4 als mobile Stadtspaziergänge im Vorfeld der Ausstellung „Die Stadt neu denken": 2015 wurden die Indoor-Diskussionen zu mobilen „Stadtansichten". Ortskenner und Planungsexperten, Fachleute und interessierte Karls-

Abb. 8: Stadtansichten 3: Schwerpunkt Freiraum, „Auf dem Rad durch den Hardtwald" (2015). Foto: M. Müller-Gmelin

Abb. 9: Ausstellungseröffnung „Die Stadt neu denken" (2015). Foto: M. Müller-Gmelin

Abb. 10: Zur Finissage 2015: Stadtplanungsleiterin Anke Karmann-Woessner schneidet die Leitbildtorte an.
Foto: M. Müller-Gmelin

Abb. 11: Lange Nacht der Leitbilder (2015): Hendrik Vogel & Andreas Köhler produzieren einen Live-Einspieler für das Hörspiel 5000 Tulpen des Carl Wilhelm von Baden-Durlach.
Foto: M. Müller-Gmelin

ruher erkundeten im Rahmen moderierter Touren die Schlüsselthemen des Räumlichen Leitbilds vor Ort. Wo liegen Potentiale und Probleme? Welche Ideen und Strategien für die Entwicklung Karlsruhes könnte das Leitbild hier aufzeigen? Die Stadtansichten wurden 2015, anders als im Jahr 2013, vom Stadtplanungsamt selbst betreut und inhaltlich weiterentwickelt. Wir gaben lediglich die konzeptionelle Idee, die in der Planungswerkstatt diskutierten Themen aufzugreifen und in Form von Stadtspaziergängen in die so genannten Fokusräume zu unternehmen.

Ausstellung „Die Stadt neu denken" war reich erfüllt mit Führungen, Podiumsgespräch, Vernissage und Finissage – inklusive gemeinsamen Leitbild-Torteessen – sowie der Sonderveranstaltung „Lange Nacht der Leitbilder". Zur Langen Nacht der Leitbilder lud das Stadtplanungsamt lokale Stadtmacher und globale Stadtdenker in die Agora der Ausstellung „Die Stadt neu denken", um gemeinsam Visionen für die Zukunft der Stadt zu entwickeln. Bei Popcorn und Cola wurden Perspektivpläne erdacht und Konzepte in lockerer Runde vorgestellt. Mit dabei war auch wieder Gülsen Ergün, und sie kleidete ihr Zwischenresümee des Prozesses diesmal nicht in ein Gedicht, sondern in die humoristische Collage „Maschterplan oder Badischman in New York" (ERGÜN 2015); so fiel es aus:

„Ja, dass seine Stadt neu gedacht wird, hätte der Karlsruher vielleicht net gedenkt, aber jetzt isch er halt mittendrin im Geschehen. Da muss er durch ... Auch ohne die Externen, die in der Stadtplanungssuppe rühren, entwickelt sich seine Stadt weiter, doch somit eben nicht beliebig, sondern abgestimmt und dosiert. Ist doch in Ordnung, wenn das Rezept von extern ist, oder würde ein Karlsruher freiwillig auf seine Spätzle zum Brate verzichte? Die Melange gelingt, ich bin guter Dinge, und das werde ich lauthals in den coolen Quartieren verkünden, von der überdeckten Südtangente posaunen und vom Gut Maxau aus den Pfälzern zurufen."

Fazit

Das Beispiel Karlsruhe zeigt: Es ist möglich, sowohl die Fachöffentlichkeit als auch die breite Öffentlichkeit in einen ergebnisoffenen Stadtentwicklungsprozess zu involvieren, der auf einer hochgradig abstrakten und komplexen Ebene der Auseinandersetzung um das Bildnis einer Stadt stattfindet. Dabei muss allen Beteiligten, die sich auf ein ähnlich offenes und öffentliches Verfahren wie die Stadt Karlsruhe einlassen wollen, klar sein, dass Kommunikation und Vermittlung von Beginn an mitgedacht werden sollte und es hier eines besonderen personellen wie zeitlichen Aufwands bedarf. Neben der Bereitschaft, unkonventionelle Wege der Vermittlung zu gehen ist aus unserer Sicht vor allem die Kontinuität und Verlässlichkeit der Kommunikation ein wichtiges Erfolgskriterium.

Literatur

DEHNE, P. (42005): Leitbilder in der räumlichen Entwicklung. – In: Akademie für Raumforschung und Landesplanung (Hrsg.): Handwörterbuch der Raumordnung, S. 608–614. – Hannover.

EIDNER, F.; MERKER, J. (2014): Planstadt 2015+. Experiment Räumliches Leitbild Karlsruhe, In: Die Planerin 2/2014, S. 37f. – Berlin.

ERGÜN, G. (2013): Stadt in Teilen, veröffentlicht unter: http://www.karlsruhe.de/b3/bauen/projekte/leitbildhaupt/zehnfragen/begleitprogramm2013/stadtansichten1.de.

Stadt Karlsruhe (2015): Auf dem Weg zum Räumlichen Leitbild Karlsruhe, KIT Scientific Publishing. – Karlsruhe. http://www.karlsruhe.de/b3/bauen/projekte/leitbildhaupt.de.

STADTBILDOFFENSIVE SIEGEN – gemeinsam aktiv für eine schöne Stadt
20 Jahre Planungspraxis mit dem Instrument Stadtbildplanung

Michael Stojan

Zusammenfassung

Der Beitrag spiegelt die über 20 Jahre in der Praxis gesammelten Erfahrungen mit einem Instrumentarium zur Verschönerung der Stadt wieder. In Gütersloh, Potsdam und Gladbeck konnte der Verfasser das Modell der Stadtbildplanung aus den 80er Jahren zu einem ganzheitlichen Werkzeugkasten zur Stadtbildverbesserung entwickeln. Je nach Problemlage der Kommune kann ein passendes Instrumentarium zusammengestellt werden. In Siegen wurde schließlich die Einbindung bürgerschaftlichen Engagements intensiviert, um bei der umfassenden Problemlage wirksam arbeiten zu können. Seit 2010 konnten so gemeinsam eine Vielzahl von Projekten realisiert und eine deutliche Steigerung der Stadtbildqualität erreicht werden.

Abstract

The contribution reflects the accumulated experience from more than 20 years of practice, with the instruments to beautify the city. In Gütersloh, Potsdam and Gladbeck, the author was able to develop the model of city planning from the 80s to holistic instruments with regard to townscape improvement. Depending on the problem situation of the municipality, fitting instruments are compiled. In Siegen, finally, the incorporation of civil involvement was intensified in order to be able to work effectively. Thus, since 2010, a variety of projects and a significant increase in the city's image quality could be achieved.

„In alten Büchern und Reisebeschreibungen findet man oft gesagt, dass Deutschland ein unendlich schönes Land sei, und dass es eine Lust wäre, durch seine Städte, Dörfer und Wälder zu wandern. Ein solches Wort wird unsern Kindern nur noch ein Traum aus längst vergangenen Tagen sein. Wir stehen vor dem Schicksal, dass Deutschland sein Gepräge als unser trautes Heimatland verlieren und zu einer Stätte der ödesten Nüchternheit werden wird. Geht es so weiter, so wird die einstige Schönheit für immer zerstört sein."

So beginnt im Jahre 1900 der Verfasser die Schriftenreihe „Kulturarbeiten", die sich sehr kritisch mit dem Ergebnis des rasanten Wachstums der Städte und Dörfer auseinandersetzt. Damals wurde diese Kritik begeistert aufgegriffen. Sie war Anlass zur Gründung des Deutschen Heimatbundes 1904 und bewirkte letztlich den Erlass des preußischen Gesetzes gegen die Verunstaltung des Landes 1907. Zahlreiche Heimatvereine engagieren sich nun für die sogenannte Baupflege. In allen Ländern und Städten werden Beratungsstellen eingerichtet, in denen Bau-

Abb. 1: Freudenberg 1973. Foto: M. Stojan

Abb. 2: Hammelburg 1980. Foto: M. Stojan

Abb. 3: Lübeck 1969. Foto: M. Stojan

Abb. 4: Valencia 2000. Foto: M. Stojan

berater und Gestaltungsbeiräte engagiert für mehr Qualität in der Architektur und im menschengerechten Siedlungsbau eintreten. Die nachhaltigen Erfolge lassen sich trotz vieler Kriegszerstörungen bis heute nachweisen. Gerade in Nürnberg finden sich einige der absoluten Glanzlichter wie die Gartenstadt von Riemerschmid, die MAN-Siedlung oder die Eisenbahner-Siedlung. Inzwischen aber wurden diese regionalen Aktivitäten in den meisten Ländern, mit Ausnahme von Bayern, wieder eingestellt, da sie dem Zeitgeist der internationalen Moderne entgegenstanden und mit der neuen Liberalität nicht zu vereinba-

ren waren. Auch die Städtebaukritik der 1960er und 1970er Jahre durch Alexander Mitscherlich, Wolf-Jobst Siedler oder Jane Jacobs konnte kein nachhaltiges Umdenken in Lehre und Praxis bewirken.

Im Ergebnis stehen wir heute, mehr als 100 Jahre nach dieser kritischen Einschätzung, vor einem noch größeren Desaster. Als Herbert Grönemeyer meine Heimatstadt Bochum als „total verbaut" besingt, wird das nicht als Rufschädigung gesehen, sondern mit einem bedauernden Achselzucken bestätigt; unsere Städte sind in den Augen der Bürger seit 1945 hässlich geworden. Stadtplanung und Archi-

Michael Stojan: STADTBILDOFFENSIVE SIEGEN – *gemeinsam aktiv für eine schöne Stadt*

Abb. 5: Architekt Schattner, Eichstätt. Foto: M. Stojan

Abb. 6: Dresdener Bank, Gütersloh. Foto: M. Stojan

Abb. 7: Architekt Deilmann, Münster. Foto: M. Stojan

tektur der letzten Jahrzehnte haben zu einer unfassbaren Austauschbarkeit und Uniformität der Stadtbilder geführt. Internationale Studien zur Gestaltpsychologie sprechen von "visual pollution", also von „optischer Umweltverschmutzung", und erkunden, welche Gestaltungsmerkmale der Stadt positiv auf die Bewohner wirken. Die Sehnsucht der Bürger nach vertrauten Stadträumen und Architekturen muss in Kunstwelten wie dem „Disneyland" oder „outlet- villages" befriedigt werden, weil unsere Planer unfähig oder unwillig sind, mit ihrer Gestaltung diesen emotionalen Bedürfnissen gerecht zu werden. Es ist für mich immer wieder erschütternd, wie sehr unsere Bürger hier resigniert und sich mit der Hässlichkeit ihrer Städte arrangiert haben. Umso mehr steigt aber die Beliebtheit von Urlaubszielen, in denen noch intakte schöne Ortsbilder zu genießen sind.

Es gibt einige Beispiele aus den 1980er und 1990er Jahren, die beweisen, dass es möglich ist, zeitgemäß zu bauen und dabei das individuelle Stadtbild harmonisch zu ergänzen.

Abb. 8: Architekt Schürmann, Wiedenbrück. Foto: M. Stojan

In den vergangenen 20 Jahren waren Gedanken zur Verschönerung unserer Städte nicht gefragt. Bestimmend wurden renditeorientierte Investorenprojekte und öffentliches Bauen in den „angesagten" Trends oder „Spektakel"-Architekturen. Großflächenwerbungen ersetzen Fassadengestaltung. Dabei ist durch zahlreiche Marketingstudien belegt, dass die

Abb. 9: Barcelona, Spanien. Foto: M. Stojan

Abb. 10: Haarlem, Niederlande. Foto: M. Stojan

Qualität des Stadtbildes einen wesentlichen Standortfaktor darstellt und bei sorgfältigem Studium der Stadtbaukunst auch planbar ist. Im Sinne einer Corporate Identity gilt es, die Stadt so unverwechselbar zu gestalten, dass sich Bürger, Unternehmen, Kunden und Gäste mit ihr identifizieren und so stärkere und positive Bindungen entwickeln können.

Ursachen der Verhässlichung unserer Städte und Dörfer sehe ich in:
- Uniformität und Beliebigkeit von Architektur und Städtebau
- Bruch statt Kontinuität – Fremdkörper statt Harmonie
- Verwahrlosung des öffentlichen Raums
- fehlendes Verantwortungsbewusstsein für das Stadtbild

Dabei zeigen unsere Nachbarländer seit Jahren, wie zeitgemäße Architektur und Städtebau aussehen können.

Aktuelle Tendenzen

Aktuell gewinnt das Thema der schönen Stadt wieder erheblich an Popularität. Zwei gegenläufige Strömungen zeichnen sich in der Diskussion ab:

Abb. 11: Oslo, Norwegen. Foto: M. Stojan

Georg Frank plädiert „für eine Rückbesinnung auf den Städtebau als vermittelnde Disziplin und die Wiederentdeckung der Ensemblefähigkeit von Architektur, die komplett verloren gegangen ist". Christa Reicher – Prof. an der TU Dortmund: „Für eine nachhaltige städtebauliche Ästhetik brauche es neben Nutzungsmischung und städtischem Grün die Rückkehr zu humanen Raumdimensionen, die Eindämmung der Werbung im öffentlichen Raum und vor allem eine Schule des Sehens und eine aktive Beteiligung der Bürger" (Ev. Akademie/ Deutscher Werkbund 2011). Im aktuellen Schweizer Forschungsprogramm zur neuen urbanen Qualität kommt Prof. Sulzer zu dem Ergebnis: „Das heutige Erscheinungsbild der Agglomerationsräume von Städten und Gemeinden widerspricht eigentlich dem Schönheitsempfinden, den Lebensgewohnheiten und den Sehnsüchten der Menschen nach urbaner Qualität ihres Wohnumfeldes. Urbane Qualität, Schönheit und Dichte sind in der Agglomeration neu zu denken" (SULZER/DESAX 2015). In der neuesten Publikation des BBSR „Historisches Erbe als Ausgangspunkt der integrierten Stadtentwicklung" liefert insbesondere der Artikel von Dr. Bartetzky „Kontinuität statt Kontrast" einen wegweisenden Beitrag zum Thema (BARTETZKY 2014, S. 120ff). Das Positionspapier der Expertengruppe städtebaulicher Denkmalschutz 2015 findet beeindruckende Formulierungen zur „Erhaltung unverwechselbarer Stadträume, Förderung lokaler Baukultur in gründlicher Auseinandersetzung mit dem stadträumlichen Kontext und regionaltypischen Bautraditionen" (Bundesministerium für Umwelt, Naturschutz, Bau und Reaktorsicherheit 2015, S. 6). Auf der anderen Seite stehen die Vertreter der „Generation Facebook" wie Turit Fröbe, die die Auffassung vertreten, man müsse nur lange genug die Bausünden der Vergangenheit schönreden, um sie dann letztlich doch schön zu finden (FRÖBE 2013). Einen ähnlichen Ansatz hatte am Ende der 90er Jahre bereits Prof. Sieverts unternommen mit seinem Versuch, die hässlichen Vororte als sogenannte Zwischenstadt zu nobilitieren.

Ich vertrete die Überzeugung, dass wir uns mit der Hässlichkeit der Städte nicht abfinden dürfen, sondern alle Möglichkeiten ausschöpfen müssen, sie schöner zu gestalten.

Meine Projekte einer ganzheitlich angelegten Stadtbildplanung basieren auf den Publikationen und Planungen von Prof. Trieb in Stuttgart mit seinem Stadtbauatelier (TRIEB 1977). Zwischen 1975 und 2005 hat dieses Büro zahlreiche Stadtbildplanungen in ganz Europa erstellt, die wichtige Impulse für eine Verbesserung der Stadtbildqualität leisten konnten. Allerdings war mir nach meinen Erfahrungen in der stadtgestalterischen Praxis wichtig, neben der dort bearbeiteten „Kür" Architektur und Städtebau auch die „Pflicht" weiterer klein-

Abb. 12: Gladbeck Rathaus, alt.   Foto: M. Stojan

Abb. 13: Gladbeck Rathaus neu, Planungsgruppe Oberkassel – Architekten Hoffmann und Knaack 2002.   Foto: M. Stojan

Abb. 14: Gütersloh, Kolbeplatz 2000. Foto: M. Stojan

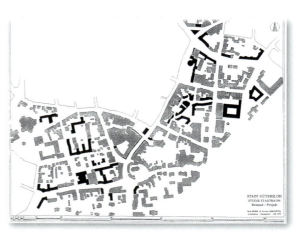

Abb. 15: Gütersloh Studie Stadtraum 1994 Rob Krier.
Foto: M. Stojan

teiliger, stadtbildrelevanter Themen in einen sogenannten „Werkzeugkasten" aufzunehmen.

Für mich ist es gerade die Fülle dieser Defizite, die das Image und das Bild einer Stadt maßgeblich prägen. Je nach der individuellen Situation in der jeweiligen Stadt können bedarfsorientierte Schwerpunkte gebildet werden. So ist es gelungen, in Gütersloh, Potsdam, Gladbeck und Garbsen nachhaltige Wirkungen bei der Verbesserung der Stadtgestaltung zu realisieren (STOJAN 2006).

Grundlagen der Stadtbildplanung

Grundlage jeder Stadtbildplanung sollte ein verbindliches Gestaltungsleitbild werden, das in einer umfassenden Bürgerwerkstatt unter Beteiligung von Politikern, Bürgern und Personen aus der Verwaltung erarbeitet wird. Mit diesem Instrument kann es gelingen, Fehler der Vergangenheit zu reparieren und neue Fehler zu vermeiden. Stadtbildplanung sollte in ihrer ganzen Vielschichtigkeit praktiziert werden durch die problemorientierte Erarbeitung und Umsetzung auch einzelner Bausteine des „Werkzeugkastens" (Stand 1995):

Gestaltungshandbuch/Satzungen
- Stadt-Architektur
- Stadt-Raum-Reparatur
- Werbeanlagen
- Möblierung
- Bauberatung
- Stadtbild-Preis/Stadtbild-Fonds
- stadtbildprägende Gebäude/Denkmalschutz
- Masterplan Grün
- Freiraumentwicklung
- Freiflächengestaltungsplan
- Spielraumleitplanung
- Aufenthaltsqualität
- öffentliche Bauten
- öffentlicher Raum/„Schmuddelecken"
- Ortseingänge

Das „Modell Siegen" ist geprägt worden von der Erkenntnis, dass den gravierenden Defiziten, die insbesondere durch fehlendes Grün und zahlreiche „Schmuddelecken" gekennzeichnet waren, nur durch eine intensive Einbindung und Bewusstseinsbildung der Bürger effizient begegnet werden kann. So wurde aus der Stadtbildplanung die Aktion „Stadtbildoffensive" mit dem Untertitel „gemein-

Abb. 16: Gestaltungsdefizite Siegufer 2009.   Foto: M. Stojan

Abb. 17: Sandstraße, Siegen 2009.   Foto: M. Stojan

Abb. 18: Hindenburgstraße, Siegen 2009.   Foto: M. Stojan

Abb. 19: Siegplatte 2009.   Foto: M. Stojan

sam aktiv für eine schöne Stadt". Zum Auftakt konnten wir die „Sehstation" der Initiative Stadtbaukultur NRW mit ihren zehn Blickpunkten organisieren, die das Thema Stadtbild in das Bewusstsein der Bevölkerung tragen sollte. In zahlreichen Vorträgen vor Interessengruppen und Vereinen ist es gelungen, den verlorengegangenen Gemeinsinn, die Verantwortung für das Stadtbild wieder zu wecken. Ausgangspunkt unserer Aktion war die umfassende Erneuerung des öffentlichen Raums der Innenstadt, deren Planung 2009 startete. Bei diesem Leuchtturmprojekt der Regionale Südwestfalen 2013 soll der komplette Innenstadtbereich innerhalb von fünf

Jahren Dauerbaustelle „runderneuert" werden (2012–2016). Kern des Projektes ist der Abriss der sogenannten Siegplatte. 1968 hatte man den Flusslauf mitten in der Stadt über eine Länge von 300 m als Parkplatz zubetoniert. (Anmerkung: Frau Fröbe bedauerte bei ihrem Besuch in Siegen übrigens diesen Abriss sehr, „weil die Platte doch ein schönes Alleinstellungsmerkmal gewesen wäre"). Um diese Kernmaßnahme von Abriss und Neugestaltung der Uferbereiche wurde die ehemalige Hauptdurchgangsstraße von vier auf zwei Spuren mit Alleepflanzungen und Parkstreifen zurückgebaut, die Fußgängerzonen aus den 70er Jahren neu gestaltet,

Abb. 20: Bäume in der Stadt. Foto: M. Stojan

Abb. 21: früher drei Stellplätze, Kampenstraße.
Foto: M. Stojan

Abb. 22: Sehstation Siegen, StadtBauKultur NRW 2009.
Foto: M. Stojan

Abb. 23: Kunst gegen Graffiti, Siegen. Foto: M. Stojan

zwei Brücken erneuert und eine Brücke neu gebaut, und die desolate historische Stadtmauer wurde im Baustellenbereich restauriert. Dieses Großprojekt wollten wir mit einem problemorientierten Maßnahmenkatalog zur Attraktivitätssteigerung der gesamten Innenstadt begleiten, der auch bei den anlaufenden Entwicklungskonzepten für die einzelnen Stadtteile beachtet werden sollte. Wegen der positiven Resonanz aus der Bevölkerung konnten wir uns zutrauen, einen sehr umfassenden Katalog zusammenstellen.

Maßnahmenprogramm zur Verbesserung der Attraktivität des Stadtbildes und Nutzbarkeit des Stadtraums
Gestaltungskompass
- Werbeanlagensatzung
- Satzung Stadtmöblierung
- Bauberatung zur Fassadengestaltung, -reparatur, -farbgebung
- Pflege stadtbildprägender Gebäude
- Müllcontainer im öffentlichen Raum
- Kunst gegen Schmierereien

- Grün in der Stadt-Bestandspflege und Entwicklung
- Aktion Bürgerbäume/Pflanzaktion stadtbildprägender Bäume
- Freiflächengestaltungspläne/Guerilla-Grün/Spielraumleitplanung
- Öffentlichkeitsarbeit (z.B. Grüner Teppich Sandstraße, Entente Florale)
- Paten für Sauberkeit, Spielplätze, Beete
- Stadtbeleuchtung/Lichtkunst
- Stadtbild-Preis
- Stadtbild-Fonds/Bürgerstiftung Stadtbild
- Stadteingänge

Ein wichtiger Baustein war die Erarbeitung der **Gestaltungssatzung** für die gesamte Innenstadt (traditioneller Wiederaufbau der 1950er Jahre) im Rahmen einer Bürgerwerkstadt über ein Jahr, die entscheidend dazu beitragen konnte, die Qualitäten und Potentiale dieses Wiederaufbaus zu vermitteln. Diese Werkstatt wurde durch die Herausgabe eines „Gestaltungskompasses" vorbereitet, der die Grundsätze einer bestandsorientierten baukulturellen Identität und der regionalen Baukultur vermittelte. Als sehr hilfreich erwies sich die mehrfach gezeigte Ausstellung der Ergebnisse und ihre Publikation in einer mit Sponsorenmitteln geförderten Buchausgabe.

Gleichzeitig wurden gemeinsam mit der Immobilienstandortgemeinschaft eine Werbeanlagensatzung und die Gestaltungsrichtlinie für den öffentlichen Raum erarbeitet, die bei der Vergabe von Sondernutzungsgenehmigungen zugrundegelegt wird. Eine intensive Bauberatungist eine wichtige Grundlage bei der Umsetzung gestalterischer Ziele.

Stadtbildprägende Projekte werden grundsätzlich am Tisch des Stadtbaurates vorgestellt und ggf. im Gestaltungsbeirat diskutiert. Auch die dauerhafte Umgestaltung von leeren Ladenlokalen zu Wohnzwecken gilt es qualifiziert zu lösen. Neben der Aktualisierung der Liste der Baudenkmäler ist eine Inwertsetzung der stadtbildprägenden Gebäude unerlässlich. Gerade in unseren Stadtteilwerkstätten überlassen wir es den ortsansässigen Akteuren, eine Liste ihrer stadtbildprägenden Gebäude zu erstellen, die vor Ort kommuniziert wird. Wir bieten den Eigentümern Unterstützung bei Erneuerungsmaßnahmen (z.B. Farbgebung, Fenster oder Dacherneuerung) an und überlassen der Ortsteilwerkstatt die Entscheidung über den Antrag zur Aufstellung einer Gestaltungssatzung. Nebenbei bemerkt: Die Aktiven vor Ort sind die beste Baupolizei!

Fotowettbewerbe mit Schulen, Kindergärten und der Universität zur „schönsten" Schmuddelecke befruchteten die Diskussion. Unsere „Hotline" der

Abb. 24: Bauberatung Sandstraße, vorher.   Foto: M. Stojan

Abb. 25: Sandstraße, nachher.   Foto: M. Stojan

Abb. 26: Kölner Tor, vorher. Foto: M. Stojan

Abb. 27: Kölner Tor, nachher. Foto: M. Stojan

Stadtreinigung zur kurzfristigen Beseitigung gemeldeter Verunreinigungen konnte bis dahin frustrierte Bürger motivieren, sich wieder um ihre Stadt zu kümmern.

Leider hatte sich in der Stadt über Jahrzehnte die Gewohnheit eingebürgert, dass Mülltonnen nicht auf dem Grundstück, sondern im öffentlichen Raum, selbst an herausragenden Punkten, abgestellt wurden. Es waren sehr schwierige Veranstaltungen, hier wieder die geltende Satzung in Erinnerung zu rufen und durchzusetzen.

Ein großes Problem stellen hier wie fast überall die Schmierereien dar. Wir haben eine sehr effektive Initiative eines pensionierten Schuldirektors, der mit seinen Künstlern systematisch Problembereiche bearbeitet. Auf diese Weise ist eine dauerhafte Verbesserung erzielt worden, die weiten Kreisen der Bevölkerung sehr viel Freude bereitet. Parallel dazu wurden unsere „grünen" Aktionen gestartet. Neben der Pflanzaktion stadtbildprägender Bäume im ganzen Stadtgebiet wurde die „Aktion Bürgerbäume" ins Leben gerufen: Bürger und Firmen können bei wichtigen Anlässen wie Jubiläen, Geburtstagen, usw. einen Baum spenden. Unsere Bewerbung beim europäischen Stadtgrünwettbewerb „Entente Florale 2013" war ein wichtiger Schritt in der Bewusstseinsbildung, Motor in der Beteiligung zahlreicher Aktiver und wurde mit einer Silbermedaille belohnt. Ein großer Schritt in die Zukunft ist der aktuelle Beschluss unserer Ratsmehrheit zur Bewerbung für die Landesgartenschau NRW 2023. Neuland betraten wir bei Durchführung einer Fachveranstaltung für Tiefbaufirmen zur Erhaltung und Pflege des Baumbestandes bei Baumaßnahmen sowie der Umsetzung DIN-gerechter Pflanzstandorte.

Der Freiflächenplan im Rahmen von gewerblichen oder größeren Wohnungsbauvorhaben zur Sicherung einer qualifizierten Begrünung hatte sich schon in den anderen Städten meiner Praxis bewährt. In Siegen war es ein besonders mühevoller Weg, die traditionelle „Baumfeindlichkeit" zu überwinden („wir sind die waldreichste Großstadt, deshalb brauchen wir kein Grün in der Stadt – das macht nur Dreck").

Das Besondere an unserer Siegener Stadtbildoffensive ist sicher die umfassende Beteiligung und aktive Einbindung der Öffentlichkeit insbesondere durch Paten, die in ihrer Straße, ihrem Quartier Zuständigkeiten übernehmen für die Sauberkeit ihres Umfeldes, des Spielplatzes oder die auch bereit sind, die Pflege von Beeten oder Baumscheiben zu übernehmen. Zur traditionellen Weihnachtsfeier treffen sich mittlerweile fast 100 Paten.

Abb. 28: Grünplan Lidl 2014. Foto: M. Stojan

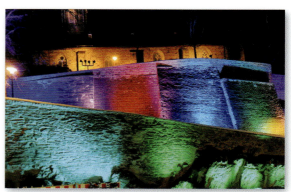

Abb. 29: Illumination Stadtmauer 2014. Foto: M. Stojan

Das „Sahnehäubchen" der Früchte unserer Bemühungen zur Attraktivitätssteigerung sehe ich in der Erstellung eines Lichtkonzeptes für die ganze Innenstadt. Die beeindruckenden Wirkungen konnten wir an der frisch sanierten Stadtmauer im Zentrum demonstrieren. Hier hoffen wir bei der weiteren Umsetzung auf die Unterstützung von Sponsoren.

Der Architektur-Preis des Gestaltungsbeirats der Stadt sollte wegen Mangel an qualifizierten Objekten eingestellt werden. Mit seiner Neuausrichtung als Stadtbild-Preis in einem Wechsel der Prämierung von Neubauten, Sanierungsobjekten und Außenanlagen konnten wir ihn wieder mit Leben erfüllen. In der nächsten Woche können wir zum ersten Mal die Gewinner der schönsten Außenanlagen prämieren. Die Erlöse aus der Buchveröffentlichung unserer Wiederaufbau-Werkstatt fließen in einen Stadtbildfonds, der von weiteren Stiftern ergänzt wird. Mit diesem Grundkapital gelingt es uns, den Eigenanteil eines Fassadenprogramms zu finanzieren, das im Bereich der Gestaltungssatzungen Maßnahmen unterstützen soll.

Abb. 30: Weihnachtsfeier Paten 2013. Foto: M. Stojan

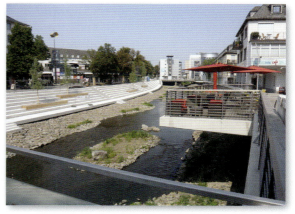

Abb. 31: Neue Ufer 2015. Foto: M. Stojan

Abb. 32: Straßensperrung als Test 2012. Foto: M. Stojan

Abb. 33: Architekt Sebastian Hempel, Wismar 2013. Foto: Hempel, Architekten

Den letzten, aber nicht unwichtigen Baustein unserer Stadtbildoffensive stellen die Ortseingänge dar, für die in den Stadtteilwerkstätten Vorschläge zur Verschönerung entwickelt werden. Die Maßnahmen werden von den Aktiven vor Ort meistens mit Sponsoring aus dem Ortsteil und mit der Unterstützung unserer Bauhöfe realisiert. Das entscheidende Erfolgskriterium bei der Umsetzung einer Stadtbildplanung ist nach meiner Erfahrung immer wieder das Engagement eines oder mehrerer „Kümmerer". In Siegen habe ich diese Aufgabe als Stadtbaurat gemeinsam in einer Projektgruppe mit Bürgern und Mitarbeitern übernommen. Ohne großen Mitteleinsatz kann es gelingen, durch gezielte Aktionen sehr positiven Einfluss auf die Stadtgestaltung zu nehmen. Wichtig ist selbstverständlich die Unterstützung durch den Verwaltungsvorstand. In Siegen hat der Bürgermeister in unserem Leitbild nach Bildung und Wirtschaft das Stadtbild als den wichtigsten Faktor der Stadtentwicklung anerkannt.

Fazit

Es gibt heute Fachleute, die das Bild der traditionellen Stadt in unserer virtuellen Welt für überholt halten, die die City als Herz einer Stadt für tot erklären und die sogenannte „Zwischenstadt" für unvermeidbar halten. Neidisch schauen wir nach Bayern und bewundern die wirtschaftliche Entwicklung und den Wohlstand. Dabei übersehen wir zu leicht, dass als wesentlicher Standortvorteil die hohe Gestaltqualität der Städte und Dörfer genutzt, gepflegt und entwickelt wurde. Nur ein Stadtbild, dessen unverwechselbarer Charakter aus der Gestalt seiner Fassaden, Straßen- und Platzflächen bewahrt und behutsam zu einem als schön empfundenen Gesamtbild weiterentwickelt wird, kann den Bürgern und Besuchern über Generationen eine emotionale Bindung und Identifikation mit ihrer Stadt gewährleisten. Nach über 20 Jahren Erfahrungen mit diesem Instrument bin ich überzeugt, dass gerade in einer Zeit immer knapper werdender personeller und finanzieller Ressourcen in den Kommunen dieses Modell geeignet ist, unsere Stadtbilder nachhaltig zu verschönern.

Es würde mich sehr freuen, wenn ich Kollegen und Bürger motivieren könnte, es auch in ihrer Stadt einmal gemeinsam mit einer Stadtbildplanung zu versuchen.

Literatur

Bartetzky, A. (2014): Kontinuität statt Kontrast. – In: BBSR (Hrsg.) (2015): Historisches Erbe als Ausgangspunkt integrierter Stadtentwicklung, S.120ff. – Berlin.

Bundesministerium für Umwelt, Naturschutz, Bau und Reaktorsicherheit (Hrsg.) (2015): Das Erbe der Städte – eine Chance für die Zukunft. Städtebaulicher Denkmalschutz (Hrsg.). Positionspapier der Expertengruppe. – Berlin.

Ev. Akademie/Deutscher Werkbund (2011): Tagungsbericht Einfach Leben. – Tutzing.

Fröbe, T. (2013): Die Kunst der Bausünde. – Berlin.

Stojan, M. (2006): Stadtbildplanung Gladbeck – der Weg zur schönen Stadt. – In: Planen und Bauen in Westfalen-Lippe. LWL Beiträge zur Landschafts- und Baukultur Nr. 5. – Münster.

Sulzer, J.; Desax, M. (2015): Stadtwerdung der Agglomeration, S. 40. – Zürich.

Trieb, M.; A. Markelin (1976): Stadtbild in der Planungspraxis. – Stuttgart.

Trieb, M. (1977): Stadtgestaltung – Theorie und Praxis. Bauwelt Fundamente 43. – Braunschweig.

Aschersleben von außen nach innen – IBA als Instrument der Stadtbildentwicklung

Bernhard Lohe

Zusammenfassung
Sachsen-Anhalt zählt zu den Bundesländern, die nach 1990 besonders von den wirtschaftlichen und demographischen Umbrüchen betroffen waren. Die „Internationale Bauausstellung Stadtumbau Sachsen-Anhalt 2010" widmete sich mit 19 teilnehmenden Städten dieser Problematik unter dem Thema „Weniger ist Zukunft". Am Beispiel der Stadt Aschersleben werden sowohl die Ergebnisse des IBA-Projektes als auch das Nachwirken der Landesgartenschau 2010 illustriert. Daraus wird deutlich, dass die „Konzentration auf den Kern" in Aschersleben ein Mittel sein kann, den Bevölkerungsrückgang in einer Altstadt zu stoppen und sie wieder attraktiver zu gestalten.

Abstract
Saxony-Anhalt is one of the German states, which were especially affected by economic and demographic changes. The „International exposition of construction urban restructuring Saxony-Anhalt 2010" is dedicated to the topic „Less is Future". Using the example of Aschersleben, the results of the IBA-projects as well as the hangover time of the horticultural show 2010 are illustrated. Concentrating on the most important aspects is an opportunity to stop the population decrease in a historic center and to enhance the attractiveness.

Lage und geschichtliche Eckdaten
Aschersleben befindet sich am Nordostrand des Harzes im Bundesland Sachsen-Anhalt, circa 30 km öst-

lich von Quedlinburg und auf halbem Wege zwischen der Landeshauptstadt Magdeburg und der größten Stadt des Bundeslandes, Halle an der Saale. Mit der urkundlichen Ersterwähnung 753 n.Chr. ist Aschersleben die drittälteste Stadt in den ostdeutschen Bundesländern nach Arnstadt (704) und Erfurt (742). Gründer des Ortes an sich waren um 500 n.Chr. wohl die Warnen, die aus dem Norden Jütlands bis ins heutige Franken zogen und die Enden der Ortsnamen mit -lev bzw. -leben versahen. So wurde Ascegereslebe als das Erbe des Eschenspeers ersterwähnt. Nach Aschersleben wurde das Fürstengeschlecht der Askanier benannt. 1266 erhielt das Gemeinwesen Magdeburger Stadtrecht und fiel mit dem Bistum Halberstadt an Preußen. Nach dem Zweiten Weltkrieg entstand aus dessen Provinz Sachsen und dem Freistaat Anhalt das Land Sachsen-Anhalt, welches 1952 in die gleichgeschalteten Bezirke Halle (zu dem Aschersleben gehörte) und Magdeburg aufgeteilt wurde. 1990 gelang die Wiedergründung des Landes Sachsen-Anhalt, in dem Aschersleben nunmehr dem Salzlandkreis angehört.

Zur industriellen und demographischen Entwicklung
Ab circa 1860 siedelten sich in Aschersleben Unternehmen des Maschinenbaus und der Papierindustrie an, daneben wurde Kalibergbau betrieben. Die Firma Bestehorn als Spezialbetrieb für Verpackungen und verwandte Güter prägte weite Teile der Innen-

stadt mit Produktionsgebäuden und Villen. In der DDR-Zeit überwogen Maschinenbau und besagte Papierverarbeitung, die bis kurz nach der politischen Wende als VEB Optima weiterbestand.

Als für den Bezirk Halle wichtiger Industriestandort, der aber im westeuropäischen Vergleich wenig wettbewerbsfähig war, trafen die wirtschaftlichen Umbrüche nach 1989 Aschersleben besonders hart – etwa 9.000 Industriearbeitsplätze bei einer Einwohnerzahl von 29.700 im Jahre 1995 gingen verloren. Riesige Industriebrachen prägten die Innenstadt. Heute sind in Aschersleben insbesondere Firmen der Fließstoffherstellung und des Maschinenbaus angesiedelt. Mit der bereits erwähnten Industrialisierung wuchs die Einwohnerzahl rasant; lebten um 1800 wohl etwa 9.000 Menschen in Aschersleben, waren es 1900 bereits 27.000. Durch Vertreibung und Flucht nach dem Zweiten Weltkrieg erhöhte sich die Einwohnerzahl 1950 auf über 39.000. Zur Wendezeit 1989 waren es noch 34.000 Einwohner.

Die bereits erwähnten wirtschaftlichen, aber auch gesellschaftlichen Umbrüche führten zu einer für Aschersleben beispiellosen, für Sachsen-Anhalt aber leider schon „normalen" Abnahme der Einwohnerzahl. So lebten 2005 noch 25.600 Menschen in Aschersleben, also etwa 8.400 weniger als 1989. Inzwischen wird die Gesamtstatistik durch 11 Eingemeindungen verbessert, der Rückgang der Einwohnerzahl der Kernstadt stagniert.

Internationale Bauausstellung (IBA) 2010 in Sachsen-Anhalt und Aschersleben

Von 1989 bis 2010 hat Sachsen-Anhalt 17 % seiner Einwohner verloren. Dieser Prozess setzt sich, wenn auch teilweise abgeschwächt, fort. Damit stehen Stadtentwicklung und Stadtgestaltung vor ganz neuen Herausforderungen, wobei diese in den größeren Städten noch abgefedert erscheinen. In dünn besiedelten Gebieten des Landes zeichnet sich seit Jahren ein Wüstungsprozess ab, der dem des Dreißigjährigen Krieges nicht unähnlich ist.

Aufgrund dieser Herausforderungen zeugte es von Weitblick, dass sich 2002 19 vom demographischen Wandel betroffene Städte zusammenfanden, um die „Internationale Bauausstellung Stadtumbau Sachsen-Anhalt 2010" unter dem Thema „Weniger ist Zukunft" vorzubereiten. Mit ganz unterschiedlichen Einzelthemen wie

- Staßfurt: Aufheben der Mitte
- Halberstadt: Kultivierung der Leere
- Magdeburg: Leben an und mit der Elbe
- Quedlinburg: Perspektive Weltkulturerbe
- Halle (Saale): Balanceakt Doppelstadt, und natürlich
- Aschersleben: Von außen nach innen – Konzentration auf den Kern

hat man sich weitgehend erfolgreich dieser Problematik gestellt.

Das IBA-Projekt wurde entscheidend durch die Sachsen-Anhaltinische Landesentwicklungsgesellschaft (SALEG), das Bauhaus Dessau, Unternehmen, Vereine und nicht zuletzt die Bürger der jeweiligen Städte getragen. Für circa 100 Projekte in den 19 teilnehmenden Städten wurden 207 Millionen Euro aufgebracht. Davon kamen 122 Millionen Euro aus Mitteln des Programmes „Stadtumbau Ost" und 19,4 Millionen Euro aus dem Europäischen Fonds für regionale Entwicklung. Etwa 41 Millionen Euro steuerten die Städte selbst bei. Um den Stadtumbau und das IBA-Projekt in Aschersleben zu verstehen, muss man sich den Ausgangsbedingungen um 1990 widmen. Die Aschersleber Gebäude- und Wohnungsgesellschaft mbH (AGW), hervorgegangen aus der „Kommunalen Wohnungsverwaltung" (KWV) zu DDR-Zeiten, und die „Wohnungsgenossenschaft Einigkeit eG" (AWG) waren die größten Wohnungsunternehmen, die sich den großen Plattenbauquartieren und verrottenden Altbauten widmen mussten.

Den Stadtkern umschloss ein stark belasteter Straßenring aus B6, B180 und B185. In diesem Bereich war die Situation besonders trostlos. Doch bereits Mitte der 1990er Jahre unternahmen Landkreis und Stadt einen ersten wichtigen Schritt, gerade dieses Gebiet wieder zu beleben; die große Industriebrache des ehemaligen „VEB WEMA" mit heruntergekommenen und schadstoffbelasteten Werkhallen (und dazu noch ein Baudenkmal) wurde zum Berufsschulzentrum des Landkreises mit Drei-Feld-Sporthalle, zum Sitz der Stadtwerke und zum Sitz der AGW umgestaltet. Im Zuge der ersten Überlegungen zum IBA- Projekt begannen AGW und AWG mit ihren Planungen für Verkleinerung bzw. Abriss von Plattenbauten, der Verlagerung von Wohnraum in das Stadtzentrum durch Sanierung von Altbauten und für die Errichtung neuer Wohnhäuser.

Von außen nach innen – die Veränderung des Stadtbildes
Wir wissen, dass es verschiedene Möglichkeiten gibt, das Bild einer Stadt „abzuspeichern"; sei es fotografisch mit allem heute technisch realisierbarem, sei es als Gemälde oder Zeichnung vom Expressionismus bis zum Fotorealismus. Es gibt aber auch und gerade das Bild einer Stadt, das wir in uns tragen mit all dem, mit dem eine Stadt auf uns wirkt; von Interesse, Sympathie bis zur Abneigung.

Das kleine Aschersleben wurde nun über ca. 400 Jahre von der 52-türmigen Stadtbefestigung und dem 83 m hohen Südturm der Stadtkirche St. Stephani geprägt. Das 18./19. Jahrhundert benötigte den nun einengenden Stadtmauerring nicht mehr, glücklicherweise wurde er zum Promenadenring mit nunmehr noch 15 Türmen umgestaltet, die Dominante des Stephanikirchturms blieb.

Die Industrialisierung des 19. und frühen 20. Jahrhunderts brachte mit den Fabriken und ihren Schloten neue Dominanten ins Stadtbild. Der Sozialismus trug zum neuen und so erwünschten Stadtbild die Wohnsiedlungen an den Rändern der Stadt bei. Die meisten Schlote und Fabriken sind verschwunden bzw. umgenutzt, die Siedlungen werden ausgedünnt. Den Prozess des „von außen nach innen" beschreibe ich mit vier Aspekten: Wohnbauten, Bildungsbauten, Laga (Landesgartenschau) 2010, Innenstadt.

Wohnbauten
Etwa jeder dritte Mensch in Aschersleben lebte zur Wendezeit in einer der peripheren Wohnsiedlungen. Der Erhalt der Innenstadt beschränkte sich auf das Geschäftszentrum mit Behörden und Einkaufsmöglichkeiten, während die Wohnviertel innerhalb der Altstadt verfielen und planmäßig abgerissen wurden. So war geplant, die Bebauung südlich der Stadtkirche gänzlich zu zerstören und stattdessen Plattenbauwohnblocks zu errichten.

Die friedliche Revolution 1989 zog ihren Nährboden auch aus dem Unverständnis der Bürgerinnen und Bürger über den Umgang mit der historischen Bausubstanz. Viele Häuser waren aber schon so geschädigt, dass auch nach 1989 Abrissmaßnahmen stattfinden mussten. Seit ungefähr 2005 werden Plattenbauten deutlich verkleinert und die Wohnungszuschnitte verändert. An diesen modernisierten Wohnungen besteht großes Interesse. Die gestalterische Qualität der Fassaden ist unterschiedlich. Teilweise wurden bisher ganze Wohnblocks abgerissen, eine Verfahrensweise, die die Stadt auch in Anbetracht der jüngsten Wanderungsbewegungen nunmehr hinterfragt. Parallel zu den Arbeiten in den Plattenbaugebieten investieren die großen Wohnungsunternehmen insbesondere im Bereich der Altstadt. So wurde das Quartier Hopfenmarkt/Ritterstraße mit mehreren Baudenkmalen saniert und durch Neubauten erweitert. Assistierend hierzu hat ein Privatinvestor mehrere Baudenkmale in der Ritterstraße saniert und als Wohnraum hergerichtet. Weitere Privatinitiativen gab es am Hopfenmarkt, am Zippelmarkt an der Stadtmauer oder am Weinberg. In der Ölstraße errichtete die AWG einen Neubau mit Tiefgarage und an der Straße Über den Steinen wird sie mehrere Neubauten mit 26 Wohnungen errichten.

Die Nachfrage nach saniertem Wohnraum in der Innenstadt ist sehr hoch, so dass die Wohnungen in der Regel umgehend vergeben sind. Auch dieser Prozess führt dazu, dass der Einwohnerschwund in der Innenstadt fast zum Stillstand gebracht wurde. Zur Attraktivitätssteigerung der Innenstadt gehört auch, dass Seniorenheime, Pflegeeinrichtungen und Betreutes Wohnen zielgerichtet im Altstadtkern angesiedelt werden. Die Caritas hat am Tie und in der Hohe Straße drei Baudenkmale saniert und einen Ersatzneubau errichtet: das „Altenhilfezentrum St. Antonius".

Bildungsbauten

Eines der Kernvorhaben im Rahmen des IBA-Projektes stellt der Bildungs-Campus im Bereich des Bestehornparks dar, welcher wiederum ein Teil der Laga-Flächen ist. Die ehemalige Industriebrache der Papierfabrik Bestehorn bzw. des VEB Optima wurde grundlegend umgestaltet. Der Teile des Stadtbildes beherrschende Hauptbau ist das Fabrikgebäude mit Wasserturm und Drei-Bogen-Tor des Aschersleber Stadtbaumeisters und späteren Stadtbaurates Dr. Hans Heckner, der in München bei Carl Hocheder studierte und die Stadt in seinen Amtsjahren von 1906 bis 1935 prägte. Die straßenbegleitenden, an den Hecknerbau anschließenden Industriegebäude wurden abgerissen, womit eine durchgrünte Passage zwischen Bestehornstraße und Wilhelmstraße entstand. Diesen Park flankiert ein nach einem Entwurf des Büros „Lederer Ragnarsdottir Oei" (Stuttgart) entstandener Riegel. In diesem und im Hecknerbau sind die Grafikstiftung Neo Rauch, eine Mensa und mehrere Schulen untergebracht. Die Bestehornstraße beherrschen drei Villen der Familie Bestehorn. Hier sind eine christliche Grundschule und eine Montessori-Schule eingezogen. Die dritte und prächtigste Villa wird von der Lebenshilfe Vorharz als Sitz der Geschäftsführung und als Wohn- und Veranstaltungsraum genutzt. Zudem sind hier die Arbeitskräfte, die die Grünflächen der Laga 2010 pflegen, angesiedelt.

Laga 2010

Die Laga 2010 in Aschersleben stand unter dem Motto „Natur findet Stadt". Es war ein glücklicher Umstand, dass man keine vor den Toren einer Stadt gelegenen Areale benutzte, sondern Flächen im Zentrum bzw. in Zentrumsnähe. Man konzentrierte sich auf vier Teilflächen, die weitgehend miteinander verbunden werden konnten: Herrenbreite, Bestehornpark, Stadtpark, Promenadenring.

Die auf das 15. Jahrhundert zurückgehende Herrenbreite vermittelt zwischen Bahnhof, Zentralem Omnibus-Bahnhof (ZOB) und Stadtzentrum. Heute bietet sie angesichts der vielen Spielgeräte einen stark frequentierten Aufenthaltsort, besonders für junge Familien. Der Bestehornpark mit dem bereits erwähnten Neubau des Büros Lederer Ragnarsdottir Oei beinhaltet den kleinen Mitarbeiterpark der inzwischen verschwundenen Papierfabrik. Den Stadtpark bildet der um 1870 aufgelassene Städtische Friedhof. Angeschlossen sind ein um 1920 begonnenes Rosarium und die im Rahmen des Stadtumbaus geschaffenen Eine-Terrassen. Diese leiten über zum Promenadenring, der die Altstadt fast völlig umschließt. Bereits im 19. Jahrhundert begann man, den Promenadenring gartenkünstlerisch durch geschwungene Wegeführungen, künstliche Anhöhen und Anpflanzungen zu gestalten. Dieses ca. 2 km lange Gartendenkmal wurde für die Laga 2010 durch einheitliche Beleuchtung, Sanierung der Kleinpflasterwege, Herausnahme einzelner Gehölze und Pflanzungen behutsam instand gesetzt.

Innenstadt

Naturgemäß bedarf es einer attraktiven Innenstadt, um die Menschen zu bewegen, sich wieder im Altstadtkern anzusiedeln. Seit der förmlichen Festsetzung des Sanierungsgebietes Anfang der 1990er Jahre arbeiten Stadtverwaltung, Landkreis, Landesdenkmalamt und Sanierungsträger weitgehend konstruktiv zusammen, was nicht zuletzt für die Arbeit mit sanierungswilligen Hauseigentümern und Investoren von Vorteil ist.

„Deine Stadt verändert sich" – dieser Slogan der AGW ist und bleibt aktuell. Den vielen Sanierungsvorhaben stehen in einzelnen Quartieren immer noch Verfall und Gewerbeleerstand gegenüber. Es wird weiterhin Verluste an historischer Bausubstanz geben. Andererseits sind die Erfolge messbar. Beispielhaft dürfte sein, dass die Fassadenfarbigkeit de facto aller zu sanierenden Bauten in der Innenstadt seit ca. 15 Jahren durch ein Restauratorenkollegium im Auftrag der Stadt in Zusammenarbeit mit den Eigentümern festgelegt wird. Damit stellt sich, was das Farbspiel der Fassaden betrifft, hier ein selten geschlossenes Stadtbild ein – zumindest für eine solche Kleinstadt.

In diesen Monaten stehen wir alle vor Herausforderungen, deren Tragweite wir oft noch nicht ermessen können. Im Osten Deutschlands kommt zur allgemeinen Angst vor dem Fremden das Nachwirken der jahrzehntelangen Isolierung während der Zeit der Diktatur hinzu. Wenn ich das Bild der vom Sozialismus geschaffenen Ruinenlandschaft mit den heutigen Bildern der Stadt vergleiche, kann ich nur sagen, dass der Mensch auch dazu geschaffen wurde, Herausforderungen anzunehmen.

Alle Abbildungen: Archiv B. Lohe

Abb. 1: Ehem. VEB WEMA, heute Berufsschulzentrum des Landkreises.

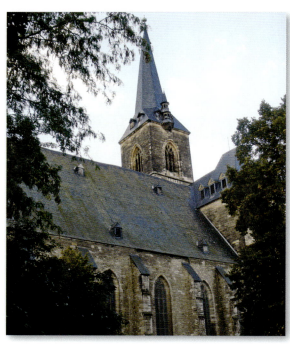

Abb. 2: Evangelische Stadtkirche St. Stephani (erbaut 1406–1507) mit 83 m hohem Südturm.

Abb. 3: Augustapromenade mit Turm am Marsfeld (15. Jh.) und Bestehornhaus (1908).

Abb. 4: Rückbau und Modernisierung von Wohnblöcken im Wohngebiet Staßfurter Höhe.

Abb. 5: Neubauten der AGW im Altstadtquartier Hopfenmarkt/ Ritterstraße.

Abb. 6: Ehem. Papierfabrik Bestehorn, Drei-Bogen-Tor (H. Heckner, um 1910), heute Teil des Bildungscampus Bestehornpark.

Abb. 7: Ersatzneubau und Bürgerhäuser (16./17. Jh.) am Tie im Schatten des Rathausturmes.

Abb. 8: Bestehornpark mit Erweiterungsbau des Bildungscampus.

Abb. 9: Herrenbreite als Teil der Laga 2010.

Abb. 10: Markt mit Rathaus (16., 19., 20. Jh.) und kath. Heilig-Kreuz-Kirche (13. Jh.).

Abb. 11: „Deine Stadt verändert sich" – Der Würfel markiert den Beginn des Stadtumbauprogramms.

Der City-Hof im Hamburger Stadtbild: Bruch und Kontinuität

Frank Pieter Hesse

Zusammenfassung

Der 1956 fertiggestellte City-Hof von Rudolf Klophaus schrieb die Geschichte des in den 1920er/30er Jahren in Backstein errichteten Hamburger Kontorhausviertels – seit 2015 Weltkulturerbe – zu Ende. Vier hell verkleidete Hochhausscheiben quer zum Wall mit Sockelpassage lösten die hergebrachte Blockrandbebauung durch eine offene Struktur ab. Das der Hansestadt gehörende geschützte Baudenkmal soll nun durch einen Neubau ersetzt werden, nachdem der letzte Bewerber, der eine Entwicklung im Bestand vorgeschlagen hatte, aus dem Verfahren ausgeschlossen wurde. Damit verstößt die Stadt gegen ihr eigenes Denkmalschutzgesetz.

Abstract

The City-Hof, completed in 1956 by Rudolf Klophaus, concluded the rich history of the Hamburg Kontorhaus district, built in brick in the 1920s/30s – since 2015 a World Heritage Site. Four brightly clad glass skyscrapers crosswise to the Wall with base passages replace the conventional perimeter block development with an open structure. The protected historic monument belonging to the Hanseatic City is to be replaced by a new building now, after the last candidate who had proposed a development of the existing one, was excluded from the process. Thus, the city is violating its own heritage protection law.

Eines wandelbaren Architekten Vollendung des Kontorhausviertels

Der denkmalgeschützte City-Hof, schräg gegenüber dem Hamburger Hauptbahnhof, zwischen Klosterwall und Johanniswall gelegen, entstand zu einer Zeit, als der Hochhaus-Bau hier gerade erst einsetzte und Hamburg mit den Grindel-Hochhäusern (1946–56) seine erste Wohnhochhausanlage erhalten hatte. Seine Bewertung als Denkmal wurde erstmals auf der Jahrestagung der Landesdenkmalpfleger 1995 in Hamburg formuliert. Er gilt neben den Hochhäusern des Grindel-Quartiers, des Verlagshauses Axel Springer und der Reederei Hamburg Süd an der legendären Ost-West-Straße als ein frühes und überzeugendes Beispiel der Rückkehr der Moderne nach Hamburg.[1] Er steht in der Pufferzone des seit Mitte 2015 von der UNESCO anerkannten Weltkulturerbes Speicherstadt und Kontorhausviertel mit Chilehaus und in unmittelbarer Nachbarschaft des zur Kernzone des Welterbes gehörenden Sprinkenhofs.

Sein Architekt Rudolf Klophaus (1885–1957) vollzog mit diesem, seinem letzten, 1956 fertiggestellten Werk eine neuerliche stilistische Wende. Mit dem inzwischen ebenfalls zum Welterbe erhobenen Mohlenhof, einem im Stil der Neuen Sachlichkeit (1928 zusammen mit August Schoch und Erich zu Putlitz) errichteten Kontorhaus, hatte er sich noch modern von den Exponenten des Backsteinexpressionismus Chilehaus (Fritz Höger, 1922–1924) und Sprinkenhof (Hans und Oskar Gerson, Fritz Höger, 1927–1943) abgesetzt. Sein Altstädter Hof

Abb. 1: Der City-Hof in den 1950er Jahren: Ein Signal für das neue Hamburg.
Foto: H. Eisenhauer

(1936/37), ein Wohnblock im Büroquartier, gibt mit den von Richard Kuöhl gestalteten Bauskulpturen deutlich die Nähe zur NS-Bauideologie zu erkennen. Von solcher Baugesinnung nicht weit entfernt sind auch Klophaus Werke wie das dem City-Hof unmittelbar benachbarte Bartholomay-Haus (1937/38) mit seinen großen Giebelblenden, und das konservativ-traditionalistisch geprägte Pressehaus (1938) – ehemals Sitz der NS-Lokalpresse, nach dem Krieg des SPIEGEL und der ZEIT, die es bis heute nutzt.

Mit dem City-Hof wendet sich Klophaus (unter maßgeblicher Einflussnahme des damaligen Oberbaudirektors Werner Hebebrand) nicht nur von der hamburgischen, seit 1933 NS-beeinflussten Backsteintradition ab, sondern auch von hergebrachten Mustern der blockrandfüllenden Bebauung. Die gab es an diesem Standort auch historisch nicht. Wo heute der City-Hof steht, stand zwischen den beiden Bastionen Sebastian im Norden und Bartholdus im Süden das St. Johanniskloster, mit Blick über die als Landschaftsgarten hergerichteten östlichen Wallanlagen, die dort seitdem als „Klosterwall" bezeichnet werden. Die Bebauung des 19. Jahrhunderts, bestehend aus der Rotunde der Badeanstalt – wo heute die Auffahrtsspirale zum Parkhaus Steinstraße steht –, dem Witwenhaus und dem Johanniskloster, bildete einen eher offenen Stadtrand, durchlässig zu den Wallanlagen und zur Vorstadt. Der City-Hof reagierte darauf mit einer quer zum Wall offenen städtebaulichen Figur. Vier Hochhausscheiben mit Durchgängen in der Ladenzone, so steht der Komplex buchstäblich neben der in den 1920er/1930er Jahren gebauten Blockrandbebauung des Kontorhausviertels und setzt sich in Material und städtebaulicher Struktur deutlich von diesem ab – eine zeitgemäße Vollendung des Kontorhausquartiers, die die radikal veränderte Auffassung vom Städtebau nach dem Zweiten Weltkrieg deutlich vor Augen führt.

Moderner Aufbruch nach dem Weltkrieg – seit Jahren vernachlässigt

Die Verwendung heller Fassadenplatten charakterisiert den Hochhauskomplex als bewusstes Nachkriegs-Gegenüber zum dunklen Backstein der zwischenkriegszeitlichen Kontorhausarchitektur. Die Strenge ausstrahlende Aufreihung der gleichförmigen Quader mit Lochfassaden finden ihre Vorbilder in modernistischen Architekturen der zwanziger und dreißiger Jahre. Moderne Details wie die die Hochhausscheiben tragenden sich nach unten verjüngenden Stützen, die Kleinmosaikverkleidung der Erdgeschosse, die grazilen Handgeländer am Treppenaufgang der Passage und die über zwei Geschosse führenden Treppenhallen in den Erdgeschossen zeugen von einer bewusst gestalteten zurückhaltenden Ästhetik der Zeit, die nach dem Bemühen um regionale Bautraditionen während der NS-Zeit wieder an den Internationalen Stil anzuknüpfen suchte. So ist der City-Hof – gerade am Rande des Kontorhausviertels und in der nachbarschaftlichen Gegenüberstellung zu den älteren Bauten von Klophaus – auch ein anschauliches Beispiel für die zeitenwendige Anpassungsfähigkeit des Architekten. An kaum einer anderen Stelle der Stadt lassen sich der stilistische Wandel und die architektonischen und städtebaulichen Paradigmenwechsel auf so engem Stadtraum studieren.[2]

„Die gesamte Anlage mit einer Nutzfläche von etwa 24.000 Quadratmetern kündet mit ihrer robusten Präsenz vom Durchbruch moderner urbanistischer Muster, wie sie von Ludwig Hilberseimer und anderen Avantgardearchitekten der 20er Jahre erdacht und gezeichnet wurden. Gegenüber dem alten Kontorhausviertel markieren sie einen selbstbewußten Bruch mit historischer Bedeutung, denn an diesem Bauplatz war in den 20er Jahren ein gigantisches Projekt, der Messehof, gescheitert. Etwa zeitgleich zum Hamburger City-Hof entstand in West-Berlin mit dem von Schwebes und Schoszberger entworfenen Komplex am Zentrum Zoo ein Pendant, das den modernen Stadtumbau in neuen Dimensionen vorantrieb. [...]"[3] Auch hierbei bewahrt der City-Hof historische Kontinuität, indem er in Funktion und Namensgebung die junge Tradition des Hamburger Kontorhausviertels mit zeitgemäßen Mitteln fortschreibt. Städtebaulich außerordentlich dominant beherrscht er die Situation an Deichtorplatz und Klosterwall als auffälliges Symbol des Aufbruchs Hamburgs in die Moderne der zweiten Hälfte des 20. Jahrhunderts, in einer Zeit, der die Hafenstadt Hamburg ihre heutige Prosperität maßgeblich mit verdankt. Und wie kaum andernorts in der Stadt führt die den Wallring konturierende Hochhausgruppe in ihrer Höhenentwicklung die Lage der Innenstadt am Geesthang und mit ihrer horizontal-seitlichen Staffelung den Bogen der ehemaligen Wallanlagen vor Augen.

„Den Baufachleuten der 50er Jahre bedeutete die aufgelockerte und durch Hochhäuser streng gegliederte stadträumliche Komposition der Anlage allerdings weniger als die Konstruktion und das Material, mit dem die Fassaden überzogen waren. Platten aus 'Leca-Blähton' [Leca = lightweight expanded clay aggregates, F.P.H.], verkleideten einstmals die Hochhäuser und warben damit in großem Stil für den nördlich von Hamburg ansässigen deutschen Hersteller des Materials. [...] Experten der Bautechnik wurde am Exempel des City-Hofes klar, daß standar[t]isiertes Bauen mit Stahlbeton und vorge-

Abb. 2: City-Hof und Kontorhausviertel 1958: Helle Fassaden gegen dunklen Backstein. Foto: M. Brand, Hamburger Aero-LLoyd GmbH

Abb. 3: Der City-Hof heute: seit 1978 im Eternit-Kleid. Foto: Ajepbah

fertigten Leca-Platten nun wetterunabhängig durchgezogen werden könne: Obergeschosse wurden bei acht Grad, größere Fundamente sogar bis minus vierzehn Grad betoniert."[4] Diese vor dem Betonieren in den Schalungen angebrachten Platten waren gleichzeitig Wärmedämmung und Bekleidung; insofern handelte es sich hierbei um eine damals innovative Dämm- und Baustofftechnologie. Diese Fassadentechnik wurde etwa zeitgleich an dem Gebäude von Alvar Aalto für die INTERBAU 1957 (Hansaviertel) in Berlin angewendet.[5] Dieses hat man unter denkmalpflegerischen Gesichtspunkten Ende der 1990er Jahre saniert, die Platten benötigten lediglich eine Neuverfugung und Reinigung. Im Hamburger Fall allerdings sorgte die unter Zeitdruck erfolgte Lieferung der Platten durch den deutschen Hersteller anstelle der offensichtlich qualitätvolleren dänischen Originale für spätere Bauschäden, die der Ästhetik des Komplexes erheblich geschadet haben.

In der Tat erscheint sein heutiger Zustand nicht dazu angetan, seinen Wert als Denkmal zu vermitteln. Seit 1977 gilt er im grauschmutzigen Erscheinungsbild der vorgehängten Eternitplatten als eines der hässlichsten Bauwerke Hamburgs. Die Erdgeschosse mit marginalisierten Nutzungen, zahlreiche leere Ladenlokale und die eingehauste Rolltreppe am unteren Ende der Passage vermitteln den Eindruck einer systematischen Vernachlässigung. In den oberen Zugang der Passage eingestellte Bürocontainer verhindern, dass man diesen möglichen Weg aus der Innenstadt in die Hafencity überhaupt findet. Instandhaltungsinvestitionen wurden über Jahre unterlassen, neue attraktive Mieter für die Läden auch nicht gesucht. Und immer wieder wettert die Lokalpresse gegen den City-Hof. Der Stadt erscheint es daher ein Leichtes, dieses ungeliebte Baudenkmal durch einen Neubau zu ersetzen.

Der Oberbaudirektor Jörn Walter hält den Entwurf des Architekten Rudolf Klophaus und die Entscheidung seines nachkriegszeitlichen Amtsvorgängers Werner Hebebrand, den Rand der City anstatt mit einem geschlossenen Blockrand mit einer offenen Großform zu markieren, für einen zu korrigierenden Irrtum. Und der Finanzsenator würde sich über eine satte Einnahme aus diesem 1a-Standort freuen. Zu Beginn dieses Jahres war das Grundstück zur Vergabe ausgeschrieben worden, nachdem es nach 50jähriger Erbpacht wieder an die Stadt zurückfiel. Mindestens 20 Mio. Euro sollten beide Varianten bringen: entweder Erhalt und Sanierung oder Abbruch und Neubau. Letztere Option wurde allerdings durch eine zusätzliche Fläche zur Steigerung der Geschossfläche begünstigt. 15 Angebote erreichten die Stadt, sieben davon mit Erhaltungsoption. Aus den drei in die engere Wahl gezogenen Bewerbungen wurde nachträglich die einzige mit Erhaltungsperspektive wegen eines angeblichen Formfehlers ausgeschlossen, nachdem die verfahrenszuständige Finanzbehörde neue Bedingungen nachgeschoben hatte. Das Verfahren war bis zum Frühjahr 2016 weder von Transparenz noch von Beteiligung demokratischer Gremien gekennzeichnet. So droht nun der Abbruch des City-Hofes, wenn 2017 das dort noch residierende Bezirksamt Mitte ausziehen wird.

Bestandsentwicklung statt Abbruch: doppelter Gewinn
Über die bestandswahrenden und entwickelnden Bewerbungen hinaus gab es Gegenentwürfe zum Abbruch zuhauf. Die in Hamburg ansässige Rudolf Lodders Stiftung widmete ihren alle zwei Jahre für Studierende ausgelobten Architekturpreis 2015 Entwürfen zur Weiterentwicklung des City-Hofes.[6] Mit über siebzig zum Teil beachtenswerten Entwürfen zur Bestandsentwicklung beteiligten sich Studierende deutscher Architekturhochschulen. Martin Boesch, Professor an der Accademia di architettura Mendrisio/Universita della Svizzera italiana, erarbeitete mit seinen Studenten eine Reihe funktionaler, konstruktiver und gestalterischer Lösungen zur zeitgemäßen Fortentwicklung des City-Hofes. Bei allen Entwürfen spielten die Eigenschaft als Baudenkmal und seine ästhetische Rehabilitierung eine entscheidende Rolle. Dass die graue Eternit-Verkleidung fallen muss, ist selbstverständlich oberste Priorität. Aber es geht ja um mehr: Waren die Häuser in ihrem ursprünglichen Zustand schon nicht hässlich, sondern entsprachen dem damaligen Ideal vom licht- und luftdurchfluteten Städtebau, so sind in diesem Sinne Weiterentwicklungen denkbar und auch notwendig. Der Energieverbrauch muss deutlich gesenkt werden, da die einst innovativen Leca-Fassadenplatten auch bei aufwändigerer Reparatur den heutigen EnEV-Anforderungen nicht mehr genügen dürften. Wie bei manch anderen Baudenkmälern der Nachkriegszeit wird man um eine vollständige Fassadenerneuerung nicht herumkommen. Die einstige hell-freundliche Fassadenästhetik ließe sich auch mit heutigen Mitteln wieder gewinnen – hierzu sei an die denkmalpflegerisch und energetisch anspruchsvolle Sanierung der Berliner Karl-Marx-Allee erinnert. Der vom Vergabeverfahren zuletzt ausgeschlossene Entwurf des Hamburger Architekten Volkwin Marg/gmp Architekten bietet dafür eine überzeugende Lösung, wie es ihm auch für die Passage gelingt, die er mit Gastronomie, Galerien und Läden völlig neu konzipiert und dabei den Johanniswall zu einer attraktiven Verbindung zwischen Innenstadt und Hafencity aufwertet.

Die Freie und Hansestadt wäre verpflichtet, „durch vorbildliche Unterhaltungsmaßnahmen an Denkmälern für den Wert des kulturellen Erbes in der Öffentlichkeit einzutreten und die Privatinitiative anzuregen" – so steht es im Hamburgischen Denkmalschutzgesetz § 1 Absatz 2. Sie läuft sonst Gefahr, an Glaubwürdigkeit zu verlieren, wenn sie durch Senatsbeschlüsse ihre eigenen Liegenschaften – zumal in der Welterbe-Pufferzone – vom Denkmalschutz ausnimmt, indem anderen, vermeintlich höherrangigen Interessen (wie fiskalische oder städtebauliche) der Vorrang eingeräumt wird.[7] Wer wollte angesichts der immer prekären Haushaltslage abstreiten, dass eine private Verwertung des Grundstücks sinnvoll ist. Die auf die Ausschreibung erfolgten Bewerbungen hatten den Nachweis erbracht, dass auch eine Bestandsentwicklung der Stadt eine angemessene Einnahme bescheren würde. Ein Projekt im Bestand, das nicht nur interessante Nutzungsperspektiven eröffnen und ästhetischen Genuss verschaffen könnte, sondern auch unter Umwelt- und Energiegesichtspunkten für Hamburg als ehemaliges Green Capital (2011) beispielhaft wäre, das wäre eine gleichermaßen reizvolle wie lohnende Aufgabe. Bruch und Kontinuität des Städtebaus, die beide im City-Hof verkörpert sind, wären so auch künftig im Stadtbild lesbar.

Anmerkungen

1. Rüttgerodt-Riechmann, I. (1997): Die Hamburger Innenstadt nach 1945. Reparatur – Wiederaufbau – Neubau. – In: Altstadt – City – Denkmalort. Jahrestagung der Vereinigung der Landesdenkmalpfleger der Bundesrepublik Deutschland 1995. Hamburg 26.–30. Juni 1995. Vortragsband, S. 53. – Hamburg.
2. Vergleichbare, aber unvollendete bzw. wesentlich weniger prägnante Objekte für das im Sinne der Moderne veränderte städtebauliche Paradigma sind die Nachkriegsbebauung der Esplanade mit ursprünglich drei geplanten, dann aber nur zwei realisierten Punkt- bzw. Scheibenhochhäusern oder die Neue Große Bergstraße in Altona.
3. Krieger, P. (1998): Wirtschaftswunderlicher Wiederaufbau-Wettbewerb. Architektur und Städtebau der 1950er Jahre in Hamburg, S. 145. – Hamburg. ediss.sub.uni-hamburg.de/volltexte/1998/13/html/0index.pdf.
4. Ebd.
5. Interbau Berlin 1957, Amtlicher Katalog, erste Ausgabe, S. 86.
6. Rudolf Lodders (1901–1978), Hamburger Architekt, hinterließ sein ganzes Vermögen einer seit 1980 bestehenden Stiftung. Die Erträge werden für hilfsbedürftige alte Künstler und Architekten verwendet, sowie für einen alle zwei Jahre veranstalteten Wettbewerb und für Zuschüsse zu Forschungsprojekten, Dissertationen und Publikationen.
7. Darauf machte auch der Grundeigentümerverband aufmerksam: Die Welt v. 10.8.2013: Neuer Denkmalschutz weiter umstritten.

Blaudenkmäler und Macktionen – Partizipatorische Interventionen im Stadtraum

Christoph Dahlhausen

Zusammenfassung

Der Begriff der Partizipation wurde in den 1970er Jahren in Bezug auf die Stadtplanung viel dis‹utiert. Die Umsetzung der Visionen ließ allerdings vielfach zu wünschen übrig. Auch Kunst im öffentlichen Raum wurde und wird meist ohne wesentliche Berücksichtigung der Interessen der Bürger installiert. In der jüngeren Vergangenheit zeigten verschiedene Proteste bei städtebaulichen Großprojekten, dass der Wunsch nach Bürgerbeteiligung heute virulenter ist denn je. Seit einigen Jahren entstehen künstlerische Projekte und Aktionen, die bürgernah und breitenwirksam die Grenze zwischen Kunst und städtischem Alltag aufweichen wollen. Anhand einzelner Beispiele jüngerer partizipatorischer Projekte versucht der vorliegende Beitrag, Impulse aufzuzeigen und eine mögliche neue Rolle der Kunst in der Gesellschaft zu entwerfen. Kunst kann als Katalysator und Filter das kreative Potential der Bürger im konstruktiven Sinne aktivieren.

Abstract

The notion of participation was much discussed in terms of urban planning in the 1970s. However, the implementation of the visions was often unsatisfactory. Even public art has been and is usually installed without substantial consideration of the citizens' interests. In the recent past, various protests in major urban projects showed that the desire for civic participation is more virulent today than ever. For several years, artistic projects and actions have come into

being which intend to soften the boundary between art and urban daily life in a citizen-centric and large-scale way. Using selected examples of modern participatory projects, the present article tries to illustrate impulses and to design a possible new role of art in society. Art, as a catalyst and filter, can activate the creative potential of citizens in a constructive sense.

Ein weiß-schwarz geschecktes Pferd trabt durch die noch wenig belebten Straßen eines hübschen, von gut restaurierten Gründerzeithäusern geprägten Stadtteils einer langweiligen deutschen Kleinstadt. Ein paar Pappbecher, deren Zukunft wenig rosig aussieht, schauen einer Plastiktüte zu, die sich unaufhörlich im Wind dreht. Das Pferd dreht den Kopf und verlässt die Szene nach links ...

Kunst im öffentlichen Raum kann sehr verschieden sein, sie kann leise auftreten, spektakulär, skulptural, ephemer usw.

Doch was ist öffentlicher Raum? Und was ist öffentlich?

Nach Hannah Arendt müssen wir in Hinblick auf das Verständnis des öffentlichen Raumes zwei Momente unterscheiden:

1. Wir begegnen im öffentlichen Raum dem Anderen und in der Begegnung uns selbst, und
2. der öffentliche Raum ist die Welt selbst, das Gemeinsame, das wir teilen (ARENDT 2002).

Christine Weiske konstatierte: Öffentlichkeit ist ein Ereignis (WEISKE 2003). Der öffentliche Raum ist

Abb. 1: Kleidersammelcontainer im öffentlichen Raum, Bonn.   Foto: C. Dahlhausen

Die „Praxis", von der Bourdieu spricht, geschieht teilweise auf weniger legitimierte oder legale Weise. Tags, Sprays und Graffiti-Malerei im öffentlichen Raum zeugen weltweit von der kreativen Energie und dem Ausdruckswillen vieler, meist jüngerer Menschen. Auch sie nutzen den öffentlichen Raum. Allerdings gefällt der großen Mehrheit der Bevölkerung ihr gestalterischer Impuls weniger.

Im Falle von Illuminationen und z.B. saisonalen Gebäudebeleuchtungen sind gestalterische Impulse zwar legitimiert und akzeptiert, sie sind aber häufig nicht minder diskussionswürdig, haben mit den Gebäuden, ihrer historischen Bedeutung nicht nur nichts zu tun, sondern verunstalten, dienen einzig dem Zweck kommerzieller Ansätze; so tragen sie gar zur optischen Umweltverschmutzung unserer Städte bei. Die Zunahme an Illuminationen und Licht-Events in den letzten Jahren ist enorm und wird mehr durch die kostengünstige LED-Technik. Mancher wünscht sich in Zeiten zurück, in denen Gebäude des Abends still auf den nächsten Morgen warteten und sie sich, aber auch wir uns, erholen konnten.

nichts Statisches, er wird belebt, genutzt oder missbraucht, zunehmend bevölkert von Plakataufstellern, Werbeschildern oder Müll- und anderen Sammelcontainern. Orte werden von diesem Gebrauch oder Missbrauch geprägt.

Doch prägen nicht nur wir bzw. einzelne Akteure den öffentlichen Raum. Im Gegenzug werden auch wir durch den öffentlichen Raum verändert, beeinflusst. Nach Pierre Bourdieu bestimmt der gebaute Raum seinen Gebrauch, seine Wahrnehmung und die räumliche Praxis der Individuen in ihm (BOURDIEU 1991).

Dies war schon immer so, bereits zu Zeiten Ludwigs XV., wie man es am Beispiel des Place Stanislas in Nancy sehen kann, den der Absolutismus des 18. Jahrhunderts als wohl vollkommenste Schöpfung und Sinnbild der Kraft und Macht architektonischer Setzungen hinterlassen hat, und so ist es auch noch heute. Der öffentliche Raum ist ein Abbild unserer Zeit. Zugleich ist er prägendes Element unseres Lebensalltags.

Im Jahr 2014 wurde ich unter anderem auf Initiative der Werkstatt Baukultur an der Bonner Universität gebeten, ein Konzept zu entwickeln, das sich auf das Bonner Frankenbad im sog. Macke-Viertel bezieht und dessen Vorplatz im Rahmen einer künstlerischen Intervention aktiviert. Das Frankenbad und der Vorplatz sollten mehr, oder besser: positiver in das Bewusstsein der Bevölkerung rücken.

Das 1963 gebaute Frankenbad ist ein wichtiges Bauwerk der jungen Bonner Demokratie, aber heute ein vielfach ungeliebter Bau. Verschiedene ungüns-

Abb. 2: Frankenbad Bonn, Innenhof. Foto: C. Dahlhausen

tige Renovierungs- und Umbaumaßnahmen haben dem denkmalgeschützten Bau auf ästhetischer Ebene geschadet. Des Weiteren ist der bauliche Zustand aktuell suboptimal.

Tagsüber nutzen vor allem Mütter mit Kindern auf dürftig ausgestatteten Spielplätzen, Junkies und Obdachlose den Vorplatz, abends gehört der Platz mehr oder minder einer eher muslimisch geprägten Klientel. Der herrliche Innenhof, ehemals eine Oase, ist leider seit vielen Jahren eine Brache.

Es war das Ziel der Kurzzeitintervention „Blaudenkmal", mittels eines sehr kurzen Impulses die Aufmerksamkeit auf bauliche Aspekte, die spezifischen Qualitäten und die Schönheit des ungeliebten Bauwerks zu richten.

Ganz bewusst sollte das Projekt nur ein Wochenende lang dauern – also von Freitag Abend bis Sonntag Morgen. Es war ein enormer Aufwand, aber der Prozess des Aufbaus bereits war interessant und führte zu einer veränderten Aufmerksamkeit der Anwohner, die mutmaßten, dass eine Umbauphase oder Renovierungs-Maßnahme beginne. Die wahrgenommene Irritation wirkte im Sinne des Brechtschen Verfremdungseffekts. Es gab aber auch negative Kommentare wie: „Dafür hat die Stadt Geld …" und andere.

Die fertige skulpturale Installation stellte poetisches Chaos, Asymmetrie und Rhythmus der Leuchten und des Gerüstes neben Glas, Klarheit und geometrische Struktur der 60er-Jahre-Architektur. Das Erleben von Transparenz des Baukörpers, der Durchlässigkeit und die Kommunikation über die Maßnahme, die Wahrnehmung, die

Abb. 3: Blaudenkmal, Frankenbad Bonn. Foto: C. Dahlhausen

Irritationen durch alle Bevölkerungsschichten hindurch standen im Fokus des Projektes.

Hier kam es zwar zur Realisierung eines skulpturalen Werkes, es ging aber ganz wesentlich um etwas anderes, nämlich um Begegnung der Bürger oder des Betrachters mit der ihn im Alltag begleitenden Architektur.

In den 1960er Jahren zogen Künstler und Künstlerinnen aus den Museen aus und platzierten Kunstwerke im Stadtraum. Die sich entwickelnde Kunstgattung der Publik Art war innovativ und wegweisend. Letztlich entstand aber eine mittlerweile zu Recht kritisierte Möblierung des Stadtraums durch ein häufig unkritisches und unbedachtes Hin-Stellen von Skulpturen. In den 1970er Jahren entwickelten Künstler wie Valie Export, Daniel Buren und Marina Abramovic öffentliche Aktionen und Performances. Noch später entstand die Street Art.

Mittlerweile hat sich der Begriff New Genre Public Art (NGPA) etabliert.

New Genre Public Art
Interventionen
Temporäre Installationen
Performances
Aktionen
„tags" und sprays (auch als sozialkritische Kommentare)
Projekte mit soziologischen Aspekte
Partizipatorische Projekte/Ansätze
…

Der Aspekt der Partizipation hat auch in der politischen Dimension plebiszitärer Ansätze in den letzten Jahren stark an Bedeutung gewonnen.

In der Kunst der 50er und 60er Jahre war es ein Novum, dass der Betrachter mit dem Werk interagieren konnte, es berühren und ändern durfte. Das Werk war vom „genialen" Künstler geschaffen worden und konnte alteriert werden.

In Österreich entwickelte Hermann Nitsch Ende der 1960er Jahre das Konzept einer öffentlichen Malaktion, später die Idee des Orgien-Mysterien-Theaters, bei dem viele „Amateure" in Aktionen integriert wurden, die Schlacht- und Opferritualen ähnlich waren. Die Wogen des Establishments gingen insbesondere im biederen Österreich hoch. Nitsch siedelte nach Deutschland über. Seine Aktionen waren verstörend und bahnbrechend. Die beteiligten Teilnehmer erfuhren aber bei diesen Orgien-Mysterien-Theatern wie auch bei den eben erwähnten Werken aus den 50er und 60er Jahren wenig über ihr eigenes kreatives Potential und blieben doch nur Statisten. Im Gegensatz zur Beteiligung bei den genannten Aktionen meint Bürgerbeteiligung heute etwas anderes.

Ein besonders erfolgreiches Kunstprojekt mit effektiver Bürgerbeteiligung ist das Hamburger Projekt Park Fiction bzw. der Antonipark am Hamburger Hafen.

Abb. 4: Parc Fiction, Antonipark am Hamburger Hafen.
Foto: M. Sirega

Anfang der 1990er Jahre wehrten sich Bürger, darunter auch Künstler und Künstlerinnen, gegen die Gentrifizierung im Bereich der geplanten Hafencity und kämpften für die Erhaltung des Antoniparks. Über 10 Jahre kämpfte die Künstler-Bürgerinitiative, letztlich erfolgreich, für den Park. Nachdem das Projekt auf der Documenta 2002 sogar auf der Diskussionsplattform beachtliche Aufmerksamkeit genoss, lenkte die Stadt Hamburg ein und gab 2003 die Genehmigung für den Künstlerpark Parc Fiction. Mittlerweile bewirbt Hamburg den Park als absolut sehenswerte touristische Attraktion.

Kunst schafft es, gewohnte Wahrnehmungsprozesse zu durchbrechen, auch die Wahrnehmungsprozesse vermeintlich Unbeteiligter, so z.B. die von Politikern.

Öffentliche Aktionen von Künstlern und Künstlerinnen haben häufig in ihrer Anlage ein interessantes Potential, sind dann aber in der Ausführung und Wirkung eher begrenzt, banal, romantisierend, hübsch oder zu wenig komplex, wie z.B. das 2009 in Weimar realisierte „Klimaflüchtlingscamp" von Hermann Josef Hack, das mit der Platzierung von über 300 Miniatur-Campingzelten auf dem Theatervorplatz des Deutschen Nationaltheaters letztlich doch kaum etwas mit der atemberaubend dramatischen oder unvorstellbaren Realität von Flüchtlingslagern zu tun hat (HACK O.J.).

Leicht scheitern Künstler beim Versuch, sich in öffentlichen Projekten auf würdige, anspruchsvolle, gelingende und nicht banalisierende Weise mit der Komplexität großer Themen künstlerisch auseinanderzusetzen. Gelegentlich helfen Ortsbezug oder

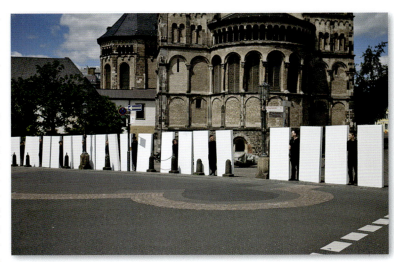

Abb. 5: Aktion Spacemaker der RWTH Aachen und der Alanus Hochschule Alfter, 2012.
Foto: J. Wedel

Kontextualität den Akteuren wie Betrachtern, der Komplexität in Form der Abstraktion zu begegnen.

Ein gutes Beispiel für ein sehr gelungenes öffentliches Kunstprojekt ist die Aktion Spacemaker, das Studenten der RWTH Aachen und der Alanushochschule, Alfter im Jahr 2012 in Bonn durchführten. Die Akteure trugen 2×1m große vertikale Styroporplatten durch die Stadt, schufen artifizielle Räume oder blockierten bzw. sperrten Straßen. Die Aktion verdeutlichte auf signifikante Weise, wie sehr unsere Städte Autostädte sind, unser Raumerleben von der auf den Straßenverkehr ausgerichteten Funktionalität geprägt ist.

Nicht das Kunstwerk als fertiges Produkt steht in der New Genre Publik Art im Fokus, sondern die Prozessualität der Entstehung und seine kommunikativen Beziehungen. Die Vollendung des Prozesses ist nicht zwingend. Die Anlage eines Projektes kann das Scheitern des Prozesses einschließen. Weniger relevant sind künstlerische Herangehensweisen wie Kontemplation und Konzentration, als vielmehr u.a. Vorstudien, Controlling, Projektmanagement und

Evaluation sowie das Empowerment der Bürger bzw. Co-Akteure. Oft wurde und wird die Nähe der New Genre Publik Art zur Soziokultur kritisiert. Im Unterschied zur Soziokultur, bei der das Ziel ist, eine erfolgreiche Änderung der Lebensumstände für den Menschen zu erreichen, geht es bei NGPA um den Prozess mit den Menschen.

Dieses „mit" wird gelegentlich als eine sogenannte Mitmachkunst missverstanden, wie etwa bei dem Projekt Strichcode eines Künstlerkollektivs in Hannover (wiederum 2012). Das partizipatorische Moment erstreckte sich für die Bürger auf ein Verkleben von Preisetiketten in etwa nach der Vorgabe der Aktionskünstler und -Innen.

Letztlich entstanden vor allem spektakuläre werbewirksame Bilder, um der öffentlichen Wahrnehmung des Projektes und der Künstlergruppe willen und weniger um der Wahrnehmung des Betrachters willen.

Die Erweiterung in Richtung bzw. Hinsicht auf das eigene kreative Potential von Partizipanten, ihren kreativen oder künstlerischen Impuls möchte ich an einigen weiteren eigenen Projekten verdeutlichen.

In Wellington entwarf ich die Erweiterung eines Ausstellungsprojektes an der Massey University in den Stadtraum hinein. Zugleich wurde der Schaffensprozess komplett an die Teilnehmer abgegeben. Außer einigen wenigen Leitplanken oder Rahmenbedingungen wie Respekt vor dem Fremdeigentum und Fotodokumentation der Aktionen gab es prinzipiell keine Vorgaben und keine Kontrolle.

Etwa 350 Folienpunkte mit einem Durchmesser von 12 cm wurden an Studenten ausgegeben. Die Studenten sollten die Punkte (mindestens 3 und maximal 7) nach eigenem Gutdünken an beliebigen Orten verkleben und diese installierten Folien fotografisch dokumentieren. Die Fotos wurden auf einer eigens geschaffenen tumblr-Seite (Dahlhausen 2012)

Abb. 6 und 7: The Wellington Dot Project, Wellington (Neuseeland), 2012.

veröffentlicht. So entstand ein großartiges Abbild der Kreativität der beteiligten Studenten, voller Freude, Spaß, aber auch Tiefgründigkeit. Die Folien sind lichtechte High-Tech-Folien, rückstandsfrei wieder ablösbar. Die Tätigkeit der begeistert agierenden Studenten hatte etwas von Guerillaaktionen. Da der Respekt vor Fremdeigentum eine Grundbedingung für die Teilnahme ist, sollten eigentlich keine illegalen Aktionen entstehen, dennoch hat gerade dieses vermeintlich grenzwertig legale Handeln einen großen Reiz.

Für ein weiteres Publik-Art-Projekt wurde ich Anfang 2014 gebeten, ein Konzept anlässlich des 100. Todestages von August Macke zu entwickeln.

Nichts ist gegen würdigende Ausstellungen zu August Macke einzuwenden. August Macke hatte es lange verdient, auf einen soliden Sockel gestellt zu werden, doch ist die Relevanz dieser letztlich elitären Vorhaben für den Otto-Normal-Bürger gelegentlich fraglich.

Über August Macke und sein Werk brauche ich hier Ihnen als bestens informiertem Publikum nicht viel zu sagen.

Die von mir entwickelte Folienaktion „DahlhausensMacke" wurde mitgetragen durch die Initiative Kunst und Kultur im Macke-Viertel, die Werkstatt Baukultur an der Universität Bonn, das August-MackeHaus und das Friedrich-Ebert-Gymnasium der Stadt Bonn sowie durch verschiedene finanzielle Förderer, darunter auch die Stadt Bonn und das Kunstmuseum Bonn.

Virtuell habe ich aus Mackes Bildern Farbflächen isoliert bzw. herausgelöst und diese in Folienstücke geschnitten. Es klingt leicht, war aber viel Arbeit, ca. 2.000 Folienstücke zu schneiden.

Die Folienstücke wurden an Bonner Bürger verteilt, die diese – wie bereits ähnlich bei Projekten in Wellington (NZ) oder Leiden (NL) und an anderen Orten – in der Stadt verkleben und fotodokumentieren sollten.

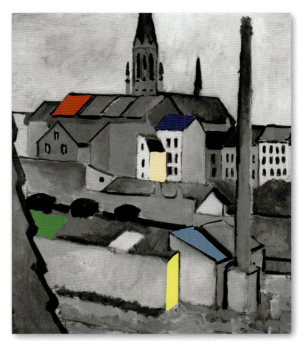

Abb. 8: Digitale Bearbeitung, basierend auf August Mackes „Marienkirche mit Häusern und Schornstein", 1911.
Quelle: Kunstmuseum Bonn

Wir gehen stets wahrnehmend durch unsere Stadt. Wahrnehmung ist unabdingbar und auch kaum abzustellen. Unsere Wahrnehmung ist meist fokussiert auf Funktionalität von Farbe und Formen.

Wenn wir beispielsweise eine rote Kreisform in ca. 2,5 m Höhe sehen, bleiben wir stehen, weil wir sonst evtl. überfahren würden. Ein rosafarbenes T symbolisiert einen Telefonladen, usw.

In dem Moment aber, in dem ich ein asymmetrisch geschnittenes Folienstück bei mir habe und eine „richtige" Stelle suche, an der ich dieses platzieren möchte, schaue ich nach anderen Dingen, sehe anders, nehme anders war. Im besten Sinne nehme ich meine Wahrnehmung wahr.

Das Ergebnis war überwältigend. Über 350 eingesandte Fotos von Teilnehmern aller Altersgruppen

Abb. 9: Partizipatorische Folienaktion „DahlhausensMacke", 2014. Foto: C. Dahlhausen

der Möglichkeit, sich auf spielerische oder leichte Weise in der eigenen Stadt auszudrücken. Die Wahrnehmung der eigenen Umgebung, der uns umgebenden Stadt wird verändert, ja geschärft.

Wesentliche Aspekte der genannten Projekte sind: Die Offenheit im Prozess, die Verbundenheit unter den Akteuren, das Wissen, Teil eines größeren Ganzen zu sein und einen unverwechselbaren individuellen Beitrag zu leisten, der nicht höher oder niedriger bewertet wird als der anderer Teilnehmer, sowie die Tatsache der letztlich sehr großen Freiheit als Option der Teilnehmer.

Die Wiepersdorfer Erklärung benennt Kreativität, künstlerische Ausdrucks- und Genussfähigkeit, kommunikative Kompetenzen als Voraussetzungen

verdeutlichen, welches großartige Potential der Bonner Akteure geweckt wurde.

Phantastische Fotostrecken sind zu sehen auf www.dahlhausens.Macke.de und in einer kleinen Publikation zum Projekt (DAHLHAUSEN et al. 2015). Viele der verklebten Folien wirkten ebenfalls im Sinne des Brechtschen Verfremdungseffektes, veränderten für Passanten die Sicht auf ihre Stadt.

Manche Teilnehmer ließen sich sehr viel Zeit, überlegten lange, was sie mit den Folien tun sollten, haderten mit dem eigenen Anspruch, andere gingen locker und entspannt damit um. Wichtig war, dass die Einsendung der Fotos anonym erfolgen konnte. Das nachhaltige Ergebnis dieses Projektes ist: Das Sichtbarwerdenlassen des kreativen Potentials der Teilnehmer und -Innen, des Spaßes oder der Lust an

Abb. 10: Partizipatorische Folienaktion „DahlhausensMacke", 2014. Foto: C. Dahlhausen

für die Souveränität der Menschen im Umgang mit ihrem Leben und für die demokratische Gestaltung der gesellschaftlichen Zukunft (Bundesarbeitsgemeinschaft der Kulturkooperativen und freien Gruppen 1992).

New Genre Public Art will oft genau dies: Freiraum zur Entwicklung und Empowerment der Partizipanten.

Lassen Sie mich schließen mit diesem wunderbaren Beitrag eines Bonners, der den Müllhaufen vor seiner Haustür zum Display, zum Träger von Farbe und Form werden ließ, der zeigte, dass sich die Wahrnehmung auf leichte und beiläufige Weise verschieben lassen kann und dass durch partizipatorische Kunstprojekte im öffentlichen Raum Freiraum entsteht für ein anderes Sehen, das wir gerade in den heutigen Zeiten so dringend brauchen.

Literatur

ARENDT, H. (2002): Vita activa oder Vom tätigen Leben, S. 62 ff. ISBN 978-3-492-23623-2. – München.

BOURDIEU, P. (1991): Sozialer Raum und physischer Raum. – In: SLewitzky, U. (Hrsg.) (2005): Kunst für alle? Kunst im öffentlichen Raum zwischen Partizipation, Intervention und Neuer Urbanität. S. 63f. ISBN 3-89942-285-6. – Bielefeld.

Bundesarbeitsgemeinschaft der Kulturkooperativen und freien Gruppen (u.a.) (1992): Forderungen und Empfehlungen für eine Strukturhilfe Soziokultur in den neuen und alten Bundesländern (Wiepersdorfer Erklärung). – Dortmund (u.a.).

DAHLHAUSEN, C. (2012): ‚New Ways to Colour Walls', The Wellington Project. Abrufbar unter: wellingtondotproject.tumblr.com/.

DAHLHAUSEN, C.; RASCHKE, E.-C.; STRATMANN, A. (2015): DahlhausensMacke – Ein Kunstprojekt im öffentlichen Raum. ISBN 978-3-00-049281-5. – Bonn.

HACK, H.J. (o.J.): „Flüchtlingslager" in Weimar. – In: art – Das Kunstmagazin. www.art-magazin.de/kunst/9941-bstr-hermann-josef-hack/71280-img-.

WEISKE, C. (2003): Städtische Öffentlichkeiten – ihre Akteure und ihre Räume. – In: Bundesinstitut für Bau-, Stadt- und Raumforschung: Informationen zur Raumentwicklung. Öffentlicher Raum und Stadtgestalt. Heft 1/2, S. 15–26. – Bonn.

Blicke schärfen, Blicke richten – Der Film als Medium der Stadtwahrnehmung

Barbara Žak

Zusammenfassung

Die Vermittlung von Architektur und Baukultur hat zur Aufgabe, eine breite Öffentlichkeit für die Belange der gebauten Umwelt zu sensibilisieren sowie einen gleichberechtigten Austausch aller an ihrer Gestaltung Beteiligten zu fördern. Ein wirkungsvolles, allerdings noch nicht sehr weitverbreitetes Instrument der Architekturvermittlung stellt die Produktion von Kurzfilmen und Clips dar. Anhand eines studentischen Filmprojekts wird gezeigt, dass das Betrachten der gebauten Umwelt durch die Linse einer Kamera zu einer aktiven Auseinandersetzung mit und bewussten Wahrnehmung von Stadt und Raum beitragen kann. Bereits vorhandene innere Bilder können durch diesen Prozess kritisch hinterfragt und ein neuer Zugang zu vermeintlich Bekanntem ermöglicht werden.

Abstract

The communication concerning architecture and baukultur pursues the objective to sensitize broad public for the interests of the urban environment as well as to foster an equitable communication amongst all people involved in planning processes. The production of short films presents an effective, even though not yet popular tool in the field of architectural communication. On the basis of a student film project it will be shown that examining the urban environment through the lens of a camera fosters an active discussion about as well as a conscious perception of city and space. By this process, already existing images can be challenged critically and a new approach to apparently well-known images can become possible.

Städte als Bilder in unseren Köpfen

Gestalt, Geruch, Geschmack, Geräusch, Gefühl … wenn wir an Städte denken, steigen Assoziationen und Bilder in uns auf. Städte sind sinnlich erfahrbare Gebilde, jeder Stadt ordnen wir eigene Attribute zu. Ob warm oder regnerisch, gemütlich oder gehetzt, grau oder grün, anregend oder abstoßend. Die Bilder in unseren Köpfen sind lebendig, häufig auch, wenn wir noch nicht einmal dort gewesen sind. Über viele Kanäle generieren wir jeweils unsere eigenen, ganz persönlichen Bilder, beispielsweise über Filme, Erzählungen, Presse- und Reiseberichte, lokale Besonderheiten sowie eigene Erfahrungen. Bei diesem Potpourri an Informationen besteht die Gefahr, dass diese Bilder verallgemeinernd, stereotypisierend oder gar falsch sind. Wie leicht ist es möglich, noch einmal genauer hinzuschauen und die Bilder in unseren Köpfen kritisch zu hinterfragen, zu verändern oder vielleicht sogar zu verwerfen?

Architektur- und Baukulturvermittlung

Die gebaute Umwelt umgibt uns jeden Tag in Form von Gebäuden, Plätzen und Parks. Das Zusammenspiel dieser Elemente prägt die Bilder, die wir von unserer Umwelt haben. Wenn wir allerdings unseren Weg zur Arbeit beschreiben sollten, wie viele Situationen könnten wir aus unserem inneren Auge heraus detailgetreu beschreiben? Sowohl inhaltlich wie auch verbal? Eine bewusste Auseinandersetzung mit unserer gebauten Umwelt findet im Alltag selten statt. Wie wir wohnen, wie wir arbeiten, wie wir unsere Freizeit verbringen – wir sind stets umgeben von gebautem Raum, dessen Qualität sich auf uns auswirkt. Dennoch sind wir kaum in der Lage, diese vorhandenen oder nicht vorhandenen Qualitäten zu benennen. Häufig sind es erst Konflikte von öffentlichem Interesse, wie beispielsweise Großprojekte wie Stuttgart 21, die uns zu einer bewussten Auseinandersetzung mit dem gebauten Raum bringen. Die Ausdrucksmöglichkeiten vieler Laien der Architektur und Planung sind dann begrenzt, so dass bereits bestehende Konflikte zusätzlich durch Schwierigkeiten in der Kommunikation erschwert werden. Sich verbal über Planung auszudrücken, kann leicht zu Missverständnissen führen, dennoch fehlen insbesondere Laien die Möglichkeiten, sich präzise über Grundrisse, Schnitte oder Ansichten mitzuteilen. Die Aufgaben der Vermittlung von Architektur und Baukultur bestehen unter anderem darin, eine breite Öffentlichkeit für die Belange der gebauten Umwelt zu sensibilisieren sowie einen gleichberechtigten Austausch aller an ihrer Gestaltung Beteiligten sowie davon Betroffenen zu fördern. Bereits bestehende Bilder sollen kritisch hinterfragt, Unbekanntes sichtbar gemacht und verbales sowie visuelles Ausdrucksvermögen erlangt werden. Klassische Instrumente der Vermittlung von Architektur und Baukultur sind Ausstellungen, Berichte und Kritiken in Print- und Online-Medien, Öffentlichkeitsbeteiligungen, Vorträge, Debatten oder Stadtführungen.

Der Kurzfilm in der Architektur- und Baukulturvermittlung

Daneben hält zunehmend auch das Medium des Kurzfilms Einzug in die Praxis der Vermittlung, und es hat Einfluss auf sie. Hierbei geht es um Filme unterschiedlichen Charakters, wie beispielsweise um Veranstaltungsdokumentationen, Experimental-, Informations- oder auch Werbefilme. Veranstaltungen wie die Baukulturwerkstätten der Bundesstiftung Baukultur werden mittlerweile standardmäßig fil-

Abb. 1: Videoplattform architekturclips.de.

Bildschirmaufnahme: architekturclips.de/archive

misch festgehalten und kostenlos via Internet einer breiten Öffentlichkeit zur Verfügung gestellt. In der Regel können Filme dieses Formats sowohl technisch wie auch finanziell mit wenig Aufwand hergestellt werden, wodurch sie gerade auch für Projekte mit einem geringen Budget zu einem gut zugänglichen Format werden. Ebenso einfach und kostengünstig ist die Zurverfügungstellung der Filme für eine breite Öffentlichkeit. Neben den gängigen Online-Plattformen wie youtube oder vimeo gibt es mittlerweile auch spezialisierte Plattformen wie beispielsweise architekturclips.de (Abb. 1), die ausschließlich Kurzfilme zu den Themen Architektur, Stadt- und Landschaftsplanung aufspürt, archiviert und kostenfrei im Internet zur Verfügung stellt.

Ton-, Schnitt- und Bildebene

Im Gegensatz zu den gängigen Kommunikationsmitteln in der Architektur und Planung, zu denen etwa Zeichnungen und Modelle gehören, bietet der Film die Möglichkeit der Mehrdimensionalität. Über die Tonebene können Musik, eingesprochener Text oder der Originalton des aufgenommenen Ortes eingespielt werden, wodurch gleichermaßen Information wie auch Atmosphäre vermittelt werden können. Mithilfe der Schnittebene können Zeit und Raum überwunden und nach den eigenen Visionen neu zusammengesetzt werden. Das Schnittarrangement, beispielsweise ein „One-Take" oder ein Film mit schnellen Schnittsequenzen, bestimmt demnach Geschwindigkeit und Rhythmus und wirkt sich maßgeblich auf die Stimmung und Dynamik des Filmes aus. Über die Bildebene können ebenfalls sowohl Informationen wie auch Atmosphäre transportiert werden. Die bildtechnischen Möglichkeiten, zu denen die Verwendung von Totalen, Nahaufnahmen, unbewegten Bilder ähnlich Fotografien oder Bewegungen im Bild und deren Kombination gehören, ermöglichen eine optimale Inszenierung der eigenen Idee.

Das Filmemachen als Vermittlungsinstrument

Für die Ziele der Vermittlung von Architektur und Baukultur spielt allerdings nicht nur der fertige Film selbst eine Rolle, sondern auch der Prozess seiner Entstehung. Denn vor jedem Film steht eine Idee, die in eine Narration umgewandelt werden muss. In einem baukulturellen Kontext bedeutet das, sich aktiv mit dem gewählten Thema auseinanderzusetzen: die Stadt, das Gebäude, das bauliche Detail, der Platz – worüber genau möchte ich berichten? Wie und wo bekomme ich dazu die notwendigen Informationen? Was möchte ich mit dem Film aussagen? Wer ist meine Zielgruppe, und wie kann ich diese am besten erreichen? Der Gang in Archive, die Recherche von Zeitungsartikeln sowie Gespräche mit beispielsweise Stadtverantwortlichen oder Bürgern sind mögliche Wege, sich der inhaltlichen Umsetzung einer Idee anzunähern. Die Erstellung eines Filmes zwingt den Filmemacher förmlich, sich aktiv mit der filmisch festzuhaltenden Umwelt auseinanderzusetzen. Auf die inhaltliche Auseinandersetzung folgt die Suche nach Bildern. Sich mit einer Kamera durch die Stadt zu bewegen bedeutet, seinen Blick zu schärfen und zu richten. Auf der Suche nach dem richtigen Bild muss man sich detailliert mit seiner Umwelt auseinandersetzen und sehr genau hinschauen. Dieses Vorgehen schult das Auge und das Bewusstsein für die gebaute Umwelt. Der Blick durch das Kameraobjektiv hilft demnach dabei, diese bewusster wahrzunehmen. Letztlich ist der Film auch ein Kommunikationsmedium. Das fertige Produkt ist die Visualisierung eigener Gedanken, welche ohne das Medium Film unter Umständen keine Ausdrucksmöglichkeit finden können. Die Erstellung eines eigenen Films kann demnach für den Laien zu dem werden, was der Stift für den Architekten ist – ein visuelles Kommunikationsmedium.

Aktivieren, Wahrnehmen, Kommunizieren – die notwendigen Schritte zur Erstellung eines Kurzfilms ermöglichen einem breiten Personenkreis einen intensiven Zugang zu Themen der gebauten Umwelt. Durch die relativ niedrige technische wie auch finanzielle Barriere kann das Filmemachen in einer Vielzahl von Verfahren und auch in Projekten mit geringem Budget als wirkungsvolles Vermittlungsinstrument eingesetzt werden.

L'Urban – Architektur, Stadt, Mensch

Ein Beispiel aus der Praxis ist das Filmprojekt *L'Urban – Architektur, Stadt, Mensch*. Es ist ein Teilprojekt von *LuView ... die Stadt gehört uns!*[1] (Abb. 2) und entstand im Wintersemester 2014 an der SRH Hochschule Heidelberg in Zusammenarbeit mit der medien + bildung.com gGmbH in Ludwigshafen im Rahmen des Seminars Architekturtheorie und Architekturvermittlung. Die wissenschaftliche Betreuung wurde von Prof. Dr. Marc Kirschbaum und Barbara Žak am Lehrstuhl für Architektur und Entwurf, die technische Betreuung von Steffen Griesinger von der medien + bildung gGmbH übernommen. Bearbeitet wurde das Projekt von acht Studierenden des Masterstudiengangs Architektur der SRH Hochschule Heidelberg. Das Ziel von *L'Urban – Architektur, Stadt, Mensch* war eine filmische Annäherung an die Architektur der Stadt Ludwigshafen.

Projektverlauf

Bei einem ersten Treffen der Projektgruppe in Heidelberg wurde die Aufgabenstellung an die Studenten herausgegeben: eine filmische Annäherung an die Architektur der Stadt Ludwigshafen. Anfänglich reagierten die Studenten mit Vorbehalten, da sie keinen Reiz in der Auseinandersetzung mit Ludwigs-

Abb. 2: LuView ... die Stadt gehört uns!
Bildschirmaufnahme: luview.bildungsblogs.net

hafen sahen. Im Vergleich mit Heidelberg oder dem nahe gelegenen Mannheim empfanden sie Ludwigshafen als eine unattraktive Stadt, ohne ihre ablehnende Haltung genauer begründen zu können. Erschwert wurde dies noch durch den knappen Zeitrahmen, der ihnen zur Verfügung stand, denn ihnen standen für die Ideen- und Konzeptfindung sowie die Umsetzung der Filme nur fünf Wochen Zeit zur Verfügung.

Als erste Annäherung an die Aufgabe bereiteten die Studenten Vorträge für eine Innenstadtbegehung Ludwigshafens vor: Architektur, Stadtplanung, Landschaftsarchitektur, öffentliche Grünräume sowie Inhalte zur gesellschaftlichen, sozialen und wirtschaftlichen Situation wurden betrachtet. Am darauffolgenden Tag wurden das Gesehene und Gelernte reflektiert und erste Ideen gesammelt, worüber in den Filmen berichtet werden könnte. Dazu bekamen die Studenten einen Input von Kurzfilmen zur Architektur und Baukultur, der ihnen die Bandbreite an Möglichkeiten aufzeigen sollte. Die Filme waren anregend, und so fingen die Studenten an, sich inhaltlich und emotional auf die Aufgabe einzulassen.

Parallel dazu wurden die Studenten im Rahmen eines Workshops in die technischen Hintergründe der Filmproduktion eingeführt. Hierbei lag der Fokus auf den Grundlagen von Kamera-, Schnitt- und Tontechnik. Die Bildaufnahmen wurden mit iPads aufgenommen und mit Hilfe einer Video-App geschnitten. Der Ton wurde in einem professionellen Tonstudio der medien + bildung gGmbH eingesprochen.

Die Projekte nahmen schnell an Fahrt auf, und bereits nach zwei Wochen konnten die Studenten ihre Konzepte einer Expertenrunde vorstellen. Sie arbeiteten die Kritiken ein und begannen mit der Umsetzung. Bis zu zweimal pro Woche bekamen die Studenten ein Feedback zu ihren Projekten, so dass sie inhaltliche Probleme oder Fragen klären und zügig weiterarbeiten konnten. Die Studenten mussten technische und inhaltliche Rückschläge schnell und kreativ lösen. Dies hatte zur Folge, dass sie weit über die verpflichtende Arbeitszeit hinaus an ihren Projekten arbeiteten und auch Nachtschichten in Kauf nahmen. Am Ende des Seminars waren alle Beteiligten überrascht, wie viel innerhalb von fünf Wochen möglich war, denn die Ergebnisse verblüfften durch ihre inhaltliche und technische Bandbreite.

Projektergebnisse

„Hör zu LU!" (Abb. 3) ist eine Flashmob-Inszenierung, die auf einer architekturtheoretischen Grundlage basiert. Ludwigshafen wird hier zum Schauplatz für Betrachtungen aus dem Buch "The Death and Life of Great American Cities" der Journalistin und Autorin Jane Jacobs. In großen Lettern haben die Studenten die Begriffe „Augen auf", „Bürgersteigballett" und „Alte Gebäude" an zentralen Orten der Stadt platziert und die Reaktionen der Passanten gefilmt. In der Nachbearbeitung haben sie die entsprechenden Textauszüge eingesprochen und geben darüberhinaus einen Einblick in das Wirken und Schaffen von Jane Jacobs.

Der Film „Die Bismarckstraße"[3] (Abb. 4) betrachtet die ehemalige Haupteinkaufsstraße von Ludwigshafen, die sich aktuell mit dem Problem eines großen Leerstandes konfrontiert sieht. Billigläden und verfallene Erdgeschosszonen prägen das Bild dieser Straße. In einem Animationsfilm haben sich die Studentinnen dieses Problems angenommen

Abb. 3: Hör zu LU!
Bildschirmaufnahme: luview.bildungsblogs.net

Abb. 4: Die Bismarckstraße.
Bildschirmaufnahme: luview.bildungsblogs.net

Abb. 5: Die Tortenschachtel.
Bildschirmaufnahme: luview.bildungsblogs.net

Abb. 6: LU Contrast – Eine architektonische Entdeckungsreise durch Ludwigshafen.
Bildschirmaufnahme: luview.bildungsblogs.net

und schlagen eine neue Nutzung für die Bismarckstraße vor: die Schaffung studentischen Wohnraums.

Der Berliner Platz ist einer der zentralen Plätze der Ludwigshafener Innenstadt. In dem Film „Die Tortenschachtel"[4] (Abb. 5) betrachten die Studenten ein ehemaliges Kaufhaus mit rundem Grundriss – daher der Spitzname Tortenschachtel – , das heute leersteht und abgerissen werden soll. Es liegen bereits Pläne für einen Neubau an dieser Stelle vor. Die Studenten haben sich dieses politisch stark diskutierten Themas angenommen und sowohl mit Stadtverantwortlichen wie auch mit Bürgerinnen und Bürgern vor Ort gesprochen. Das Ergebnis ist ein faktenreicher Film zur gegenwärtigen Situation, der darüber hinaus die Stimmungslage der Ludwigshafener zu diesem Thema einfängt.

In „LU Contrast – eine architektonische Entdeckungsreise durch Ludwigshafen" (Abb. 6) werden Studentinnen zu rasenden Architektur-Reporterinnen und spüren unbekannte architektonische Details auf. In Archiven und Bibliotheken haben sie nach Hintergründen zu einzelnen Bauwerken, öffentlichen Plätzen und städtebaulichen Ensembles recherchiert, die sie in einer humorvollen und schnellen Tour durch die Stadt wiedergeben.

Fazit

„Welche Farbe kommt in Ihnen auf, wenn Sie an Ludwigshafen denken?" Die häufigste Antwort, die ich auf diese Frage bisher erhalten habe, lautet „grau." Ludwigshafen, eine autogerechte Stadt der Nachkriegsmoderne, und im Wesentlichen bekannt als Hauptstandort des weltweit agierenden Chemiekonzerns BASF –, besitzt keine guten Voraussetzungen für ein positives Image. Auch unser Filmprojekt startete mit großen Vorbehalten gegenüber dem, was es in Ludwigshafen potenziell zu finden und zu filmen gäbe. Die Annäherung an die Stadt mithilfe einer Videokamera und die Lust darauf, einen Film zu drehen, haben allerdings dazu geführt, dass sich die Studenten ihren Orten trotz anfänglich großer Ablehnung auf sehr detaillierte und positive Art und Weise geöffnet haben. Ohne die Kamera als vermittelndem Instrument wäre die Auseinandersetzung mit der Architektur Ludwigshafens vielleicht oberflächlicher und die Stimmung ablehnender geblieben. Die Studenten haben in diesem Projekt Vorbehalte abbauen können und neue Sichtweisen entwickelt. Die technische und inhaltliche Bandbreite der Ergebnisse, die innerhalb von nur fünf Wochen entstanden sind, sind hierfür ein Zeugnis .

Obwohl der Kurzfilm ein präsentes Medium im Bereich der Architektur- und Baukultur ist, ist das Filmemachen selbst, als Vermittlungsinstrument, noch nicht weit verbreitet. Dabei bietet dieser Prozess eine Reihe von Vorteilen im Sinne der zu vermittelnden Ziele: Aktivieren, Wahrnehmen und Kommunizieren. Gleichzeitig ist sowohl der technische wie auch der finanzielle Aufwand gering, was das Filmemachen für eine Reihe von Verfahren wie auch für eine Vielzahl von Personen leicht zugänglich werden lässt. So kann es als Instrument zur Einbeziehung der Stadtgesellschaft in Planungsprozesse genutzt werden, wie beispielsweise in der Erarbeitung städtischer Leitbilder oder bei Beteiligungsprozessen. Ebenso kann es stärker in der Ausbildung von Architekten und Planern angewandt werden. Jeder Student verfügt sowohl über die technischen Geräte als auch über das notwendige Verständnis, diese zu benutzen. Die Lust am Umgang mit der entsprechenden Technik fördert gleichzeitig die Auseinandersetzung mit den zu filmenden Inhalten. Letztlich ist das Filmemachen auch ein Instrument, welches öffentlichkeitswirksam eingesetzt werden kann. Filmende werden im Stadtbild gesehen, und es kommt zu einem Austausch mit Interessierten. Ebenso ist das Ergebnis leicht zu verbreiten, und es kann als Gesprächsgrundlage dienen. Das Filmemachen kann demnach auch zu einer Sensibilisierung für Themen der gebauten Umwelt und für aktuelle Aufgaben der Stadtentwicklung beitragen.

Anmerkungen

1 Das Projekt LuView … die Stadt gehört uns! startete im Frühjahr 2014 mit dem Ziel, eine „virtuelle City Map" zu erstellen. Dazu wurden Ludwigshafener Bürger aufgefordert, über „ihre Innenstadt" zu erzählen. In sieben Teilprojekten (Räume für Träume, Stadtspiel interaktiv, Stolperstein-Tour, Wildpflanzen in der Stadt, hackerclub meets streetart, Kinderstraße, L'Urban – Architektur, Stadt, Mensch) wurden die Inhalte für die Stadtkarte generiert. Dabei entstanden Stadtrundgänge, „über welche die Erzählungen, Ansichten und Ideen zur Stadt in Video-, Bild-, Text- oder Tonformaten nachverfolgt werden können; gleichzeitig ermöglichen QR-Codes und Apps an Orten im Stadtraum den direkten Zugriff auf das Erzählte." Projektpartner von LuView waren die medien + bildung.com gGmbH, das Projektbüro Europäische Kulturhauptstadt sowie das Wilhelm Hack Museum Ludwigshafen. Das Projekt ist mittlerweile abgeschlossen. Weitere Informationen zum Projekt unter: luview.bildungsblogs.net
3 Die Bismarckstraße. Ein Film von Saskia Gärtner und Julia Schrobenhauser
4 Die Tortenschachtel. Ein Film von Katja Zumer und Roland Buder
5 LU Contrast – eine architektonische Entdeckungsreise durch Ludwigshafen. Ein Film von Denise Tschochner und Endi Drini

Hier sieht's doch aus wie in Stuttgart.
Die Stadt als Filmkulisse

Brigitte Dithard

Zusammenfassung

Die Reihe TATORT ist im deutschen Fernsehen etwas Einzigartiges. Seit über vierzig Jahren lösen jeden Sonntag Abend unterschiedliche Kommissare in unterschiedlichen Städten einen Mordfall. Dennoch werden die sehr heterogenen Filme dieser Reihe als Einheit wahrgenommen. Das liegt nicht nur am gemeinsamen Titel und Sendeplatz, sondern an bestimmten Grundvereinbarungen. Eine davon, ist die, dass die Stadt, in der ein Tatort spielt, als solche kenntlich gemacht und wahrgenommen wird. Ich möchte die Stadt als Filmkulisse hier am Beispiel von Stuttgart betrachten unter drei Aspekten: den inhaltlichen Bezug zwischen Stadt und Film, den ästhetischen Gestaltungswillen und den Produktionsbedingungen, unter denen die Tatorte allgemein und der Stuttgarter Tatort im Besonderen entstehen.

Abstract

The TV show TATORT is something unique in German television. For more than forty years, different inspectors in different cities have solved a murder case every Sunday evening. However, the very heterogeneous films in this TV show are perceived as a unit. This is not only due to the common title and time slot but also to certain basic agreements. One of them is that the city, in which a Tatort takes place, is identified and perceived as such. I would like to look at the city as a film set, using the example of Stuttgart, from three aspects: the contextual relation between the city and the film, the aesthetic creative force and the production conditions under which the crime scenes occur in general and the Stuttgart Tatort in particular.

Wechselwirkung zwischen Stadt und Tatort
Identifikation

Die Stadt, in der ein Tatort spielt, ist, neben den Ermittlern, für den Tatort das wichtigste Identifikationsmerkmal innerhalb der Reihe. Man spricht vom Kieler, Münchner, Kölner Tatort und weiß damit sofort, welcher Kommissar damit gemeint ist. In Stuttgart ermitteln seit 2007 die beiden Kommissare Thorsten Lannert und Sebastian Bootz. Zuvor war 15 Jahre lang Kommissar Bienzle der zuständige Kommissar.

Als Gegenbewegung zu einer immer stärker globalisierten Welt scheint lokale Identität für die Zuschauer an Bedeutung zu gewinnen und damit auch Teil des Erfolgsgeheimnisses des Tatorts zu sein. Dass sich Zuschauer in einer konkreten Stadt, in der sie wohnen, wiederfinden, dass diese Stadt Erwähnung findet und somit eine Landkarte von Filmstädten entsteht, die über übliche Filmschauplätze, wie Berlin, München, Köln, hinaus geht, ist sicher ein Grund, für die Beliebtheit des Tatorts. Udo Wachtveitl, der Schauspieler, der einen der beiden Münchner Kommissare spielt, drückt es in seinem Buch über die Architekur im Tatort so aus: „Der Tatort gehört zu Deutschland – weil die Republik in ihm sich selbst erkennt. Der Tatort ist das föderale Deutschland. Er lenkt unseren Blick dabei gerade auch auf jene Städte, die nicht permanent medial reflektiert werden. (…) In diesem Sinne bildet der Tatort nicht nur die föderale Identität Deutschlands ab. Er stärkt und beeinflusst sie auch" (Wachtveitl 2013: 7).

Es ist zunächst erstaunlich, dass der Tatort, der sowohl räumlich als auch inhaltlich sehr deutlich die deutsche Lebenswelt wiedergibt und so erkennbar von einem konkreten Hier und Jetzt kommt, auch bei jungen Zuschauern so beliebt ist. Diese neigen in der Mehrheit stark zu amerikanischen, auf jeden Fall nicht deutschen Filmen. Womöglich hat diese Beliebtheit des Tatorts damit zu tun, dass in deren modernen Verfilmung versucht wird, die Erzählweise aus internationalen, vorwiegend amerikanischen und skandinavischen Filmen aufzunehmen. Sie tragen diese Mechanismen des Krimi-Erzählens – Thriller-Betonung, Düsternis, Weltschmerz, Verlorenheit der Charaktere, Vereinsamung in einer anonymen Gesellschaft – in die Darstellung deutscher Realität hinein und prägen damit umgekehrt die Wahrnehmung deutscher Realität durch einen Blickwinkel, der das Fremde in die Stadt einführt. Es sieht also im Tatort gleichzeitig so aus wie bei uns und doch auch wie woanders. Es findet somit gleichzeitig die Gestaltung von Wiedererkennbarkeit und durch Zitate des Fremden auch eine Verschleierung von Herkunft statt.

Das Stadtbild definiert sich also nicht nur über Orte im Bild sondern auch darüber, welche Geschichte in diesen Orten erzählt werden.

Mediale Präsenz
Über 30 Baden-Württembergische und Rheinland-Pfälzische Städte und Kleinstädte haben sich beim SWR für die Nachfolge des Konstanzer Tatort-Formats beworben. Man könnte sich fragen, warum eine Stadt unbedingt Schauplatz von Mord und Totschlag sein will. Eine mögliche Erklärung liegt in der nahezu 100%igen Aufklärungsquote und dem damit verbundenen Heilsversprechen, das jeder Tatort gibt: Die Welt war um 20:15 Uhr aus den Fugen geraten, um 21:45 Uhr ist sie wieder in Ordnung und somit auch die Welt in der jeweiligen Stadt.

Eine wahrscheinlichere Antwort auf diese Frage ist allerdings, dass das Label Tatort-Stadt für die jeweilige Stadtverwaltung eine nicht zu unterschätzende Möglichkeit der medialen Präsenz darstellt, von der sich die Städte, zurecht oder zu Unrecht, eine Belebung ihres Tourismus' oder einen Gewinn an Bedeutung versprechen.

Es gibt Städte, die Führungen anbieten zu den Orten, an denen Tatorte gedreht wurden. Durch den Hinweis auf die realen Drehorte fiktiver Geschichten schreibt sich also die fiktive Erzählung über eine Stadt in deren Topographie ein und wird Teil ihrer realen Identität. D.h. Die Stadt hat nicht nur Bedeutung für den Tatort, der Tatort ist auch von Bedeutung für die Stadt.

Darstellung und Wahrnehmung der Stadt im Tatort
Raum und Ort
Wie wird eine so ausgewählte Stadt im Film nun dargestellt? In ihrem Artikel über den Neuanfang dreier Tatort-Teams, u.a. auch des Stuttgarter Teams, unterscheidet Julika Griem in Anlehnung an Aleida Assmann den „Ort" als auf die Vergangenheit bezogene Größe, die bereits erobert und geprägt ist, vom „Raum" als eine auf die Zukunft bezogene, Gestaltung und Veränderung zulassende Öffnung. Diese Öffnung sieht sie in der Figur des zugezogenen Kommissars Lannert realisiert. Er muss sich den neuen, ihm unbekannten Raum, erst noch erschließen und kann ihn nicht als bekannt voraussetzen. So nimmt er auch die Zuschauer mit, die die bekannte Stadt mit neuen Augen zu sehen (Griem 2010: 57).

Griem sieht in diesem Neuanfang gleichzeitig die Chance, aus einer Verfestigung, also einer zum Klischee und zur Routine gewordenen Darstellung der Stadt, wie sie sie das Vorgänger-Format Bienzle ausmacht, herauszukommen und einen Raum zu öffnen, in dem sich über die kommenden Filme und Jahre hinweg, neue räumliche Beziehungen zu einem Netz verdichten können, das die Stadt und ihre Ermittler prägt, ohne sie je ganz festzulegen.[1]

Die Stadt mit neuen Augen zu sehen war auch unser Plan, als wir den neuen Tatort mit Lannert und Bootz entwickelt haben. Das Urbane, Moderne, Schnelle aber auch das immer wieder Neue und Überraschende sollte die DNA des Stuttgarter Tatorts werden.

Orte und Nicht-Orte

Dazu mussten wir uns zunächst von den üblichen Postkartenmotiven, die wesentlich zum Klischeebild von Stuttgart beigetragen haben, lösen. So wurde Stuttgart im ersten Tatort mit Lannert und Bootz zunächst als nicht identifizierbarer Ort eingeführt, eben nur als Ort des Verbrechens, das überall stattgefunden haben könnte: eine Autobahnbrücke über einem Fluss.

Auch im weiteren Verlauf ist die Stadt über nicht sofort erkennbare Räume ins Bild gesetzt. Nächtliche Orte, an denen Lannert auf andere Unbehauste trifft und das neue Bankenviertel, das zur Zeit des Drehs von den Stuttgartern selbst noch nicht richtig wahrgenommen wurde. Und wir haben Nicht-Orte ins Bild gesetzt, unschöne, schmutzige, mit ins Bild gestellten Mülltonnen. Zwar kommt der Schlossplatz, eine der bekanntesten Ansichten Stuttgarts, vor, aber nur als kurzer Gegenschnitt auf den damals ziemlich neuen und eher sachlichen Kleinen Schlossplatz.

Das Konzept, das der Regisseur Elmar Fischer am Anfang entwickelte, ging noch weiter. Es orientierte sich an der alten amerikanischen Serie „Die Straßen von San Francisco". Fischer wollte das Steinige, Staubige eines Sommers ins Bild setzen und hat dem ganzen Tatort einen gewissen 70er Jahre-Look verpasst, z.B. in der Ausstattung des Präsidiums oder indem er einen Braunfilter über das Bild gelegt hat

Abb. 1: Filmstill aus dem ersten Stuttgarter Tatort mit Lannert und Bootz: „Hart an der Grenze": Leiche schwimmt im Neckar.

und keine kühle Farbe zugelassen hat. Kostüm, Ausstattung und sogar die Autos auf der Straße hatten warme Farben. Daher fährt Lannert noch heute einen braunen Porsche. Auch die Zwischenschnitte, in denen weitgehend anonyme Straßen gezeigt wurden, die nur über den leicht an- bzw. absteigenden Straßenverlauf einen Bezug zur Stadt haben, waren als Referenz an diese Serie gedacht. Die ferne amerikanische Welt ins Vertraute der eigenen Stadt einzubringen und den fremden Blick auf die Stadt nicht nur durch den fremden Kommissar sondern auch durch die Bildgestaltung herzustellen, war ein weiterer Versuch, die Stadt für eine neue Wahrnehmung zu öffnen.

Abb. 2: Filmstill aus „Hart an der Grenze": Straßen in Stuttgart.

Dies wurde von der Stuttgarter Lokalpresse gewürdigt. So entdeckte der Rezensent der Süddeutschen Zeitung im Szeneblatt Lift den Jubelruf: „Stuttgart sieht endlich aus wie Stuttgart, schmeckt nicht mehr nach Kehrwoche, Blockwart und Trollinger" (DÖRRIES 2008). D.h. durch den Verzicht auf alles, das als lokalspezifisch empfunden wird, fand die Stadt am ehesten zu sich selbst. Und eine Stadt, die ihre unschönen Orte zelebrierte, wirkte eher wie sie selbst im Gegensatz zu einer, die ständig ihre gute Stube präsentiert.

Wer erkennt das überhaupt?
Aber wie sieht Stuttgart aus, wenn es wie Stuttgart aussieht? Die Negation ist leicht, die positive Beschreibung fällt schwerer. Stuttgart gilt vielen als sauber aber hässlich, als bieder und langweilig, als reich aber schwäbisch-provinziell. Aber freilich verfügt Stuttgart, wie jede andere Stadt auch, über unterschiedlichste Viertel und Atmosphären, je nach Lage, Geschichte und aktueller Bewohnerstruktur. Wenn es also aussehen soll wie in Stuttgart, welches Stuttgart ist dann gemeint? Und wer erkennt es dann überhaupt?

Wenn Identifikation für den Tatort Programm ist, stellt sich die Frage, für wen sich diese Identifikation einstellt. Können Menschen, die die Stadt nicht kennen, ihr wenigstens ihre bekanntesten Orte zuordnen: Neues Schloss, Stiftskirche, Bahnhof, Fernsehturm? Die Wahrscheinlichkeit ist gering und selbst wenn sie es täten, was wäre damit gewonnen? Hätten Sie dadurch einen Eindruck von Stuttgart? Würde sich dadurch die Realität der Stadt vermitteln? Was würde man über diese Bilder erfahren, das konkret mit der Stadt zu tun hat? Und könnte man Wandel innerhalb der Stadt zeigen, wenn man auf Denkmale verweist, die per definitionem ja gerade für das stehen, was sich in der Stadt nicht verändert? Die allgemeine Wiedererkennbarkeit kann also nicht das Kriterium sein, nach dem man Drehorte, im Jargon der Szenenbildner, Motive, aussucht, auch, weil der stereotype Einsatz immer wiederkehrender Bilder zwangsläufig zum Klischee führt. Die Vielfalt und Wandelbarkeit der Stadt abzubilden wäre eher ein Ziel, das sich zu verfolgen lohnte. Denn nur so ist es möglich, Identität zu schaffen. Es geht ja auch nicht jeder Stuttgarter jeden Tag über den Schlossplatz.

Ein einziger Film würde freilich nicht reichen, um die Vielfalt der Stadt abzubilden. In der Tatort-Reihe besteht aber die Möglichkeit, immer wieder andere Teile der Stadt zu zeigen und so allmählich ein Stadtbild zu schaffen, das sich aus verschiedenen Teilen zusammensetzt, die sich vielleicht überlagern, die sich manchmal vielleicht auch widersprechen, die aber so im Gegensatz zum totalitären Absolutheitsanspruch, den die Postkartenmotive vermitteln, eine multiperspektivische Ansicht ergeben.[2]

Das bedeutet zwar, dass wahrscheinlich nur wenige Zuschauer die konkrete Ecke erkennen, an der sie ein Jahr zuvor vielleicht die Filmleute wahrgenommen haben. Aber wenn sie es tun, ist die Identifikation umso größer, denn es ist dann Teil ihrer Lebenswelt und trägt in höherem Maß zu einem Heimatgefühl bei, das in der medialen Vielfalt für die Zuschauer offensichtlich sehr wichtig ist. Gleichzeitig schaffen diese Bilder die Verdichtung unterschiedlicher Perspektiven zu einem neuen Raum, anstatt der Verfestigung zu einem immer gleichen Ort zu verfallen.

Das soll nicht heißen, dass man ganz auf die Ikonen des Stadtbilds verzichten muss. Wenn es gelingt, sie ebenso beiläufig wie die unbekannten Motive zu zeigen, also nicht zusammenhanglos auszustellen, sondern z.B. aus der Perspektive von Innenräumen, die einen Blick nach außen auf die bekannten Orte bieten, ins Bild zu setzen, können auch sie wieder Teil der Verdichtung werden, die einen offenen Raum auszeichnet.

In einer nächsten Instanz muss man sich aber fragen, ob es überhaupt um Abbildung gehen kann, ob ein Film tatsächlich den Realitätsanspruch erfüllen kann, den das Bedürfnis nach Wiedererkennbarkeit und Identifikation an ihn stellt.

Drehorte werden nicht in erster Linie unter dem Aspekt einer Stadtpräsentation ausgesucht, sondern unter der Maßgabe, dass eine Geschichte erzählt werden soll. Durch diese Geschichte ist dann ein Raum und vor allem eine Atmosphäre definiert, die erst einmal mit der Stadt, in der gedreht wird, gar nichts zu tun hat. Die Stadt ist nur der Ort auf der Landkarte, in der nach diesem narrativen Raum und der entsprechenden Atmosphäre gesucht wird. Die Aufgabe besteht nun darin, diesen vorexistierenden narrativen Raum mit der ebenfalls vorexistierenden Stadt in Einklang zu bringen. Damit kommt es zu einer gewissen Verfremdung der Stadt, die sich den gesuchten Bildern anpassen muss. Die Auswahl konkreter Motive, der Bildausschnitt, der Blickwinkel, das Licht sind Parameter, die ein Stadtbild definieren und womöglich im Verhältnis zu ihrer direkten Wahrnehmung stehen, umdefinieren.

Das wiederum heißt, dass nicht nur die unterschiedlichen Identitäten, die eine Stadt bietet, wiedergegeben werden, sondern, dass durch die Erzählung auch ganz neue Identitäten von Stadt geschaffen werden. Hier zeigt sich womöglich noch deutlicher die schon oben beschriebene Wechselwirkung zwischen Stadt und Erzählung. Zwar prägt eine Stadt die erzählte Geschichte, doch ist es nicht zu leugnen, dass diese Geschichten die Stadt und somit das Stadtbild gestalten. Dies gilt selbst und gerade für Menschen, die die Stadt nie besuchen.

Räume und Wege: Zwischen Authentizität und Fiktion

Wie Stadt erzählt wird und wie viel davon tatsächlich aus der Stadt selbst kommt, wird bei den Tatorten des SWR noch durch ein zusätzliches Kriterium bestimmt. Die Realität der Produktionsbedingungen setzt hier Grenzen, denn die Tatorte des SWR werden als Eigenproduktion von Baden-Baden aus gedreht. Das Team sitzt dort, daher ist jeder Drehtag, den wir in Stuttgart oder den anderen Orten von SWR-Tatorten, Ludwigshafen oder Konstanz drehen, ein Reisetag und mit Kosten verbunden. Innenmotive werden demnach überwiegend in Baden-Baden gedreht.

Andere Städte

Außenmotive werden entweder original in Stuttgart gedreht oder so, dass sie aussehen, also seien sie dort. Es ist immer eine Abwägung, ob für ein bestimmtes Motiv das Geld für einen Reisetag ausgegeben wird oder nicht.

Da Baden-Baden wenig mit Stuttgart zu tun hat, drehen wir für Stuttgart-Eindrücke eher im nahegelegenen Karlsruhe. Dort gibt es zwar mit Stuttgart vergleichbare urbane Gebiete und Gründerzeitbebauung, Karlsruhe hat aber einen entscheidenden Unterschied: Die im Rheintal gelegene Stadt ist topfeben. Längere Fahrten mit dem Auto sehen also selten aus wie Stuttgart.

Die Aufgabe besteht nun darin, Orte zu finden, die Stuttgart gleichen. Gelungene Beispiele dafür sind das Café in „Spiel auf Zeit", in dem Bootz von seiner Frau verlassen wird (Abb. 3). Nicht so gelun-

Abb. 3: Filmstill aus „Spiel auf Zeit": Außenansicht Café.

Abb. 4: Filmstill aus „Spiel auf Zeit": Szene am Containerhafen Karlsruhe.

gen, weil er mit Stuttgart nicht realistisch verknüpfbar ist, ist der Containerhafen in Karlsruhe (Abb. 4). Das ist erkennbar nicht der Neckar und ebenfalls nicht die ihn umgebende Landschaft. Wenn das Motiv der Geschichte dient, kann also auch ein in einer anderen Stadt gelegener Drehort, trotz einer deutlichen Abweichung von Stuttgarter Identität, ebenfalls Teil des sich verdichtenden Raums sein, in dem Bezüge etabliert werden und am Ende als „Stuttgart" wahrgenommen wird. Derartig große Abweichungen sollten aber vermieden werden.

Andere Orte

Film ist Fake und daher sind viele Bilder das Ergebnis von Manipulation. Ein besonderer Fall ist der Sturz vom Bahnhofsturm im Tatort „Der Inder". Dieses Bild entstand durch das Zusammenfügen von Einzelbildern zu einem fiktiven Raum, der als sehr real wahrgenommen wurde.

Das Drehbuch schrieb vor, dass sich die Figur Busso von Mayer vom Bahnhofsturm stürzt. Die Deutsche Bahn hat uns dafür aber keine Drehgenehmigung gegeben. Da wir aber bei dem Thema „Stuttgart 21" nicht auf den Fernsehturm ausweichen konnten, haben wir diesen Sturz anders hergestellt: In der Nähe des Bahnhofs steht die neue Stadtbibliothek, von deren Dach man einen direkten Blick auf die Gleise hat. Dort stieg Hauptkommissar Lannert mit Busso von Mayer hoch. Der gestürzte von Mayer wurde vor greenscreen gedreht, also vor einer neutralen Farbe, die durch ein beliebiges Hintergrundbild ersetzbar ist, in das dann der Schauspieler wieder eingestanzt werden kann. Dieses Bild, nämlich den Bahnhofsturm, haben wir separat gedreht und dann mit dem Bild des Schauspielers zusammen geführt. Dadurch konnte der Eindruck erweckt werden, von Mayer sei vom Bahnhofsturm gesprungen. Wenn man aber genau hinschaut, sieht man, dass der Ort, wo Lannert und von Mayer stehen, niemals der Bahnhofsturm sein kann. Der Stuttgarter Bahnhof ist – noch – ein Kopfbahnhof. Die Gleise laufen also alle auf den Bahnhof zu. Der Blick vom Turm müsste in ihre Richtung gehen bzw. in Korrespondenz zur Absturzstelle hinter den Schauspielern liegen. Hier ist der Blick aber, entsprechend der Lage der Bibliothek um fast 90° gedreht und die Figuren schauen auf die Gleise (Abb. 5).

Abb. 5: Filmstill aus „Der Inder": Lannert und Busso von Mayer auf dem „Bahnhofsturm" alias Stadtbibliothek.

Das war ein Kompromiss, den wir eingegangen sind, der aber von niemandem bemerkt wurde.

Wege: von A nach B über Q, H und S

Dass das Bild der Stadt im Film zu einer Realität zusammengesetzt wird, die sich mitunter von der Realität, wie sie auf einem Stadtplan repräsentiert ist, stark unterscheidet, ist am deutlichsten bei Wegen spürbar. Üblicherweise werden Wege am ehesten bei Verfolgungsjagden gezeigt. Denn andernfalls gibt es im Film keinen Grund, sich all zu lange innerhalb einer Stadt zu bewegen. Eine Ausnahme sind zusammenfassende Dialoge der Kommissare während einer Autofahrt und joggende Kommissare. Die Auswahl der Motive hängt hier nicht so sehr vom realistischen Weg von A nach B ab, sondern von der Attraktivität und Ausstrahlung der zu zeigenden Motive und davon, inwieweit sie in der Lage sind, „Strecke" zu vermitteln und den Eindruck von Entfernung zu erwecken. Die einzelnen Stationen entsprechen daher nicht dem richtigen Weg von A nach B, sind manchmal sogar völlig widersprüchlich, was von ortskundigen Zuschauern normalerweise erkannt und häufig kritisiert wird. Eine Ausnahme ist „Der Inder". In diesem Film es am Ende eine Verfolgung, die exakt dem Weg entspricht, den man zurücklegt, wenn man in die Stadt hineinfährt. Allerdings liegt die allererste Einstellung davon doch in Karlsruhe, erkennbar durch die durchs Bild fahrende Straßenbahn und die flache Topographie.

Fazit

Die Bedeutung der Stadt für den Tatort ist groß. Ebenso groß ist aber auch die Bedeutung des Tatorts für die Stadt. Denn als Reihe, die nicht nur einmalig die Stadt als Kulisse nutzt, sondern mit jedem Tatort in die Stadt zurückkehrt, schafft sie allmählich ein Bild der Stadt, das sich ins kollektive Gedächtnis einprägt. Um zu vermeiden, damit ein Klischee einer Stadt zu schaffen, versuchen wir im Stuttgarter Tatort die gängigen Postkartenmotive zu umgehen und stattdessen Motive zu finden, die unbekannter sind, aber spezifischer die Stadt und ihre Atmosphäre wiedergeben. Damit wird auch der Tatsache Rechnung getragen, dass eine Stadt selbst ein heterogenes Gebilde ist, das unterschiedliche Strukturen, Ansichten und Atmosphären aufweist. Dennoch ist dieses Bild der Stadt kein realitätsgetreues Abbild sondern ein fiktives. Das liegt nicht nur daran, dass in einem Film immer nur Fragmente einer Stadt gezeigt werden können, es liegt auch daran, dass zuerst die Erzählung da ist und damit a priori die Vorstellung einer Stadt und einer Atmosphäre. Die abstrakte Vorstellung muss sich dann in der konkreten Stadt durch Auswahl und Gestaltung von Motiven materialisieren. Dieser Blick auf die Stadt macht sie zum Teil der Erzählung. Ebenso prägt diese Erzählung und die subjektive Auswahl und Gestaltung der Motive das Stadtbild und wird Teil der Identität der Stadt. Die bespielten Orte gewinnen eine zusätzliche historische und reale Dimension als Orte von Dreharbeiten also von Gestaltung von Fiktion. Ein weiterer Grund dafür, dass die Filmkulisse kein Abbild der Stadt ist und dem Realitätsanspruch daher nicht genügen kann, liegt darin, dass die gezeigten Fragmente nicht immer aus der Stadt selbst stammen, in der der Tatort spielt. Und selbst wenn es sich um Originalmotive handelt, sind sie nicht immer in dem räumlichen Kontinuum angeordnet, das der Realität entspricht.

Die Frage nach dem Authentischen muss also zumindest teilweise mit Nein beantwortet werden. Das Wahre ist aber auch nicht die Domäne der Fiktion. Das ist nach Aristoteles das Wahrscheinliche. Solange die Elemente, die zu diesem Stadtbild beitragen, die Stadt repräsentieren könnten und solange sie nicht eine oben beschriebene Verfestigung zu einem immer gleichen Ort hervorrufen, sondern einen Raum von Bezügen schaffen, der lebendig ist und offen bleibt, kann die fiktionale Wahrscheinlichkeit sicher den Anspruch erfüllen, den wir an diese Stadterzählung haben: dass es in jedem einzelnen Tatort aussieht wie in Stuttgart, wenigstens wie in einem davon.

Literatur

Dörries, B. (2008): „Richy, fahr schon mal den Porsche vor" in Süddeutsche Zeitung, 7.3.2008

Griem, J. (2010): Neues Team auf alter Bühne: Zum Verhältnis von Raum und Figuren am Beispiel der neu besetzten Tatort in Stuttgart, Leipzig und Hamburg. – In: Griem, J. & Scholz, S. (2010): Tatort Stadt : mediale Topographien eines Fernsehklassikers, S. 51-68. – Frankfurt.

Wachtveitl, U. et. al. (2013): Schauplatz Tatort – Die Architektur, der Film und der Tod. – München.

Anmerkungen

1 „Im Idealfall verdichtet sich die Darstellung einer Figur oder eines Schauplatzes in Richtung einer Zunahme von Komplexität. […] Den Gegenpol zu einer solchen Verdichtung bildet die Verfestigung des serialisierten Geschehens. Diese stellt zwar eine wichtige Voraussetzung für die serielle Bindung der Zuschauer dar, aber wenn Verfestigung in Klischeebildung umschlägt, kann es zu Typisierungen kommen, die das Variationspotenzial erheblich einschränken […]." (Griem 2010: 55)

2 Es wird mitunter auch derselbe Ort in verschiedenen Phasen gezeigt: So kommt der Stuttgarter Bahnhof in den Tatorten der letzten drei Jahre immer wieder vor. Die wichtigste Baustelle der Stadt erfährt damit eine Art chronologischer Dokumentation, wenn auch fragmentarisch.

Städte literarisch erzählen: das Beispiel Bamberg

Karin Dengler-Schreiber

Zusammenfassung

Ein Stadtbild entsteht aus dem Zusammenspiel von gebauter und erzählter Stadt, Erzählungen, die in Vorträgen, Reiseberichten, Zeitungsartikeln, Stadtführungen, Fernsehsendungen, Schulprojekten, Forschungsergebnissen und vielen weiteren Arten von Publikationen weitergegeben werden. In den letzten Jahren nehmen daneben die sog. Regionalkrimis zu, die städtische Orte für ihre Zwecke nutzen. Am Beispiel Bambergs, das eine Stadt besonders ausgeprägter mündlicher und schriftlicher Tradition ist, wird gezeigt, wer in welcher Art (literarisch) am Stadtbild „strickt" und wie sich das auf das städtische Baugeschehen und das Image der Stadt auswirkt, das Image der „schönen alten Stadt", das zum wichtigen weichen Standortfaktor wurde.

Abstract

The full picture of any town develops from the interaction of its buildings with its stories: stories which are told in research, newspaper articles, guided tours, television broadcasts, school projects, lectures, travel reports and many other forms of publication. For years now the number of so-called "regional detective novels", which use specific urban backdrops for their own purposes, has also grown. Using Bamberg as an example, a town which boasts a distinctive oral and written tradition, the author shows who "spins" the tales of the city and what impact their story-telling has had on the architecture and the image of this city.

Klischée und Städtelob[1]

Wenn Bamberger Politiker eine Rede halten, zitieren sie gern die „Symphonie in B": Bamberg und ... und je nachdem, vor wem man spricht, kommt zuerst „Bier und Bratwurst" oder „Barock und Bamberger Symphoniker" oder auch „Bosch und Brose", zwei der großen Arbeitgeber der Stadt. Keinesfalls fehlen darf inzwischen: „Basketball", denn Bamberg ist einerseits vielfacher Deutscher Meister, andererseits ist ein großer Teil der Bevölkerung basketballverrückt.

Vom Bonmot ist es nicht weit zum literarischen Städtelob. Auch in dieser Kategorie ist Bamberg reich bestückt. Ich habe lang überlegt, welches Zitat ich für diesen Vortrag auswählen könnte. Zwei dicke Bände mit dem Titel „Bei Gott eine schöne Stadt" standen mir dafür zur Verfügung, mit Texten von Gerhard von Seeon, der Bamberg etwa 1020 als „Caput orbis", Hauptstadt der Welt, bezeichnete, wo *„silberne Last zusammen mit Bergen von Gold, Edelgestein neben schimmernder Seide"* (KRISCHKER 1988: 10ff.) erglänzen würde, bis zu dem bekanntlich sehr kritischen Hans Wollschläger, der auf die Frage, wie man in Bamberg lebe, antwortete: „Zum Glück" (KRISCHKER 1988: 231). Solche Sätze zitieren Bamberger natürlich gerne, auch wenn sich das mit dem Gold leider sehr reduziert hat und Hans Wollschläger eines Tages doch aus Bamberg wegzog.

Die städtebauliche Grundlage

In den meisten Texten wird das gelobt, was auch in der Begründung für die Aufnahme Bambergs 1993

Abb. 1: Das Panorama der Bamberger Altstadt als Beispiel für ein unverwechselbares Stadtbild. Foto: Zentrum Welterbe Bamberg

in die Welterbeliste zitiert wird (Abb. 1): „Die Altstadt Bambergs repräsentiert in einzigartiger Weise die auf frühmittelalterlicher Grundstruktur entwickelte mitteleuropäische Stadt. Das ‚fränkische Rom' an der Regnitz bildet ein Stadtensemble von höchster Rarität, in dem der Dom und die Alte Hofhaltung, das Böttingerhaus wie das vom Fluss umspülte Alte Rathaus oder die Häuserzeilen von ‚Klein Venedig' besonders spektakuläre Attraktionen sind."

Daneben wird als Besonderheit immer wieder der Bamberger Gartenbau hervorgehoben. Gärten wurden zu einem Wahrzeichen Bambergs und tauchen in allen frühen Reisebeschreibungen auf. Hans Rosenplüt zum Beispiel schrieb schon um 1450: Die Stadt Bamberg liegt *„in eitlen fruchtbaren gärtten, wie ich ihres geleichen noch nye fant"* (KRISCHKER 1988: 16)) und Jakob Ayrer dichtete in seiner Reimchronik 1570: *„Auch hats viel gärten ump die Stadt, das sie an Obs kein Zadel (Mangel) hat"* (KRISCHKER 1988: 18). Die im Zentrum Bambergs liegende Gärtnerstadt ist denn auch ein wichtiger Gesichtspunkt für die Welterbeaufnahme gewesen.

Bamberg-Krimis

Ich fürchte aber, dass ich nicht wegen meiner Kenntnis literarischen Bamberger Städtelobs für diesen Vortrag ausgewählt wurde, sondern weil ich leichtsinnigerweise nach vielen Sachbüchern zwei Bamberg-Krimis geschrieben habe. Bamberg-Krimis gibt es inzwischen in Hülle und Fülle. In Bamberg wird literarisch so viel gemordet (im Gegensatz zur Realität, wo ein Mord nur sehr selten vorkommt), dass es fast schon schwierig wird, einen Ort zu finden, wo noch keine Leiche herumliegt. Ich hab mir jetzt als Vorbereitung für den Vortrag einige von den Texten angesehen und sie daraufhin geprüft, wie sie mit dem „Bild" der Stadt umgehen. Und war erstaunt. Die

Abb. 1a: Das Panorama der Bamberger Altstadt als Beispiel für ein unverwechselbares Stadtbild.   Foto: Stadtarchiv Bamberg

meisten suchen sich zwar einen spektakulären Ort für ihren Mord aus: das Brauereimuseum auf dem Michelsberg oder Klein- Venedig, man kriecht durch Stollen auf die Altenburg oder findet gestohlene Edelsteine unter den Altären von längst abgebrochenen Kirchen und es gibt auch zwei parodistische Krimis, die sämtliche Bamberg-Klischees auf die Schippe nehmen. Aber die Empfindungen und Assoziationen, die die real vorhandene Stadt in ihren Betrachtern auslöst, werden relativ selten genutzt. In den von mir gelesenen Büchern tut das vor allem Anna Degen. Bei ihr spielt die Stadt sozusagen eine „aktive Rolle", sie bildet die Folie, um Stimmungen zu vermitteln. Lassen Sie mich drei Beispiele zitieren.

Die Heldin des Romans „Das Haus am Nonnengraben", Hanna Tal, will eine kleine grünhaarige Stadtstreicherin, die sie sozusagen gefunden hat, bei ihrer Tante Kunigunde unterbringen. Am Telefon hat sie der Tante nur gesagt, dass sie jemanden mitbringen wird. Als sie sich deren Haus nähern, stand diese, *„aufgebaut wie ein General, am unteren Eingang ihres Hauses an der Oberen Brücke. Fünf Stockwerke hatte das schmale Haus auf der Seite zum Kanal hin, wie ein mittelalterlicher Brückenturm. Auf der Oberen Brücke dagegen, wo der Haupteingang in den dritten Stock des Hauses führte, sah es aus wie ein netter kleiner, schiefer Barockbau"* (DEGEN 2014: 25). Hier spiegelt die Beschreibung des realen Hauses (Abb. 2) den Charakter von Tante Kunigunde wider, die ein herzensguter Mensch hinter einer strengen Fassade ist.

Auch für die Auswahl von bestimmten Ereignisorten wurden vorhandene Möglichkeiten genutzt. Die Szene, wo es Hanna fast an den Kragen geht, wurde in ein Hotel, eine ehemalige Mühle mitten in der Regnitz, verlegt, damit Hannas Hilferufe im Rauschen des Flusses ungehört verhallen können, was an dieser Stelle dramaturgisch notwendig ist, um die Spannung zu erhöhen.

Abb. 2: Das Haus Obere Brücke 2 in Bamberg wurde im Roman „Das Haus am Nonnengraben" als Wohnort einer der Hauptfiguren beschrieben. Foto: K. Dengler-Schreiber

Am Ende des Romans „Bamberger Verrat" ist Hanna wütend und enttäuscht von allerlei schrecklichen Erlebnissen. Die Autorin lässt sie auf dem Heimweg *„aus den Arkaden des Leisthauses auf den Vorplatz zur Untere Brücke"* treten, *„vor sich das schöne, zerstörte Bronzegesicht von Mitoraj. Eine Taube saß in der leeren linken Augenhöhle und putzte sich unter dem Flügel. Von der Regnitz wehte der Geruch nach nebligem Fluss herüber, ein Geruch, der ihre Wut dämpfte, sie stiller werden ließ, bis nur noch Traurigkeit übrig blieb. Eine Traurigkeit, die erzählte, das ihre Jugend vorbei war und dass ihr nicht mehr alle Wege offen standen. Ihr Blick glitt über das abendliche Wasser, an den hübschen Häu-*

sern am Leinritt entlang, und endete am Gefängnis, das dort barock, breit und schwer lagerte. Sie war so abgrundtief müde, dass ihr die paar Schritte bis nach Hause wie eine Ewigkeit vorkamen, wie ein fremder langer Weg" (DEGEN, Verrat (2014): 250). Das „Stadtbild" erzählt hier also etwas über die Gefühle der Romanfigur.

Zur Geschichte der Stadt Bamberg

Vielleicht ist es kein Wunder, dass Bamberg gerade in den Romanen dieser Autorin so eine umfangreiche Rolle spielt. Sie heißt nämlich mit ihrem richtigen Namen Karin Dengler-Schreiber und erzählt seit über 40 Jahren von Bamberg – in 70 Publikationen zu Bamberger Themen mit einer Gesamtauflage von etwa 250.000 Exemplaren, in über 250 Vorträgen und ungezählten Stadtführungen. Es gibt dabei ein Grundgerüst, das notwendigerweise immer wieder auftaucht. Ich erzähle natürlich fast immer vom Beginn der Karriere der Stadt seit der Gründung des Bistums durch Kaiser Heinrich und Kaiserin Kunigunde (Abb. 3), von der Burg auf dem Domberg und der ersten städtischen Siedlung zu ihren Füßen. Ich erzähle von den drei Teilen der Stadt – Bergstadt, Inselstadt und Gärtnerstadt – und von ihrem Zusammenwachsen, was bis heute die Grundstruktur der Stadt bestimmt. Deshalb würde man sich auch bis heute mit dem ersten Stadtplan von Bamberg, dem sog. Zweidlerplan von 1602, in der Altstadt zurechtfinden. Ich erzähle vom Ende des geistlichen Staates Bamberg durch die Säkularisation 1802, von den großen Veränderungen im 19. Jahrhundert und von den Schäden des 2. Weltkriegs, die zwar erheblich waren, aber immer noch glimpflich im Vergleich zu vielen anderen deutschen Städten. Und ich erzähle von den meist sorgfältigen und denkmalgerechten Restaurierungen danach, die die Voraussetzung für die Aufnahme der Stadt 1993 in die Welterbeliste waren.

Wer erzählt von der Stadt?

Meine Erzählungen haben also schon einer ganzen Menge von Menschen ein Bild der Stadt vermittelt.

Abb. 3: Die Gründung des Bistums Bamberg durch Kaiser Heinrich und Kaiserin Kunigunde ist ein Grundstein historischer Erzählungen über Bamberg. Foto: K. Dengler-Schreiber

Abb. 3a: Die Gründung des Bistums Bamberg durch Kaiser Heinrich und Kaiserin Kunigunde ist ein Grundstein historischer Erzählungen über Bamberg. Foto: K. Dengler-Schreiber

Abb. 4: Das 3D-Modell der Stadt Bamberg gibt Einblicke in das historische Werden der Stadt. Foto: 3D-Stadtmodell, Stadtplanungsamt Bamberg

Aber ich bin ja bloß eine von vielen. In Bamberg gibt es 120 sehr gut ausgebildete, städtische Gästeführer, neben einer Vielzahl privater, die eine steigende Zahl von Stadtführungen machen. An der Universität wird seit etwa 20 Jahren verstärkt auch zu Bamberger Themen geforscht und gelehrt, z.B. von den Archäologen, Historikern, Ethnologen, Denkmalpflegern, Soziologen und historischen Geographen; die Informatiker haben eine Art Schnitzeljagd durch die Stadt mit dem Smartphone entwickelt und zusammen mit der Stadtverwaltung ein 3D-Modell Bambergs (Abb. 4), das spannenderweise eine vierte Dimension hat, nämlich die zeitliche Ebene, in die man gelangt, wenn man das Gegenwartslevel mit historischen Plänen überblendet. Die Bamberger Lokalpresse berichtet häufig ausführlich und gut recherchiert von archäologischen Funden, historischen Jubiläen und neuen wissenschaftlichen Erkenntnissen, auch deswegen, weil dafür ein breites Interesse in der Bamberger Bevölkerung vorhanden ist. Vorträge zu Bamberger Themen sind immer voll. Politiker schalten in ihre Reden fast immer auch ein bisschen Bamberger Geschichte ein, Schulen behandeln das Thema im Unterricht, veranstalten Bamberg-Rallyes oder starten Denkmalpflege-Projekte für gefährdete Objekte. Das heißt: neben der materiell vorhandenen Stadt steht ein Gebirge von Wörtern – Wörter, die das „Stadtbild" formen. Dieses gedachte, gesprochene und gelesene Stadtbild, das sich aus der gebauten Stadt speist, wirkt aber auch zurück auf das Baugeschehen in der Stadt.

Was hat das Stadtbild mit dem Baugeschehen zu tun?

Architekten beklagen heftig, dass in Bamberg die Verwirklichung moderner Architektur einfach nicht möglich sei. Dem widersprechen zwar die Fakten, denn auch in Bamberg sind 65 Prozent der Gebäude jünger als 50 Jahre (Bamberger Zahlen 2014: 72ff.). Es ist allerdings tatsächlich schwierig, im Bereich der Altstadt neue „Dominanten" zu setzen. Wenn z.B. versucht wird, auf einer kleinen Insel gegenüber dem Rathaus überdimensionierte Architektur ohne jeden Bezug zur Umgebung durchzusetzen, bricht in Bamberg der Bürgerkrieg aus.

Allerdings ist es keineswegs so, dass die Stadtentwicklung in Bamberg rückwärtsgewandt sei oder stehenbliebe. Mit der Landesgartenschau 2012 ist ein ganz neuer Stadtteil mit Universitätsgebäuden, zahlreichen Wohnungen und einem lebhaft genutzten Park entstanden (Abb. 5).

Und nachdem im September 2014 die Amerikaner ihren Standort aufgegeben haben, wächst Bamberg mit der Konversion eine Fläche zu, die ein Zehntel des Stadtareals ausmacht. Interessanterweise haben sich auch hier viele Bürger vehement gegen Abrisse vorhandener Gebäude gewehrt, die die Stadtplaner im Stadtentwicklungskonzept vorge-

Abb. 5: Auch moderne Weiterentwicklungen Bambergs wie die Umwandlung einer Industriebrache in einen neuen Stadtteil wurden „erzählend" dokumentiert.
Foto: K. Dengler-Schreiber

schlagen hatten. Die Stadtplaner hatten durchaus nachvollziehbare Argumente für ihren Vorschlag: es ging zunächst um den Preis, den die Stadt Bamberg der Bundesrepublik, der das Areal gehört, zahlen muss – je weniger Wohnungen, desto billiger. Und außerdem: woher sollten plötzlich so viele zusätzliche Bewohner kommen? Als das Konzept vor einigen Jahren erstellt wurde, konnte man zwei Faktoren noch nicht absehen: auf der einen Seite ist da die Flüchtlingsproblematik. Bamberg stellt inzwischen im Konversionsgelände Wohnungen für 1500 sog. Balkanflüchtlinge zur Verfügung. Und dazu kommt eine weitere überraschende Entwicklung: entgegen dem allgemeinen Trend in Oberfranken, das ja zum Teil erhebliche demographische Probleme hat, wächst Bambergs Einwohnerzahl.

Stadtbild als Standortfaktor
Das hat zweifelsohne auch mit dem Image Bambergs zu tun. Es ist einer der ganz wichtigen weichen Standortfaktoren. Bei einer Veranstaltung des Zentrums Welterbe Bamberg zum Thema „Denkmalpflege als Standortfaktor" hielt auch der Direk-

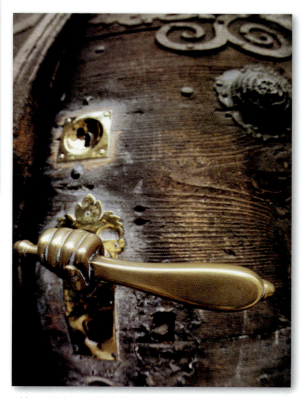

Abb. 6: Nicht nur die bedeutenden Bauwerke, sondern auch viele liebenswerte Details machen Bamberg zu einem „städtebaulichen Juwel mit menschlichem Maß".
Foto: K. Dengler-Schreiber

tor des lokalen Michelin-Werkes einen Vortrag und erzählte eindrucksvoll, welch ein beinahe unüberbietbarer Vorteil ein kulturell attraktiver Standort für die Gewinnung der besten Köpfe sei, für das headhunting, auch das innerhalb des Betriebes. Bamberg habe ein solches Renommee, dass es keine Schwierigkeit darstelle, besonders qualifiziertes Spitzenpersonal zu bekommen.

Denn Bamberg gilt als Idealbild der „schönen, alten, europäischen Stadt", die *„noch immer ein städtebauliches Juwel zum Anfassen ist – bewohnbar, erlebbar, mit menschlichem Maß. Es ist ein liebenswertes Kleinod mit Schrammen und Runzeln, in dem die großartigen Werke der Kunst gefasst sind von ausgetretenen Stufen, durchgebogenen Dachfirsten und blankgewetzten Türklinken – all jenen Kleinigkeiten, die der Seele wohl tun in unserer Zeit rechtwinkliger Rationalität"* (DENGLER-SCHREIBER 2014: 23) (Abb. 6).

Zusammenspiel zwischen gebauter und erzählter Stadt

Wie ich hoffentlich zeigen konnte, wächst ein solches „Stadtbild" aus der gegenseitigen Durchdringung, aus dem Zusammenspiel von gebauter und erzählter Stadt. Das gilt natürlich nicht nur für Bamberg, sondern für jede Stadt mit eigenem Profil. Ein solches „Stadtbild" entwickelt enorme Kräfte, wirtschaftliche, bevölkerungspolitische, kulturelle und vor allem emotionale. Diese Emotionen, die die Stadt in vielen Menschen weckt – Identifikation, Stolz, Liebe, ein Gefühl, mit dem man sagt: „meine Stadt", nicht im Sinn von Besitz, sondern im Sinn von Verantwortung –, scheinen mir der wichtigste Grund dafür zu sein, warum es sich lohnt, die Substanz (sie ist die Voraussetzung) und das Bild einer Stadt sorgfältig zu pflegen.

Zu dieser Pflege trägt auch die literarische Gestaltung einer Stadt bei. Und da dies ja das Thema meines Vortrags ist, möchte ich Ihnen zum Abschluss

Abb. 7: Das „wassergrüne Licht der Dombeleuchtung" als Anregung zu literarischer Gestaltung.
Foto: K. Dengler-Schreiber

noch eine Stelle aus dem Roman „Das Haus am Nonnengraben" zitieren, die sehr nahe am Thema unserer Tagung ist und einiges widerspiegelt von dem, was auch mich bewegt.

Hanna mochte den Weg hinauf zum Domberg: an der beherrschend aufragenden alten Burgmauer entlang, die durch allerlei kleine Pflanzen zwischen den Steinen alt und milde geworden war ... Im Schatten der turmhohen Kurien stieg der Weg bergan. Und dann, oben hinter der Ecke, strömte dieser unglaubliche Platz heran, dieses Bilderbuch der Geschichte. Viele Leute hatten sie schon darauf angesprochen, dass der Domplatz so leer und kahl sei, aber Hanna schätzte gerade das: die großzügige Weite und hoheitsvolle Würde, wie das Innere eines Glockentons. Nachts konnte sie ihn hören, diesen Ton, im wassergrünen Licht der Dombeleuchtung [vgl. Abb. 7]. Jetzt aber war der Platz überwimmelt von Leben, Touristengruppen, die mit andachtsvollen Gesichtern an den Armen der Stadtführer entlang auf Dom, Alte Hofhaltung und Neue Residenz blickten, ein langsamer grüner Stadtbus, zwei Autofahrer, die an der Abzweigung zur Residenzstraße kurz anhielten, um sich zu unterhalten, Studenten, die auf dem Fahrrad über das reparaturbedürftige Pflaster holperten.

Hanna war verwundert, dass sie die vertrauten Bilder plötzlich so glasklar wahrnahm. Dieser Vormittag hatte das Gewohnte aufgebrochen und Innenseiten sichtbar gemacht ...

Eigentlich hätte der Tod ihr vertraut sein müssen. Fast alle Menschen, mit denen sich eine Historikerin beschäftigte, waren bereits tot. Aber in dem Moment, wo ihr Bewusstsein diese Menschen erfasste, erweckte sie sie wieder zum Leben: Geburt, Beruf, Heirat, Nachkommen – der Tod war nur eine Station in dieser Abfolge der Generationen, im steten Strom des Lebens, dessen Spuren in die Mauern führten, die sie untersuchte. Die Mauern waren durchdrungen von dem Geschehen, das sich in ihnen und um sie herum abgespielt hatte, getränkt vom Schrei der Geburt wie vom Seufzer der Krankheit, von den Essensdünsten in den Küchen und vom Pferde-Urin in den Ställen, von bitteren Notwendigkeiten in den Alkoven und von Eitelkeiten in den Bohlenstuben; die Dachsparren bewahrten die Erinnerung an Wind und Regen, die Steine hatten Sonnenschein und Stürme gesammelt, in ihnen war das Gebrüll zündelnder Soldaten und die Sehnsucht nach Schönheit gegenwärtig. Zu diesem Leben in den Steinen gehörte der Tod als notwendige Grundmelodie. Doch er hatte nicht die geringste Ähnlichkeit mit dem realen Tod, der sie an diesem Morgen angeblickt hatte wie eine Schrift im Spiegel. Sie wusste noch nicht, wie ihre Antwort darauf ausfallen würde. (DEGEN, Nonnengraben (2014): 41f.)

Das weiß ich auch nicht, aber eines scheint mir klar: dass das Zusammenspiel von gebauter und erzählter Stadt, wenn es sich verbindet mit Neugier und der Bereitschaft, Neues anzunehmen, einen Blick voll Hoffnung in die Zukunft erlaubt.

Literatur

DEGEN, A. (2014[2]): Das Haus am Nonnengraben. – Köln.
DEGEN, A. (2014): Bamberger Verrat. – Köln.
DENGLER-SCHREIBER, K. (2014[10]): Bamberg für alte und neue Freunde. Ein Führer durch die Stadt. – Bamberg.
KRISCHKER, G.C. (Hrsg.) (1988): „Bei Gott eine schöne Stadt". Bamberger Lesebuch. – Bamberg.
Stadt Bamberg (Hrsg.) (2014): Bamberger Zahlen. Statistisches Jahrbuch der Stadt Bamberg. – Bamberg.

Anmerkung

1 Diese Schriftfassung folgt weitgehend der Vortragsform vom 9. Oktober 2015. Dieser Beitrag ist als Versuch gedacht, der Verschiedenes zu den Stichworten „Stadtbild", „literarisch" und „erzählen" ein wenig antippt. Es würde sich sehr lohnen, das komplexe Thema intensiver zu erforschen und die Frage, wie und wie weit die „erzählte Stadt" unser jeweiliges Stadtbild bestimmt, wissenschaftlich weiter aufzuarbeiten. Die Vortragsform wurde auch für den Artikel beibehalten.

Das Frankfurter Stadtbild nach 1945 und seine Produzenten

Marianne Rodenstein

Zusammenfassung

Schon kurz nach dem Zweiten Weltkrieg wurden in Frankfurt die Grundlagen für ein bis heute in Deutschland einzigartiges Stadtbild gelegt. Wer waren die Akteure und wie konnte sich dieses ungewöhnliche Stadtbild durchsetzen? Ich beginne die Untersuchung vom Ergebnis her, mit dem heute sichtbaren Stadtbild, das als „Skyline" bezeichnet wird. Mit dieser Bezeichnung beginnt schon die Überraschung. In Frankfurt wird der Begriff Skyline anders verwandt als üblich.

Abstract

Shortly after the Second World War, the foundations for a hitherto unique cityscape in Germany was established in Frankfurt. Who were the actors and how could this unusual cityscape prevail? I will start the investigation from the outcome, with the today visible cityscape, which is called „Skyline". With this designation the surprise already begins. In Frankfurt, the concept of a skyline is used differently than usual.

„Skyline"

Was üblich ist, erfährt man aus Wörterbüchern. Das Oxford Advanced American Dictionary definiert Skyline als „outline of buildings, trees, hills etc. seen against the sky".[1] Die Skyline ist demnach ein Wahrnehmungsphänomen und wird als Stadtsilhouette ins Deutsche übersetzt,[2] eine Bezeichnung, die aus dem Französischen kommt. Der englische Begriff Skyline ist inzwischen längst ins Deutsche eingewandert, sodass auch der Duden erklärt: Die „Skyline ist die Silhouette einer aus der Ferne gesehenen Stadt".[3] Skyline und Stadtsilhouette bedeuten das Gleiche und haben nichts mit Hochhäusern zu tun.

In Frankfurt hat man jedoch, weil man sich gern mit New York verglich, den dortigen Begriff für Stadtsilhouette, Skyline, für eine höhere Ansammlung von Hochhäusern übernommen, ohne sich über eine Übersetzung Gedanken zu machen. So

Abb. 1: Die Stadtsilhouette 1956.
Foto: Landesbildstelle Hessen. Quelle: Institut für Stadtgeschichte Frankfurt a.M.

wurde im Frankfurter Sprachgebrauch der Begriff „Skyline" auf eine Silhouette mit Hochhäusern verkürzt. Interessant ist nun, wann der Begriff übernommen wurde. In den 50er und 60er Jahren wurde die Stadtsilhouette noch von Dom und Paulskirche dominiert.

Das moderne Wahrzeichen der Stadt war der Henninger Turm, ein Getreidesilo, erbaut zwischen 1959 und 1961.

Auch in den 70er Jahren sprach noch niemand von einer Skyline. Frankfurt wurde – nicht selten mit einem pejorativen Beiklang – als Mainhattan bezeichnet. Als erstes wurde der Begriff Skyline im Frankfurter Zusammenhang 1984 vom Architekturprofessor Ante Josip von Kostelac benutzt.[4] Dieser schrieb einmal von der „alten" und der „neuen" Skyline, dann aber auch von „Skyline-Silhouette", was noch auf eine gewisse Unsicherheit im Wortgebrauch hindeutet.

1990 findet sich ein Bild, in dem die Skylines von Frankfurt und New York so nebeneinander montiert sind, dass der Höhenunterschied der Hochhaus-Skylines von fast 250 m kaum zu erkennen ist. Die Überschrift lautet: „Hessen und die USA verbindet vieles. Nicht nur die Skylines ähneln sich."[5] Dies ist typisch für das überzogene Frankfurter Selbstgefühl der damaligen Zeit. Immer häufiger wurde der Begriff „Skyline" für die Hochhaus-Silhouette genutzt, und dieser Frankfurter „Kurzschluss" funktioniert tatsächlich so, wie es der Architekturprofessor Ulf Jonak schon 1991 beschrieb: „Kein Wunder, dass New York / Manhatten [...] als stereotypes Erkennungsbild in unseren Köpfen aufblitzt, wenn nur das Wort ‚Skyline' fällt."[6] Über diese Assoziation mit New York verband sich in Frankfurt das Wort Skyline mit Hochhäusern und engte damit das übliche Verständnis von Skyline auf eine Stadtsilhouette mit Hochhäusern ein. Der präzise sprachliche Ausdruck wäre jedoch „Hochhaus-Skyline" oder ‚Hochhaus-Silhouette", Begriffe, die seit Anfang der 90er Jahre bis heute noch gelegentlich in den Frankfurter Zeitungen benutzt werden.

Was hatte sich Anfang der 90er Jahre nun verändert, dass man von einer Skyline zu sprechen begann? Das Buch Ulf Jonaks heißt „Die Frankfurter Skyline" und gibt im Untertitel einen Hinweis: „Eine Stadt gerät aus den Fugen und gewinnt an Gestalt". Es gab Standorte in der Ferne, von denen aus die Hochhäuser nicht mehr als vereinzelte gesehen wurden, sondern so verdichtet erschienen, dass sie sich zu einer Gestalt, einer Art Gebirge, über dem Häusermeer der Stadt zusammenfügten.

Die Frankfurter Skyline verbreitete sich seit den 90er Jahren als Foto und wurde so weithin als eingefrorenes Bild von Frankfurt, un-

Abb. 2: Skyline 1990 mit dem Messeturm.
Foto: Klaus Meier-Ude, Quelle: Institut für Stadtgeschichte Frankfurt a.M.

abhängig von einem speziellen Standpunkt, bekannt und allgegenwärtig.

Was war geschehen, dass wir seit den frühen 90er Jahren die einzelnen Hochhäuser immer häufiger als Gestalt wahrnahmen? Zwei Dinge hatten sich verändert: Sie betrafen einmal die Zahl und Höhe der Hochhäuser, zum anderen unsere Wahrnehmung, die in starkem Maß gesellschaftlich gelenkt ist.

Ab Mitte der 1970er Jahre machte unsere Gesellschaft grundsätzliche Wandlungsprozesse durch. Sie veränderte sich von einer auf Massenproduktion und Massenkonsum hin orientierten Stadt zu einer mit vielfältigen Differenzierungen im Bereich der Arbeit, des Konsums, der Ökonomie, der Politik und Kultur. Das Ergebnis dieser Veränderungen unter der Vorherrschaft des Neoliberalismus war einerseits die wachsende ökonomische Ungleichheit innerhalb unserer Gesellschaft. Andererseits hatten sich im Bereich der Kultur, insbesondere in der Kunst und der Architektur, Veränderungen vollzogen, die unsere Städte seitdem mit neuem Glanz erfüllten.

Mit der Ausschmückung durch Kultur und Kunst erhofften sich die Städte einen Standortvorteil im globalen Konkurrenzkampf. Dies konnte man in den 80er Jahren in Frankfurt gut beobachten. Das Museumsufer wurde mit neuen Museen bestückt; neue alte Fachwerkhäuser am Römerberg und die postmoderne (Kultur-)Schirn wurden gebaut und der Wiederaufbau der Alten Oper wurde abgeschlossen.

Die ästhetische Aufwertung der Städte kam den neuen Bedürfnissen der Menschen entgegen. Da die Warenwelt stärker differenzierte Produkte bot, konnte sich jede und jeder der Persönlichkeit und den finanziellen Verhältnissen entsprechend ausstatten. Man hatte nun eine viel größere Wahl in allem und jedem und musste sich entscheiden, was zu einem passt. Die Vielzahl von Wahlmöglichkeiten förderte eine Haltung der Selbstoptimierung und eine ästhetische Orientierung an Erlebnissen, die das Subjekt bereicherten. Es vollzog sich das, was man als Ästhetisierung der Lebenswelt bezeichnet. Damit meinte man einen Vorgang, in dem Objekte nicht in ihrem Gebrauchs- oder Tauschwertcharakter gesehen, sondern in einen ästhetischen Zusammenhang gerückt werden. Bezogen auf Frankfurt bedeutet dies eine Veränderung der Wahrnehmung. Die Hochhäuser wurden nun vermehrt als Bild gesehen, über das als schön oder hässlich geurteilt werden konnte und Fragen der Macht oder Gerechtigkeit in den Hintergrund rückten.

Jetzt sah der neue Blick eine Skyline, in der die einzelnen Banken und Bürohäuser als Teil in einem Ganzen verschwanden und etwas Neues, eine Art Kunstprodukt, vor unseren Augen entstand. Das war eigentlich erstaunlich, denn es war noch gar nicht so lange her, dass viele Frankfurter die Hochhäuser bekämpften, für die alte Bürgerhäuser und Villen im Westend abgerissen wurden, wobei zahlreiche Menschen ihre Wohnungen verloren. Die neue Bedeutung des Kulturellen und Ästhetischen wird deshalb auch kritisch im Zusammenhang mit der wachsenden ökonomischen Ungleichheit in der Gesellschaft als Ablenkung von den eigentlichen Problemen gesehen, wie etwa von der Frage nach gerechter Verteilung des Wohlstands. Unter diesem Gesichtspunkt stellte die neue Stadtästhetik ein wichtiges „Schmiermittel" für die neoliberale Form des Kapitalismus dar.

Das Bedürfnis nach schönen Erlebnissen und Ästhetisierung fand in Frankfurt in der Zunahme von Hochhäusern ab Anfang der 90er Jahre bald neue Nahrung. Erst jetzt sah man bestimmte Anforderungen an die Dichte, aber auch an Höhe und Höhenstaffelung der Hochhäuser erfüllt, so dass sie (wie in New York) als zusammengehörig, als eine „Gestalt" gesehen wurden. Denn zu den bisherigen kamen einige postmoderne Hochhäuser mit ganz neuen Höhen wie 1991 der Messeturm des Chicagoer Büros Murphy und Jahn mit einer Höhe von 256 m,

Abb. 3: Commerzbank, 1997 fertiggestellt, vom Goetheplatz aus gesehen.
Foto: M. Rodenstein

Stadt sein konnte, die in den 1970er Jahren als hässlich galt. Wenn man außerhalb der Stadt oder am Fluss ist, sieht man die Frankfurter Skyline als ein mehr oder weniger schönes Bild, an dem sich die meisten erfreuen, denn es wird ein Ensemble bewundert und nicht mehr die Architektur einzelner Hochhäuser. Die Stadt selbst erhebt sich, und mit ihr konnten sich diejenigen Frankfurter, die die Skyline bewunderten, bei der Betrachtung dieses Bildes erhoben fühlen.[7] Damit wurde die Hochhaus-Skyline nun zu dem Identifikationsmerkmal für Frankfurt.

Dabei gibt es die Schokoladenseite der Stadt, von der aus tatsächlich ein Gebirge aus Hochhäusern zu sehen ist wie von einigen Autobahnen, aber es gibt auch Fernblicke auf die Stadt, wo das nicht der Fall ist. Alles ist vom Standort des Betrachters abhängig. Wenn man nicht aus der Stadt herausgehen will, sind gute Standorte für den Fernblick auf die Skyline die Mainbrücken, der Domturm und der Goetheturm.

und 1993 das Kronenhochhaus oder DZ-Hochhaus vom New Yorker Büro Kohn, Pedersen und Fox mit einer Höhe von 208 m.

1997 kam die Commerzbank von dem Briten Norman Foster und dem Ingenieurbüro Arup mit einer Höhe von 258 m hinzu. Diese Hochhäuser waren sehr viel höher als die bis dahin höchsten Hochhäuser in Frankfurt mit Höhen um 155 m. 1993 kam auch der Zuschlag für die EZB. Damit glaubte sich Frankfurt ökonomisch im Aufwind; es wurden noch viele weitere Hochhäuser erwartet. Die kapitalismuskritische Hochhaus-Gegnerschaft der 1960er und 1970er Jahre war ganz verschwunden, aber es kam auch keine ökologische Kritik an den Hochhäusern zustande. An ihre Stelle trat überwiegend Akzeptanz, ja Bewunderung.

Nun konnten die Hochhäuser, die eine „Skyline" bildeten, das Frankfurter Selbst erhöhen. Die Skyline trug dazu bei, dass man wieder stolz auf die eigene

Wir sehen die Skyline als ein zweidimensionales Bild, ein Kunstwerk, das allerdings kein Künstler, Architekt oder Planer absichtlich so hergestellt hat. Die Skyline entstand ungeplant, wohl aber durch die Planungsaktivitäten der Stadt. Die Gestalt der Skyline ist ein ästhetisch relevantes Zufallsprodukt wirtschaftlicher und politischer Bauaktivitäten, sie ist veränderlich, ganz und gar öffentlich, sie gehört allen und das Geheimnisvolle an diesem Bild ist, dass es verschwindet, sobald man sich ihm nähert. Es verflüchtigt sich vor allem die ästhetische Qualität, die man eben noch von außen auf die Stadt blickend wahrgenommen hat. Geht man in das Bild hinein, ändert sich alles; davon später mehr. Vorläufig stehen wir noch vor dem Bild der Skyline und fragen, was das, was wir sehen, eigentlich bedeutet.

Auf den ersten Blick ist die Bedeutung der Skyline leicht zu entschlüsseln. Sie lässt sich als Zeichen für und an die globalisierte Wirtschaft deuten. Dieses lautet: Hier in Frankfurt ist ein guter Wirtschaftsstandort, hier gibt es Wachstumschancen, hier kann man sein Kapital gut anlegen. Die Frankfurter Skyline wurde das „Markenzeichen" der Stadt, wie der Planungsdezernent Wentz formulierte und damit auf die neue Verwertbarkeit des Stadtbildes im globalen Wettbewerb der Städte um Unternehmen anspielte. Längst haben viele Frankfurter Institutionen und Unternehmen ein Bild der Skyline als Logo übernommen, so dass sie auch vielfältig als Werbeträger eingesetzt wird. Das Bild der Skyline aus Glas, Stahl und Stein zieht die Aufmerksamkeit auf sich, rückt das ökonomische Potential der Stadt in den Vordergrund und verdeckt damit andere weniger sichtbare Bedeutungen Frankfurts, das u.a. eine Stadt der Intellektuellen, der großen konkurrierenden Verlage und der Buchmesse gewesen war. Die Skyline schob all dieses in den Hintergrund und spiegelte damals den Erfolg des Finanzsektors und dessen Macht in und über die Stadt.

So halten viele die Frankfurter Skyline für ein Produkt prosperierender Unternehmen des Finanzsektors. Sie bauen damit am Mythos der Banken mit. Skylines sind jedoch in demokratischen Gesellschaften ein Gemeinschaftswerk: Dabei wirken zusammen: 1. risikofreudige und profitable Unternehmen, 2. eine Stadtpolitik und -planung, die Hochhäuser haben will, 3. eine Bevölkerung, die dies zulässt, aber auch korrigierend eingreift, 4. Architekten und vor allem Ingenieure, die immer neue Möglichkeiten des höheren Bauens erfinden. Denn eine wesentliche Triebkraft des Wachsens einer Skyline ist das Verlangen nach immer neuen Höhen, sei es als Unternehmen, sei es als Stadt oder als Nation, und damit nach dem – oft kurzfristigen – Sieg über die Konkurrenz. Es ist der dem kapitalistischen Wirtschaften zugrundeliegende Wettbewerb, der auf die Bauten der Stadt übertragen wird, denn wer das höchste Gebäude besitzt, zeigt zunächst, dass er mehr investieren kann als der Konkurrent und häufig mit dem höchsten Hochhausbau mehr Profit machen kann, da sowohl Gebrauchswert wie Tauschwert größer sind als bei einem weniger hohen Hochhaus. Und dann kommt natürlich noch der Symbolwert für das Unternehmen und die Stadt hinzu, wenn eine besondere Höhe und damit Sichtbarkeit erreicht wird. Kein Wunder, dass die ersten Skylines in den USA entstanden, einem Land mit einer schon früh entfesselten kapitalistischen Konkurrenz.

Zur Geschichte und Dynamik von Skylines weltweit

Die ersten Hochhäuser entstanden in den 1880er Jahren in Chicago, dann in New York. Ihre berühmten Skylines sind, mit längeren Unterbrechungen, in drei Etappen gewachsen. Bis in die 70er Jahre hinein erreichten die Hochhäuser in den rivalisierenden Finanzzentren Chicagos und New Yorks jeweils neue Höhen.[8] Es folgte in beiden Städten eine Reihe von Planungen mit Hochhäusern über 600 m, die jedoch angesichts des in den USA nachlassenden Wirtschaftswachstums nicht ausgeführt wurden.

Dagegen entstanden in den 1990er Jahren neue Wachstumszentren in Süd-Ost-Asien und in kurzer Frist auch neue Skylines mit neuen Höhenrekorden. Dann wanderte das Wirtschaftswachstum auf die arabische Halbinsel, wo u.a. in den Emiraten Dubai und Abu Dhabi eindrucksvolle Skylines entstanden.

In Dubai wurde das höchste Hochhaus der Welt mit einer Höhe von 828 m gebaut. Auch am bis heute höchsten Turm bewahrheitete sich ein von Ökonomen längst wahrgenommener Zusammen-

Abb. 4: Die Skyline von Dubai mit Burj Khalifa.   Foto: Nepentes; Quelle: Wikimedia Commons

hang, dass solche Großprojekte meist in Zeiten größter Prosperität begonnen werden, ihre Planung und Realisierung aber so lange benötigen, dass sich dann die Konjunktur längst wieder im Abschwung befindet und die ursprünglichen Bauherrn diese Investition häufig nicht durchhalten können. So war es auch im Emirat Dubai, dem zur Vollendung des Turms 2010 das Emirat Abu Dhabi finanziell unter die Arme griff.

Und was ist mit Europa? Europa spielt bis heute weder beim globalen Höhenwettbewerb noch bei den bedeutenden Skylines eine Rolle.[9] Das hat unter anderem mit der Wertschätzung der traditionellen Silhouetten der europäischer Städte zu tun, in der Kirchen, Burgen und Wehrtürme der alten Stadtmauer über Jahrhunderte als höchste Erhebungen das identitätsstiftende Bild der jeweiligen Stadt ausmachten. Selbst nach den Zerstörungen des Zweiten Weltkrieges und intensiven Diskussionen haben sich weder London oder Paris noch deutsche Städte wie Hamburg, Köln oder München für den Hochhausbau in ihren Innenstädten entschieden, sondern zunächst, wie Frankfurt, die alte, zerstörte Stadtsilhouette wiederhergestellt. Nur Frankfurt entschloss sich bereits kurz nach dem Zweiten Weltkrieg dazu, auch Hochhäuser zulassen.

Wollte es seine traditionelle Stadtsilhouette mit Dom und Paulskirche nicht schützen? Doch, durchaus! 1949 wollte Frankfurt noch beides: sowohl Hochhäuser als auch den Schutz der Stadtsilhouette. Aber die Geister, die es rief, wurde es nicht mehr los, und später wollte es das auch gar nicht mehr. Die heutige Skyline hat sich nach 1949 in vier Etappen entwickelt; die erste und die zweite sind Vorläufer, in der dritten entsteht nach Frankfurter Verständnis die Skyline, und in der vierten verdichtet sie sich weiter. Bei der kurzen Darstellung der Akteure dieser Etappen konzentriere ich mich auf die Hochhäuser, welche die ästhetischen Gebote von 1949 verletzten und diejenigen, die neue Höhen erreichten und damit zu einem neuen Stadtbild beitrugen.

Etappen der Entstehung der Frankfurter Skyline
1949–1959: Die Politik setzt die Regeln

1949 war das für Frankfurt ganz entscheidende Jahr. Nachdem es sich seit längerem auch mit seinen Bauten darauf eingestellt hatte, an Stelle der früheren, damals aber geteilten Hauptstadt Berlin die provisorische Hauptstadt Westdeutschlands zu werden, fiel 1949 die Entscheidung gegen Frankfurt und für Bonn. Sehr schnell musste Frankfurt nun eine neue Identität gewinnen und eine andere Zukunft planen, weshalb man sich wieder auf Frankfurts Vergangenheit als Handels-, Messe- und Bankenstadt besann. Da man bis dahin nicht wie andere Großstädte die Anwerbung ostdeutscher und Berliner Unternehmen systematisch betrieben hatte, kam nun als eines von mehreren Mitteln der Wirtschaftsförderung die Ausnahmegenehmigung für Hochhausbauten hinzu.

Gleichzeitig aber kannte man natürlich die Diskussion in anderen deutschen Großstädten, die sich gegen Hochhausbauten entschieden.[10] Auch in Frankfurt war Oberbürgermeister Kolb vorsichtig. Er entwickelte Grundsätze für einen „maßvollen" Hochhausbau[11], wobei die Einpassung in das Stadtbild verlangt wurde, d.h. dass die Maßstäblichkeit der Hochhausbauten im Verhältnis zur Umgebung wie auch zum Dom Beachtung finden sollte. Damals war der Wunsch, dass die frühere Altstadt von Hochhausbauten freigehalten werden sollte, in einer Zone von ca. 1 km rund um den „Dom"[12] herum. Außerdem sollte kein Hochhaus den Domturm überragen und dessen Dominanz infrage stellen. Dabei mag man sich wohl an die Planung von Perspektiven auf den Dom unter dem Oberbürgermeister Franz Adickes erinnert haben. Dieser hatte 1892 Straßburg besucht und schrieb: „In den Anlagen waren einzelne geradezu hinreißende Durchblicke auf den Münsterturm", wie der Stadtplaner und Architekt Wolfgang Bangert in seiner Dissertation berichte-te.[13] Für den Frankfurter Bebauungsplan hatte das damals zur Folge, „dass die großen Ausfallstraßen, die Alleenbänder, wo es anging, so ausgerichtet wurden, dass der Domturm, der Rathausturm, der Taunusblick mit Feldberg oder sonst ein hervorragender Gegenstand ins Blickfeld gerückt wurde."[14]

Frankfurt hatte 1949 demnach durchaus die Absicht, seine Stadtsilhouette zu schützen, wollte jedoch auf die wirtschaftlichen Vorteile für die Stadt anders als alle anderen Städte nicht verzichten, denn die Ausnahmegenehmigung für ein Hochhaus, das nach der Definition über 22 m oder über fünf bis sechs Stockwerke hoch ist, brachte dem Eigentümer einen erheblichen ökonomischen Vorteil, weil er nach der Bauordnung sonst höchstens sechs Stockwerke bauen konnte. Diese Möglichkeit der Ausnahmegenehmigung rief eine große Nachfrage danach hervor. Deshalb gab man der Öffentlichkeit 1953 einen ersten Plan für die Ordnung von Hochhausstandorten bekannt. So sollten entlang des Anlagenringes Hochhäuser als „Dominanten" entstehen und damit die alte Stadtmauer markieren.

In dieser ersten Etappe des Hochhausbaus errichteten vor allem Industrieunternehmen wie AEG, Bayer, Degussa zur Unterbringung ihrer Verwaltungen, aber auch einige Banken, Hochhäuser mit einer Höhe zwischen 40 und 60 m. Im sog. Bankenviertel gab es 1955 schon 15 Bankniederlassungen[15], jedoch noch keine Hochhäuser.

Es war die damalige Bundespost, die sich erstmals über die Grundsätze des Schutzes der traditionellen Stadtsilhouette aus technischen Gründen – wie es hieß – hinwegsetzte.

Sie baute 1954 den 69 m hohen Fernmeldeturm der Post an der Zeil, wo sie selbst die Planungshoheit hatte, und verletzte damit die Regel, in der Altstadt kein Hochhaus zu bauen. Oberbürgermeister Kolb, der 1956 starb, konnte bis dato nicht ahnen, dass er mit dieser Entscheidung für „maßvolle Hochhäuser" den Grundstein für die Skyline legte. Denn die Orientierung am Materiellen, am ökonomischen Vorteil statt am ästhetischen Stadtbild wurde für alle späteren Stadtregierungen die Richtschnur des Handelns, eine Orientierung, die traditionell in der Handelsstadt vorherrschend gewesen war, wie Goethe bereits 1797 feststellte: „Der Frankfurter, dem alles Waare ist, sollte sein Haus niemals anders denn als Waare betrachten"[16]. Dieser Hinweis auf die immer schon bestehende Orientierung am Materiellen in Frankfurt ist aber kaum Erklärung genug. Dazu kam, dass die SPD-geführten Stadtregierungen Frankfurt modernisieren wollten, unter anderem mit Hilfe der Architektur der Moderne, des Internationalen Stils, zu dem nicht nur die unter Ludwig Landmann entstandenen Siedlungen der Zwanziger Jahre, sondern auch Hochhäusern gehörten, die ab 1960 von der Stadt den Banken und Versicherungen für ihre Expansionswünsche angeboten wurden.

Etappe zwischen 1960 und 1976: die Bevölkerung greift ein und die Stadtpolitik hält sich nicht mehr an die eigenen ästhetischen Maßstäbe

Um 1960 wurde das Westend als City-Erweiterungsgebiet für Hochhäuser geöffnet. Es sollten sich Hochhäuser von Banken und Versicherungen entsprechend dem sog. Fünf-Finger-Plan entlang der Bockenheimer Landstraße, später (1969) auch entlang der Mainzer, der Eschersheimer und Eckenheimer Landstraße sowie der Theodor-Heuß-Allee wie an einer „Perlenkette" aufreihen.

Der Abriss von Villen, die Vernichtung von Wohn- für Büroraum waren Auslöser der Kämpfe gegen Hochhäuser im Westend. Hier kam nun erstmals die Bevölkerung als Akteur des Stadtbildes ins Spiel.

Sie wehrte sich gegen diese Veränderung des bürgerlichen Wohnviertels heftig – auch mit Hausbesetzungen. Die Bevölkerung konnte eine Korrektur der Hochhausplanungen erreichen; der Fünf-Finger-Plan wurde eingemottet und der Planungsdezernent musste 1972 seinen Hut nehmen. Einige

Abb. 5: Demonstration gegen die Westendplanung 1970. Foto: Tripp. Quelle: F. Balser[17]

Hochhäuser wurden nicht gebaut, doch das Viertel war bereits mit Hochhäusern durchsetzt, die 60 bis 120 m hoch wurden. Auch das traditionelle Bankenviertel wurde unterdessen mit Hochhäusern verdichtet.

Doch es waren nicht die Banken und Versicherungen, die die ästhetischen Gebote von 1949 nicht weiter beachteten, sondern zunächst das damals von der SPD geführte Land Hessen, das mit dem zwischen 1969 und 1972 gebauten und inzwischen gesprengten AFE-Turm der Goethe-Universität, der für die Lehramtsausbildung geschaffen wurde, mit einer Höhe von 116 m das erste Hochhaus baute,

Abb. 6: Technisches Rathaus im Bau und Domturm.
Foto: H. Rempfer; Quelle: Institut für Stadtgeschichte Frankfurt a.M.

das die Höhe des Domturms von 95 m überschritten. Er sollte die große Bedeutung der Bildung für die moderne demokratische Gesellschaft symbolisieren.

Dass die Stadt selbst inzwischen diesen Grundsatz des Schutzes ihrer Silhouette nicht mehr beachten wollte, zeigte sich am deutlichsten am Bau des Technischen Rathauses neben dem Dom.

Die geplanten drei Türme des Technischen Rathauses hätten direkt mit dem Domturm rivalisiert, der höchste hätte das Langhaus des Doms um 10 m überragt. Dies rief 1970 allerdings einen Sturm der Entrüstung bei der Bevölkerung gegen das gesamte Projekt hervor mit dem mageren Ergebnis, dass die geplanten drei Türme 1974 bis zur Firsthöhe des Domdaches aufgeführt wurden.

Die SPD verlor, auch auf Grund ihrer Hochhauspolitik, 1977 ihre Mehrheit im Stadtrat, und es wurde etwa 6 Jahre still um Hochhäuser. Keine Partei machte sich nach dem Desaster im Westend mehr stark dafür. Allerdings entstanden zwischen 1977 und 1984 auf Basis früherer Genehmigungen noch drei Hochhäuser mit bisher unerreichten Höhen um 155 m: die Bank für Gemeinwirtschaft, heute Eurotower 1977, die Dresdner Bank im Bahnhofsviertel mit dem sog. Silberturm 1980 und die Zwillingstürme der Deutschen Bank 1984. Letztere hatte für den Bau einen geschlossenen Fonds mit einer Rückkaufklausel aufgelegt, der nach Fertigstellung des Gebäudes dieses an eine bankeigene Tochter verkaufte, die dann das Gebäude an die Deutschen Bank vermietete. Andere Ban-

Abb. 7: Postkarte von der City Frankfurt in den 80er Jahren.
Foto: unbekannt, Archiv M. Rodenstein

ken machten es ähnlich. Sie wie ihre Fonds-Kunden machten dabei ein gutes Geschäft.[18]

Die Banken zeigten mit diesen neuen Höhen die besondere Prosperität des Finanzdienstleistungsbereichs in Zeiten der Deindustrialisierung und damit ihre wachsende Bedeutung für die Arbeitsplätze und die Gewerbesteuer der Stadt Frankfurt. Diese Hochhäuser stehen aber vereinzelt, bilden noch keine Skyline, sondern zeigen das, was man damals City nannte, wie dies eine Postkarte aus den 80er Jahren belegt.

Etappe 1983–1997: Die Skyline entsteht

Nach etwa sechsjährigem Stillstand wurden ab 1983 dann wieder von der Stadt Frankfurt, zusammen mit der Messegesellschaft, neue Hochhäuser geplant, wobei vor allem der Messeturm mit einer neuen, damals in Europa noch nicht erreichten Höhe von 256 m auf Frankfurt als Messe- und Wirtschaftsstandort aufmerksam machen sollte.

Das Signal der Stadtpolitik für neue Hochhäuser war angekommen. Anfang der 1990er Jahre wurden nicht nur der Messeturm, sondern 1993 entlang der Mainzer Landstraße auch ein neues Hochhaus für die BFG Bank, später Trianon genannt und 186 m hoch, und das Kronenhochhaus mit 203 m Höhe fertiggestellt. Allerdings gerieten bei allen drei Gebäuden die Erstinvestoren in Schwierigkeiten, sie verkauften bzw. traten zurück, doch fanden sich nach Anspringen der Konjunktur dann wieder neue Investoren, die einsprangen. 1997 übertrumpfte die Commerzbank den Messeturm noch um zwei Meter Höhe und galt nun bis 2004 als das höchste Hochhaus in Europa. Dann wurde es vom Triumpf-Palast in Moskau übertroffen.

Die 1990er Jahre waren in Frankfurt die „magische" Zeit, in der sich die Ansammlung von Hochhäusern entsprechend verschiedener aufeinanderfolgender, meist unvollständig verwirklichter Planungsideen zur Skyline entwickelte. Die bisherigen Planungsideen wurden vom Pulk-Konzept abgelöst, das der Planungsdezernent Wentz seit 1989 verfolgte, dem zufolge an einem Standort mehrere Hochhäuser mit unterschiedlichen Höhen zusammenstehen sollten. Ohne Zweifel liefert das Commerzbank-Gebäude als markantes, bis heute höchstes Gebäude in Frankfurt einen bedeutenden Beitrag zur Skyline der Stadt. Seine Sonderstellung in der Skyline geht zurück auf einen weiteren Schritt bei der Verletzung des Grundsatzes von 1949, keine Hochhäuser in der Altstadt zu bauen. Eine CDU-Mehrheit hatte der Commerzbank lange Zeit die Erweiterung und ein neues Hochhaus neben ihren bestehenden

Abb. 8: Die Skyline 2015. Sie ist seit 1997 nicht höher, aber dichter geworden.
Foto: M. Rodenstein

Gebäuden in der Neuen Mainzer Straße verweigert, weil sich damit der Abstand zum Dom unzulässig verringern würde. Deshalb hatte die Commerzbank auf der Mainzer Landstraße, noch auf Basis des Fünf-Finger-Plans, ein Grundstück erworben. Der damalige SPD-Vorsitzende Martin Wentz hatte seine Partei inzwischen wieder auf die Zustimmung zu Hochhäusern eingeschworen. 1989 wurde dann eine Mehrheit aus SPD und Grünen ins Stadtparlament gewählt, Martin Wentz wurde Planungsdezernent und genehmigte sofort den Bebauungsplan für die Commerzbank am Kaiserplatz. So ragte die Commerzbank aus dem Pulk der anderen Hochhäuser im Bankenviertel heraus und ist bis heute das Erkennungsmerkmal der Frankfurter Skyline.

Etappe von 2000 bis heute: Großes Angebot, geringe Nachfrage

Die Stadt hatte in einem neuen Plan bereits ca. 30 neue Hochhausstandorte mit Baurecht versehen, es entstanden mit Verzögerung jedoch zunächst nur zwei Hochhäuser, zum einen der Taunusturm mit angehängtem Wohnhochhaus sowie der Tower 185, die beide keine neuen Höhen erreichten. Außerdem wurden drei massive Hochhauskomplexe genehmigt, die wiederum die Regeln von 1949 verletzten.

Bei Abriss des Fernmeldeturms der Post an der Zeil wurden 2004 noch einmal die Baumassen und Bauhöhe auf Altstadtgelände ganz erheblich vervielfacht. Die Höhe stieg um fast das Doppelte auf 135 m. Neben drei zusammenhängenden Hochhäusern (Nextower genannt) und dem Hotel Jumeira entstand auch eine verkürzte Rekonstruktion des Palais Thurn und Taxis, Sitz der Bundesversammlung Deutscher Fürsten von 1817–1866. Das frühere Degussa-Gelände am Rand der früheren Altstadt wurde als Main-Tor vermarktet, wobei die Stadt auch hier das Baurecht ausgeweitet und die Höhe der Hochhäuser angehoben hat.

Nicht unerwähnt lassen kann man die EZB, die sich ebenfalls einen in der städtischen Hochhausplanung nicht vorgesehenen Standort suchte. Die abseitige Position der EZB entspricht wohl den Wünschen der Eigentümer, nicht in der Frankfurter Skyline aufzugehen und damit symbolisch ihre Distanz zu den deutschen Banken zu wahren.

Die Bauherren sind mit Ausnahme der EZB keine Selbstnutzer mehr, sondern Immobilien-Entwicklungsgesellschaften, deren Aufgabenfeld sich vom Kauf der Grundstücke, der Planung und des Baus von Hochhäusern bis zu deren Verkauf an die künftigen Eigentümer oder nur auf Teilaspekte dieses gesamten Prozesses erstrecken kann. Die Eigentümer sind nicht die Nutzer, sondern deutsche und internationale Kapitalanleger. Unter den Eigentümern finden sich neben Privatpersonen vor allem Pensionsfonds aus verschiedenen Ländern, sodass sich mit der Vermietbarkeit einiger Frankfurter Bürohochhäuser die Hoffnung auf Alterssicherung verschiedener in- und ausländischer Gruppen verbindet.

Den Zeitungen sind bei Verkauf immer mal wieder Preise für einzelne Hochhäuser zu entnehmen. Die EZB, die allen 19 am Euro beteiligten Nationen gehört, soll zwischen zwei und zehn Milliarden Euro gekostet haben. Viel günstiger sind die Objekte in der Skyline 2014/2015 zu haben. Fünf ältere teils sanierte Objekte wurden hier für zwischen 480 Mio und 100 Mio Euro verkauft. So ergibt sich die paradoxe Situation, dass das, was wir als Identifikationsmerkmal Frankfurts ansehen, der Globalisierung der Wirtschaft entsprechend wohl weitgehend in Händen des anonymen, international agierenden Kapitals ist.

Die Periode des immer höheren Bauens ist für Frankfurt seit 1997 abgeschlossen. Hingegen kann man damit rechnen, dass sich die Skyline verdichten und durch den Bau von zehn bis zwölf Wohnhochhäusern verbreitern und abflachen wird. Ein bereits im Plan 1998/2000 mit Baurecht versehener Büroturm am Güterplatz, für den die Nachfrage fehlte, wurde in niedrigere Wohntürme umgewandelt. Damit kommen Wohnungsbaugesellschaften und Wohneigentumsgemeinschaften zu den bisherigen Akteuren des Stadtbildes hinzu.

Das innere Stadtbild: Ästhetische Kosten der Skyline

Während die Skyline allgemein als ästhetischer Gewinn gesehen wird, gibt es aber auch ästhetischen Kosten dieser Entwicklung, die sichtbar werden, wenn man den Standort in der Ferne aufgibt und in das Bild hineingeht (Abb. 9/10).

Warum diese Bilder bei manchen Menschen Unbehagen auslösen können, das kann man mit dem

Abb. 10: Eschenheimer Turm von 1428 und Nextower Komplex 2010. Foto: M. Rodenstein

Abb. 9: Neue Mainzer Straße, genannt „Bankenklamm". Foto: M. Rodenstein

Rückgriff auf ein Prinzip der traditionellen europäischen Stadtplanung verdeutlichen. Es geht dabei um die Blickbeziehungen.

Die traditionelle Stadtarchitektur war über Jahrhunderte so ausgerichtet, dass eine dialogische Betrachtung von Gebautem in der Stadt möglich war. Wir kennen dies von den toskanischen Städten, die im 13. Jahrhundert in der Stadtplanung den „Augenbezug", wie es der Kunsthistoriker Wolfgang Braunfels[19] nannte, hervorbrachten, ähnlich wie die Maler, die damals die Perspektive entwickelten. Der freie Platz vor der Kathedrale wird geschaffen, damit man einen besseren Eindruck von der Kathedrale gewinnen kann. Häuser werden abgerissen, damit der Blick auf einen Turm freigegeben wird. Zwischen uns und den Objekten entsteht ein Raum, den wir mit unseren Augen konstruieren sollen. Damit werden wir Teil der Konstruktion von Urbanität, eines spezifischen über die Wahrnehmung vermittelten Raum- und Lebensgefühls. Diese italienische Konstruktion von Urbanität wurde zum Vorbild für Architekten und Planer in Europa. Die Freilegung von Monumenten, breite Straßen für Perspektiven auf städtebauliche Dominanten gehörten dann auch zu Prinzipien der Haussmannschen Planung der Umgestaltung des noch mittelalterlichen Paris in eine moderne bürgerliche Stadt nach 1850. Sie wurde für ganz Europa stadtplanerisches Vorbild, so auch für die Stadtplanung in Frankfurt ab 1866.

Die funktionalistische Architektur und Stadtplanung der Moderne des 20. Jahrhunderts vernachlässigte den öffentlichen Raum, die Gestaltung von Plätzen und die Perspektive, so dass die dialogische, den Betrachter in das Gebäude bzw. in die Stadtanlage integrierende Beziehung weitgehend verloren ging.

Erst unter dem Einfluss der postmodernen Architektur und der Ästhetisierung der Lebenswelt wurden die Bemühungen um den öffentlichen Raum in der Stadtplanung, die Gestaltung und damit die Beziehungen zwischen Betrachtern und Objekten wieder wichtiger. Dabei gab es in deutschen Städten und auch in Frankfurt zwei Tendenzen: erstens die bauliche Rückgewinnung historischer architektonischer Vielfalt und zweitens den schonenden Umgang mit noch vorhandenen historischen Gebäuden und ihrem Wahrnehmungsraum.

Wie wirkten sich nun diese Tendenzen in der Frankfurter Hochhauskulisse aus?

Dort, wo Kriegszerstörungen sowie die moderne Architektur und Stadtplanung dem Stadtraum die visuelle Vielfalt und Attraktivität genommen hatten, wird versucht, der Stadt, als dem Konsumraum unserer ästhetischen Bedürfnisse, durch die Rekonstruktion historisch längst verlorener Schlösser, Palais und ähnlichem, die visuelle Vielfalt zurückzugeben. In Frankfurt ist es nicht nur die „neue Altstadt", die wir als Gegenentwurf zur durchkommerzialisierten Hochhausstadt verstehen können, sondern es sind auch das Palais Thurn und Taxis und die alte Stadtbibliothek, das heutige Literaturhaus, die Frankfurt etwa ab 2000 ästhetisch bereichern sollten. Dabei entwickelte sich in der Stadt ein Patchwork von Alt und Neu, das eine eigenständige Wertschätzung des einen unabhängig vom anderen kaum zulässt. Visuell unterscheidet man bei der dabei häufiger eintretenden Störung des Wahrnehmungsraums der historischen Objekte drei Phänomene, die die Wirkung der Skyline nach innen betreffen:

1. Die Beeinträchtigung der Dominanz des historischen Gebäudes

Abb. 11: Eingeschränkte Dominanz: Opernturm (182 m) und Nextower-Komplex (135 m) im Sichtfeld des Domturms.
Foto: M. Rodenstein

Dabei erkennt man, dass nicht nur der Nextower-Komplex, den man wohl als eine Bausünde bezeichnen darf, sondern auch der Opernturm[20] sehr nahe an den Dom heranrücken.

2. Die Überstrahlung

Abb. 12: Überstrahlung. Die 2000 teilrekonstruierte alte Stadtbibliothek (1816–1825), das heutige Literaturhaus, und das Schwesternheim des Hospitals zum Heiligen Geist.
Foto: M. Rodenstein

3. Die Verschmierung

Man spricht von Verschmierung, wenn sich im Hintergrund ein Gebäude befindet, das verhindert, dass die Umrisse des historischen Bauwerks – wie hier des Doms – klar erkannt werden.

In diesen Beispielen ist der Blick gestört, ein Dialog schwierig, denn es sprechen zwei unterschiedliche Gebäude gleichzeitig. Zwei Reaktionen sind bei solchen gemischten Bildern möglich. Die Betrachterin oder der Betrachter können sich entweder befreit fühlen, weil das gemischte Bild aus dem durch die Architektur des jeweiligen Gebäudes gesteuerten Dialog entlässt und dieses unerwartete gemischte Bild aus alt und neu eine Spannung erzeugt, die kurzfristig als Reiz positiv empfunden wird. Das gemischte Bild kann als ein Symbol für die Widersprüchlichkeit der Stadt oder anders gesagt für ihre Liberalität gedeutet werden, die sowohl das eine wie das andere will, es aber nicht mehr in einen ästhetisch überzeugenden Zusammenhang bringen kann. Oder man empfindet dieses gemischte Bild als Störung eines visuellen Dialogs, den man auch als Passant gern gehabt hätte, und als Verlust an visueller Kultur. Denn es überlappen sich unterschiedliche symbolische Einheiten wie historische Gebäude und Hochhäuser und entwerten sich damit als Bild ge-

Abb. 13: Verschmierung: Domturm vor Commerzbank.
Foto: M. Rodenstein

genseitig, während sie für sich genommen als zwei unabhängige Bilder in der Stadt wahrgenommen werden könnten. Die FrankfurterInnen nehmen diese Vermischung der Bilder derzeit hin und halten die visuelle Kontamination aus. Manche meinen, diese gemischten Bilder und der Verlust des Wahrnehmungsraums seien „ehrlich", weil sie die widersprüchliche Lebensrealität in einer modernen Stadt zeigten und die gemischten Bilder nicht nur die Machtverhältnisse in der Stadt deutlich zum Ausdruck brächten, sondern auch die Grenzen einer Stadt zeigten, die sich zwar die Förderung von Kultur und Kunst auf die Fahnen geschrieben hat, aber zur Stadtästhetik ein distanziertes Verhältnis habe. Manche Architekten sehen das Problem des gestörten Blicks darüber hinaus in der heutigen Planungsausbildung, in der ästhetische Kriterien kaum eine Rolle spielen – ein Argument, das ich von meiner Kenntnis dieser Ausbildung her nur unterstützen kann. Doch man kann auch anders auf solche gemischten Bilder reagieren.

Als in München hinter dem Siegestor plötzlich dieses Hochhaus auftauchte (Abb. 14), da erwachten die Münchner und geboten der weiteren Hochhausplanung erst einmal Einhalt. Anschließend wurden nun Sichtbeziehungen systematisch überprüft, damit nicht die visuelle Bedeutung der traditionellen Stadtarchitektur beeinträchtigt wird. Dieser Vergleich der Bevölkerungsreaktionen in Frankfurt und München legt nahe, dass die jeweils vorhandene Stadtsilhouette zur ästhetischen Erziehung der Bevölkerung beiträgt.

Die zweite heutige Tendenz, historische Ensembles und Anlagen auch in ihrer Raumwirkung so zu

Abb. 14: Siegestor in München vor den Highlight-Towers.
Foto: D. Delso, Wikimedia Commons, License CC-BY-SA 3.0

erhalten und weiterzuentwickeln, wie sie einmal waren, bezieht sich auf den Blick bzw. die Wirkung eines Bauobjektes in seiner Umgebung. Derartige ästhetische Überlegungen haben bei der Hochhausplanung in Frankfurt nach 1960 zumindest einmal Erfolg gehabt. Als die Metallgesellschaft durch eine schlechte Geschäftspolitik unterging und die Stadt Frankfurt dieser bedeutenden Frankfurter Firma mit der Erhöhung des Baurechts auf ihrem Grundstück helfen wollte, ihren finanziellen Verpflichtungen nachzukommen, wurde zwar zunächst ein Hochhaus geplant, was hinter der Schauseite der Alten Oper aufgeragt hätte. Die Alte Oper war nach Kriegszerstörungen mit dem Geld von Bürgern erst 1981 wiederaufgebaut worden. Es gab Protest von Mitgliedern des Ortsbeirats Westend, deren Meinung sich letztlich durchsetzte. Deshalb entstand hinter der Alten Oper ein liegendes Hochhaus, die sog. Welle, mit der das Phänomen der Überstrahlung verhindert wurde.

Solche ihrer Raumwirkung nicht beraubte Teile der Stadt sind es, in die der Betrachter mit einge-

Abb. 15: Villa Schilling, heute Main Palais genannt, erbaut 1823.
Foto: M. Rodenstein

Mit der Skyline wurde ein neues imposantes Bild der Stadt Frankfurt mit prägender Kraft gewonnen, dafür gingen aber in der Stadt viele andere Bilder mit ästhetischer Wirkung verloren bzw. konnten nicht durch Rekonstruktion wiedergewonnen werden.

Ist das nun zwangsläufig mit einer Hochhaus-Skyline verbunden? Ich glaube nicht, denn in Frankfurt wurden durchaus Sichtbeziehungen geprüft, aber anders bewertet als in anderen Städten. Frankfurt hat sich für immer mehr Hochhausbauten in der City, für das Kapital und die Geschäfte und meist nicht für die Ästhetik entschieden, letztlich auch, so wurde immer kolportiert, war die Vermehrung der Hochhäuser im Kernbereich der Stadt nicht zu umgehen, weil die Banken den persönlichen, nahen Kontakt für ihre Geschäfte benötigten und sich nicht nach außen verlagern lassen wollten. Da liegt es nahe, zu schauen, wie andere europäische Städte ihre Wachstumsproblematik gelöst haben. Hamburg und München haben ihre traditionellen Stadtsilhouetten mit den Kirchen – zwar mit Ausnahmen und Kämpfen – bislang bewahrt: vor allem in Paris und London stellt sich weiterhin die Frage, wie diese Finanzzentren mit dem Zwiespalt zwischen dem Druck der Banken und der Erhaltung der traditionellen Stadtsilhouette weiter umgehen wollen. Paris und London hatten schon vor Jahren eigene, vom Stadtzentrum entfernte Bürohochhausgebiete entwickelt (La Défense, Docklands) und lange ihre traditionelle Stadtsilhouette erhalten: jetzt aber machen sie möglichen Investoren neue Angebote, die auch die bisher geschützten Gebiete betreffen. In London glaubt Bürgermeister Johnson, die Planung für 250

plant ist und angesprochen wird. Nicht gelungen ist hingegen der Schutz des Wahrnehmungsraumes bei der klassizistischen Villa Schilling, die auf dem alten Degussa-Gelände im heutigen Main-Tor Areal überlebte.

Der Arzt Georg Hermann Schilling ließ die Villa 1823 von dem Stadtbaumeister Johann Friedrich Christian Hess errichten (Abb. 15). Heute steht sie unter Denkmalschutz und wird nun als Main Palais vermarktet. Da hatte die Villa Hahn mehr Glück, die Besitzerin des barocken Wohnhauses von 1782 klagte gegen einen Hotelanbau in der Nähe, und ihr Wahrnehmungsraum wurde geschützt. Die Richter verwiesen darauf, „dass die Villa Hahn durch ihre erhöhte Lage bisher quasi über dem Mainufer und der Offenbacher Landstraße throne. Um die Blickachse Richtung Dom und vom Main zur Villa nicht zu verstellen, dürfe die Villa durch einen Hotelanbau nicht ‚quasi eingemauert' werden."[21]

neue Hochhäuser verantworten zu können, davon etliche in der Innenstadt, die noch bis 2000 für Hochhäuser weitgehend Tabu war.

In Paris, das über die Achse vom Louvre über die Champs Elysees und den Triumphbogen bis zum Hochhaus Grand Arche in La Défense ein besonders elegant an die Pariser Innenstadt angebundenes Hochhausviertel entwickelt hatte, wurde 2015 unter Bürgermeisterin Hidalgo der Tour Triangle, ein 180 m hohes aufsehenerregendes Hochhaus, das von Herzog & de Meuron entworfen wurde, am Rand von Paris außerhalb der Stadt des 19. Jahrhunderts für eine Hotel- und Wohnnutzung genehmigt.

Das Fazit ist, dass London angesichts der Masse des derzeit dort Anlage suchenden Kapitals weitere Teile der Stadt für Hochhäuser zur Verfügung stellt, während Paris mit weniger Nachfrage seine berühmte Innenstadtsilhouette wohl weiter schützen wird.

5. Wie wird es mit der Frankfurter Skyline weitergehen?

Auf längere Sicht wird es keine neuen Höhenrekorde in der Frankfurter Skyline geben. Seit 2000 besteht zwar bereits Baurecht für den sog. Millennium-Tower, der 365 m hoch werden sollte, so hoch, wie nach den neuesten ingenieurwissenschaftlichen Innovationen und unter Berücksichtigung der bei uns geltenden Richtlinien für Büros in Deutschland gebaut werden könnte. Doch hat sich bis heute kein Investor gefunden, der dieses ökonomische Risiko eingehen wollte.

Der ästhetische Glamour der Skyline, als Symbol demonstrativer ökonomischer Macht, ist von der Finanzkrise in Mitleidenschaft gezogen worden. Die Occupy-Bewegung vor dem Eurotower und die Proteste bei der Einweihung der EZB 2014 sind noch nicht vergessen. Die Skyline ist ein Wahrnehmungsphänomen mit z.Z. eher negativer Aufmerksamkeit in der Öffentlichkeit. Die schlechte Performance der in der Skyline so herausragend vertretenen deutschen Banken hat ohne Zweifel damit zu tun. Wie die Untersuchung der Akteure, die an der Skyline mitgebaut haben, zeigt, darf man nicht dem Mythos verfallen, die Skyline sei ein Produkt der Macht der Banken. Die Akteure wechselten und die Bevölkerung hat gelegentlich gebremst. Zuerst waren es die Frankfurter Politik und öffentlich-rechtliche Bauherrn von Bund, Land und Stadt, die die Höhenentwicklung vorangetrieben haben; dann die Banken, die für sich selbst bauten und die Höhenentwicklung mit Hilfe neuester amerikanischer Hochhausbautechniken[22] für sich nutzten; schließlich wurde der Hochhausbau selbst zum Geschäft, an dem viele verdienen wollten. Insgesamt ist es angesichts der Herausforderungen durch die Wohnungsnachfrage, durch den Zwang zur Energieeinsparung und den Klimawandel nicht unwahrscheinlich, dass die Bevölkerung nach der Phase der Begeisterung über die Ästhetik der Skyline wieder ein kritisches Bewusstsein den Hochhausplanungen gegenüber entwickelt.

Anmerkungen

1 www.oxfordlearnersdictionaries.com/definition/english/skyline?q=Skyline. 2015-02-12.
2 Etienne de Silhouette hieß der französischen Kontrolleur der Finanzen unter Ludwig XV (1709–1767), der der Namensgeber für die Stadtsilhouette wurde. Nachdem er eine Reihe unpopulärer Steuermaßnahmen bei Reichen sowie Kürzung von Pensionen vorgeschlagen hatte, um die durch den Siebenjährigen Krieg zerrütteten Finanzen in Ordnung zu bringen, amtierte er nur kurz. Doch erschienen in dieser Zeit zahlreiche Karikaturen über ihn. Sein Name wurde dadurch in Frankreich zum geflügelten Wort für diejenigen, die dank seiner Maßnahmen nur eine Schattenexistenz führen konnten, weil sie Pensionen gekürzt bekommen sollten. Auch wurde a la Silhouette ein Begriff für Billigware. Sein Schloss soll er aus Geiz nicht mit Gemälden, sondern mit Scherenschnitten geschmückt haben, die damals aus Ostasien nach Europa kamen und als billige Alternativen zu Gemälden aufgefasst wurden. Kritiker der Schattenrisse übertrugen auch darauf den Namen Silhouettes. www.de.wikipedia.org/wiki/Étienne_de_Silhouette. 2015.06-07.

3   www.duden.de/rechtschreibung/Skyline. 2015-02-12.
4   Den Hinweis auf diesen Autor und seinen Aufsatz „Frankfurt und seine Turmbauten" in Deutsches Architekturmuseum (Hrsg.): Jahrbuch für Architektur 1984. Das Neue Frankfurt 2. – Braunschweig/Wiesbaden: Vieweg, S. 145–182, hier: S. 146, 181 verdanke ich Ulf Jonak.
5   Die Gegenüberstellung der Fotos von Frankfurt und New York stammt vermutlich aus einer anderen Quelle als der des Autors Reiner Krausz: Wenn Bilder sprechen. Urbanität als Projektion des Städtischen. – In: Schilling, H. u.a.: Urbane Zeiten. Lebensstilentwürfe und Kulturwandel in einer Stadtregion. – Frankfurt am Main: Institut für Kulturanthropologie und europäische Ethnologie der Goethe Universität 1990, S. 145–170. Es fehlt ein Abbildungsverzeichnis.
6   JONAK, U. (1991): Die Frankfurter Skyline. Eine Stadt gerät aus den Fugen und gewinnt an Gestalt, S. 25. – Frankfurt.
7   Der Schriftsteller Wilhelm Genazino bestätigt dies in einem Interview mit der Süddeutschen Zeitung und erläutert: „Mein Ego füllt sich beim Anblick der Hochhäuser mit einem gewissen Stolz auf […] Ich merke bei diesem Anblick (der Hochhäuser; d. Verf.), dass die Kleinbürgerwelt da unten wegtranszendiert werden kann. Weil der visuelle Eindruck dieser Stadt sich unmittelbar an den für Größenempfindungen empfänglichen Menschen richtet. Das Ich-Gefühl wird angehoben, weil man zu einem Teil dessen wird, was anschauend auf einen Eindruck macht." Hordych, H. (2013): Fürchtet euch nicht, SZ vom 26./27.1.2013, Wochenende V2/3.
8   New York hatte mit den Zwillingstürmen des World Trade Centers 1972 mit einer Höhe von 417 resp. 415 m das höchste Hochhaus der Welt. Aber schon zwei Jahre später wurde es von den 442 m hohen Sears Tower, heute Willis Tower, in Chicago übertrumpft. 2014 wurde in New York der 541 m hohe One World Trade Center fertiggestellt.
9   Wie bei allem und jeden gibt es heute auch bei den Skylines verschiedene Rankings mit unterschiedlichen Regeln. Nach einem der Rankings steht Frankfurt an 67. Stelle, bei einem anderen an 95. Stelle, Paris an 68. und London an 44. Stelle. Hongkong und New York sind immer vorn, Moskau nicht allzu weit dahinter. Vgl. z.B. www.emporis.de/statistics/skyline-ranking
10 Vgl. dazu Rodenstein, M. (Hrsg.) (2000): Hochhäuser in Deutschland. – Stuttgart. Kohlhammer; link.springer.com/book/10.1007/978-3-322-99551-1
11 RODENSTEIN, M.: Von der „Hochhausseuche" zur „Skyline als Markenzeichen" – die steile Karriere der Hochhäuser in Frankfurt am Main. S. 15–70; hier S. 22 ff. – In: Rodenstein, M. (Hrsg.) (2000).
12 Der Dom ist keiner. Da Frankfurt nie Bischofssitz war, war diese Kirche auch kein Dom; allerdings wurden hier Kaiser des Heiligen Römischen Reiches Deutscher Nation gekrönt. Diese „Aufwertung" als Dom soll auf das Ende des 18. Jahrhunderts zurückgehen.
13 BANGERT, W. (1937): Baupolitik und Stadtgestaltung in Frankfurt a.M. Ein Beitrag zur Entwicklungsgeschichte des deutschen Städtebaus in den letzten 100 Jahren, S. 44. – Würzburg: Trilsch.
14 Ebd.
15 MÜLLER-RAEMISCH, H.-R. (1993): Frankfurt am Main. Stadtentwicklung und Planungsgeschichte seit 1945, Campus, S. 178. – Frankfurt/New York.
16 GOETHE, J.W. (1902): WA, I. Abteilung, Bd. 34, Abt. 1 Aus dem Nachlass: Reise in die Schweiz 1797 vom 18. August, bearbeitet von Johann Peter Eckermann S. 247. – Weimar: Böhlau.
17 F. Balser: Aus Trümmern zu einem europäischen Zentrum. Geschichte der Stadt Frankfurt am Main 1945–1989 Sigmaringen: Thorbecke S. 282.
18 BÖHM-OTT, S. (2000): Aspekte der Bodenverwertung am Finanzplatz Frankfurt am Main. – In: Rodenstein, M. (2000): Hochhäuser in Deutschland. – Stuttgart. Kohlhammer; link.springer.com/book/10.1007/978-3-322-99551-1.
19 BRAUNFELS, W. (1982): Mittelalterliche Stadtbaukunst in der Toscana. – Berlin.
20 Wie kam es zu dieser den Wahrnehmungsraum des Doms störenden Höhe? Bis 2002 stand hier das Zürich Hochhaus mit einer Höhe von 68 m. Als es dringend saniert werden musste, war der zentrale Vorstand der Versicherung der Ansicht, dass man den Standort Frankfurt nicht mehr benötigte; doch die lokale Leitung und die Stadt Frankfurt beschenkten die Versicherung mit der baurechtlichen Erlaubnis, deutlich höher zu bauen, in der Hoffnung, dass der Konzern dann in Frankfurt bleiben würde. Die Krise des Konzerns verschärfte sich jedoch, kurz nachdem man zu bauen begonnen hatte; die Zürich AG gab den Standort auf und musste mehrere Jahre warten, bis das Grundstück verkauft und dann vom neuen Eigentümer, einer Immobilien-Entwicklungsgesellschaft, der Opernturm gebaut werden konnte.
21 Frankfurter Rundschau vom 27.1.2015, S. 5.
22 RODENSTEIN, M. (Hrsg.) (2015): „Mainhattan" und Manhattan. Frankfurter Hochhäuser und der Einfluss aus Amerika. – In: Forum Stadt 2/2015, S.131–150. – Frankfurt.

Die Stadt des Manfredo Villalta. Eine neue Geschichte

Christiana Storelli

Manfredo Villalta und die Mondfinsternis

Er ist eigentlich ein Stadtbeobachter, er sammelt Steine und kleine Metallfundstücke, betreibt leidenschaftlich Sternkunde und liebt Graffiti.

Nach seiner Geschichte im Forschungszentrum will er eine neue Erfahrung machen:
- **in** der Stadt
- **mit** der Stadt
- *und diesmal in der Nacht.*

Zu Beginn...

Manfredo Villalta: Er ist uns schon begegnet, in der Bildergeschichte „Aspekte von Stadtwandel in Europa: Der Fall des Manfredo Villalta" (in der BHU-Publikation „Stadt und Siedlung. Identitätsorte und Heimat im Wandel", 2014).

Er will natürlich nicht auf dem Land leben, sondern in der Stadt.

In der Nacht

M.V. spaziert oft in der Stadt. Es gefällt ihm zu beobachten, wie sich die Stadt verändert *(und nicht nur im Dunkeln)*.
Manfredo Villalta will diesmal wieder Inspiration suchen.

Vom Hügel schaut er nach unten, dann nach oben und bemerkt, wie die Stadt zum Reflex des Himmels wird.

So wird alles bezaubernd, man kann träumen und Geschichten erfinden.

In dieser Nacht soll es zur totalen Mondfinsternis kommen, deshalb hat er sie ausgesucht.

Das will er erleben, damit er die neue Erfahrung machen und wieder eine Geschichte schreiben kann.

Langsam geht er auf seinem Weg, schaut den Himmel an und wartet, dass etwas geschieht.

Er wartet gespannt auf die Mondfinsternis.

In dieser Nacht …

… wartet er, dass es soweit ist …
Er macht sich Gedanken, er ist neugierig, wie der rote Mond aussehen wird …
… wie die Stadt in diesem besonderen Licht aussehen wird und was er dann fühlen wird …

… als plötzlich …

… alles noch dunkler wird:
Es kommen Wolken, die den Himmel bedecken.

Er geht noch ein Stück weiter
und hofft, dass die Wolken verschwinden.
Vergebens!

Manfredo Villalta geht einfach weiter, es tut ihm leid, etwas hat er verpasst – wenigstens glaubt er das.
Er geht und wartet auf der Morgendämmerung.

Langsam wacht die Stadt auf.

Entmutigt und ohne Lust kehrt er nach Hause zurück. Für seine Geschichte hat er kein Thema gefunden, und eine interessante Erfahrung hat er auch nicht gemacht.

M.V. war schon fast zu Hause angekommen, als ein dichter Nebel alles bedeckt – *alles verschwindet.*

In dieser Nacht geht ihm alles schief, denkt er, ein wenig wütend.

Was macht er jetzt?

Vor sich hat er nichts. Muss er weiter gehen?
Oft hat er gemeint, dass man immer weiter machen muss, nicht aufgeben.
Weiter gehen.
Aber hier, jetzt?

Er entschließt sich, im Nebel weiterzugehen.

M.V. bleibt im Nebel einen Moment stehen:

Wie komisch das alles aussieht, weder Geräusche noch Geruch.
Keine Farben, kein Leben, kein Haus.

Alles ist verschwunden.
NUR DIESER HALBSCHATTEN, DER ALLES VERBIRGT.

Soll alles das ein Zeichen sein? Wofür?

Ein Ersatz?

Endlich geht er ein Stück in der Dämmerung weiter. Es kommt ihm vor, als ob er sich in einen Raum ohne Maß und ohne Zeit befindet.

Ist Manfredo Villalta eigentlich noch in der Stadt?

Aber er ist doch in einer Stadt ...

   ... in einer Gespensterstadt?

Er glaubt, in eine Geschichte hineingezogen sein, und dann noch als Hauptdarsteller: Was für eine Rolle er da spielen muss, versucht er zu verstehen.

M.V. denkt

alles ist still, keine Geräusche.
Leute, die wie Gespenster aussehen, keine Farbe, kein Baum

Winzige Tropfen treffen sein Gesicht.

Es fehlen Umfang und irgendein Maßstab
... wie leicht kann man da verschwinden
und sich verstecken ...

Was kann er schon damit anfangen?

Das ist doch keine Stadt mehr
- **ohne** Menschen
- **ohne** Bäume
- **ohne** Lärm und **ohne** Häuser
- **ohne** Straßen und Kneipen
- **ohne** Autos und Straßenbahn

kein Leben

Keine Rolle kann er da spielen.

Oder doch?
Was kann ihm jetzt einfallen?

Inzwischen, wieder zu sich gekommen, denkt M.V.:

Was für einen Einfluss haben
- die Zeit
- die Natur
- das Klima
auf den Menschen

und wie wichtig ist das alles.

M.V. steht immer noch im Nebel, in der Kälte.
Er weiß nicht, was er tun soll.

Er hatte sich doch entschieden, weiter zu gehen.

Jetzt glaubt er sogar, auf dem Mond gelandet zu sein.

Er denkt immer noch nach.

Er probiert … und träumt davon, eine neue Stadt zu planen … auf den Mond!

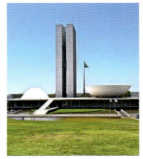 

Er denkt an Brasilia,
die aus der Wüste entstand.
Man kann doch nicht eine Stadt so planen
(wo bleibt die Geschichte?).
Dann kommt ihm die *neue city* in den Sinn
(wie kann man dort wohnen?).
Nein … so nicht!
Er muss etwas anderes erfinden.

Etwas wird ihm schon einfallen!

So was vielleicht ?
Eine Stadt, die sich zum Mond erhebt?

Ist Manfredo Villalta verrückt geworden?

... aber rasch verschwindet der Traum.

Was bleibt übrig?

Der Nebel verschwindet, alles ist wieder wie vorher, ganz normal.

Ist M.V. weitergekommen?
Konnte er etwas erreichen?

Oder war das alles nur ein Traum
ein Albtraum
eine Täuschung

Hat er sich das alles eingebildet?

Langsam und ohne große Lust macht sich Manfredo Villalta auf den Weg nach Hause.

... geht an seiner geliebten Mauer entlang ...

... dann entscheidet er sich für einen Kaffee.

Was ist von dieser Nacht übrig geblieben?
Träumen konnte man
im Nichts schweben auch.
Es fehlte ihm an Lärm, an Bewegung an Farbe.
Die Empfindung der Leere und des Nichts.
Der Eindruck, dass man so einfach verschwindet ...

Kann man das eigentlich erzählen?

War sein Nachtspaziergang nur ein Abenteuer?
In einer Stadt, die ihre *Erinnerungen,* ihre *Geschichte,*
ihr *Bild* verloren hat?
Oder war das alles nur versteckt,
damit er es **suchen** und **finden** muss?

Und weiter machen?

Was kann er jetzt daraus machen?

Er wiederholt innerlich seinen Nachtspaziergang
und geht alle Etappen durch …

Von der **Erwartung** der Mondfinsternis zum **Verschwinden** im Nebel, zum **Verlorensein** im Nichts,
bis zum **Erfinden** im Traum.

Ist etwas in seinem Kopf geschehen?
Er zweifelt immer noch daran!

M.V. denkt nach.

- **DAS LICHT**
- **DIE DUNKELHEIT**
- **DIE ERWARTUNG**
- **DER TRAUM**
- **DAS VERSTECKTE**
- **DAS GEHEIMNIS**
- **DAS LEERE**

Damit kann er vielleicht etwas anfangen.

Etwas vielleicht schon … Aber da muss er alle …
- Eindrücke
- Empfindungen
- Erinnerungen
- Experimente
- Beobachtungen
- Gefühle
- …

… berücksichtigen, um dem Nachtspaziergang eine
Bedeutung zuzuschreiben.
Nicht mehr an die Mondfinsternis denken
und aus dem Nebel herauskommen!

Jetzt braucht er nur noch einen Kaffee.

Im «Café Gambrinus»

«Che buon odore di caffè»
sagt Manfredo Villalta, ohne den Mund aufzumachen.

Er setzt sich hin, bestellt einen Kaffee.

Das Lokal ist geräuschvoll, Musik gibt's im Hintergrund, die Anwesenden plaudern laut.

Er durchblättert die Tageszeitung.

Er hört zu:
Hier gibt es Leben, das *wirkliche* Leben.
Hier gibt es allerlei Geschichten, und
da passt auch seine hin.

DIE STADT DES M.V.

Er ist zufrieden … fast … fehlt noch etwas?

Die Stadt des M.V. ist diejenige …
… die verschwindet
… die sich versteckt, damit man sie sucht
… die scherzt
… der Gefühle
… der vielen Geschichten
… der Menschen
… der Ereignisse, die man erzählen muss.
Die Stadt ist eine Geschichte.
Die Stadt ist viele Geschichten.

Die Stadt ist diejenige, …
die Alles mit einem Kaffee in Ordnung bringen kann!

So war die Stadt des Manfredo Villalta in der Nacht der verpassten Mondfinsternis.

Autorinnen und Autoren

Barth, Helmuth
Dipl. Kfm., Lehre als Industriekaufmann bei der Maizena GmbH, später Studium der Betriebswirtschaftslehre in Nürnberg und Hamburg. 1964–1993 Managementpositionen bei der Deutschen Unilever GmbH und bei den Muttergesellschaften Unilevers in London und Rotterdam, seit 1994 selbstständiger Kunstberater. Ab 1992 Vorsitzender des Vereins Freunde der Denkmalpflege e.V., Mitglied (teils auch mit amtlichen Funktionen) in zahlreichen Kulturinstitutionen in Hamburg und Schleswig-Holstein.
E-Mail: helmuthbarth@t-online.de

Dahlhausen, Christoph
Dr.; Violoncello- und Medizinstudium sowie Philosophische Studien und eine psychotherapeutische Ausbildung; zunächst u.a. als Cellist und Bassist, später für drei Jahre als Arzt tätig, bevor er ganz zur bildenden Kunst wechselte; seit 1993 weltweit als bildender Künstler, Ausstellungskurator und Berater tätig; nach verschiedenen Preisen sowie Stipendien wurden seine Kunstwerke seit 1989 auf vielen Kunstmessen sowie in Galerie- und Museumsausstellungen weltweit ausgestellt. Wichtige Einzelausstellungen seiner Werke fanden u.a. im Kunstmuseum Bonn, Museum Ludwig Koblenz, Museum am Ostwall Dortmund und dem Museum of Modern Art, Melbourne statt; seit 2013 Adjunct Professors of Fine Art an der School of Art der RMIT University Melbourne. Eines seiner bekanntesten und jüngeren Werke ist die in Bonn an der Museumsmeile Ende 2012 realisierte Großskulptur „What if" aus kippenden starkfarbigen Stahlstangen.
E-Mail: dahlhausen.bonn@t-online.de

Dengler-Schreiber, Karin
Dr.; Studium der Geschichte, Kunstgeschichte und Literatur in Würzburg; selbstständige Historikerin und Schriftstellerin; seit 1997 Mitglied des Bayerischen Landesdenkmalrats und seit 1999 stv. Vorsitzende; Vorsitzende des Regionalausschusses Franken.
E-Mail: kdschreiber@gmx.de

Dithard, Brigitte
Studium der Germanistik und Romanistik in Stuttgart sowie Studium der Übersetzung für Spanisch in Barcelona; seit 1990 Redakteurin beim SDR/SWR, zuständig für den Stuttgarter Tatort mit Richy Müller und Felix Klare, für Fernsehfilm, Debüt /Kino- Coproduktionen und Kurzfilme; seit 2009 Dozentin an der Filmakademie Baden-Württemberg.
E-Mail: brigitte.dithard@swr.de

Eidner, Franziska
Studium der Kulturwissenschaften und Journalistik in Leipzig und Kulturmanagement in Philadelphia / USA; Publizistin, konzeptionelle Beraterin und Kommunikationsfachfrau für Institutionen, Agenturen, Behörden, Unternehmen und Verlage im Bereich Architektur, Stadt- und Regionalentwicklung; seit 2010 betreibt sie gemeinsam mit Jeannette Merker die Agentur EINSATEAM.
E-Mail: fe@einsateam.de

Eidt, Hans-Heinrich
Dr.; M. Crim. (Univ. Calif. Berkeley) Studium der Rechtswissenschaften und Kriminologie; Rechtsanwalt in Coburg; seit 1976 Vorsitzender der Gemeinschaft Stadtbild Coburg e.V.; seit 1978

Stadtrat der FDP; seit 1986 Lehrbeauftragter für Bau- und Architekten-Recht FHS Coburg.
E-Mail: hans.eidt@gmx.de

Enderle, Karl-Heinz
seit 2010 Vorsitzender der Altstadtfreunde Nürnberg. Der 64-jährige Studiendirektor a.D. unterrichtete bis Juli 2015 die Fächer Englisch und Geschichte an einem Nürnberger Gymnasium. Mit seinem Verein erzwang er im letzten Jahr einen Bürgerentscheid über die Ausmalung des Historischen Rathaussaal ohne eine einzige Unterschrift zu sammeln, bei dem die Altstadtfreunde allerdings eine Niederlage einstecken mussten. Enderle hat entscheidenden Anteil an der politischen Durchsetzung des Wiederaufbaus des Pellerhofes und fungierte vor seiner Wahl zum Vorsitzenden als Sprecher des Förderkreises.
E-Mail: info@altstadtfreunde-nuernberg.de

Flemmig, Tanja Simone
Architektin, Baudirektorin, seit 2013 Leitung der Abteilung Bauordnung, Stellv. Amtsleitung, Bauordnungsamt Stadt Regensburg, Architekturstudium an der TU Darmstadt und der ETH Zürich – Mitarbeit in verschiedenen Architekturbüros – selbständige Tätigkeit im Wohnungsbau – Hochbaureferendariat beim Land Hessen – 1999–2002 Bauaufsicht Bad Homburg v. d. Höhe –; 2002–2013 Leiterin der Geschäftsstelle des Gestaltungsbeirates Bauordnungsamt Stadt Regensburg, Farbberatung – Gestaltungsberatung. Zahlreiche Vorträge und Veröffentlichungen zum Thema Qualitätssicherung in Architektur und Städtebau und zur Gestaltung öffentlicher Räume, insbesondere in Bezug auf Möglichkeiten der Werbung in historischer Umgebung. Beratung von Städten und Gemeinden zu diesen Themen.
E-Mail: Flemmig.Tanja@Regensburg.de

Gstach, Doris
Prof. Dr.-Ing.; Studium der Landschaftsplanung in Wien und Manchester; Lehre und Forschung an der Clemson University in den USA, seit 2012 Professorin für Freiraumplanung und Landschaftsplanung an der FH Erfurt im Studiengang Stadt- und Raumplanung.
E-Mail: doris.gstach@fh-erfurt.de

Hausberg, Axel
Ausbildung und Assistenz bei Photographic ART Mayen/Elmar Engelbertz BFF/Manfred Rave BFF/H.G. Esch/Martin Claßen DGPH; seit 1998 freiberuflicher Photodesigner; Auftragsfotografie für Firmen, Verlage, Werbeagenturen und Architekturbüros; fachgerechter Einsatz von Großformatfotografie und digitale Bildbearbeitung in High-End Qualität. Freie Arbeiten in Klein-Editionen. Publikationen: „Professionelle Architekturfotografie", „Handbuch und Planungshilfe, Architekturfotografie" Dom-Publisher, „Architectural Photography. Construction and Design Manual" (Englisch) Gebundene Ausgabe DOM publishers. Ausstellungen unter anderem auf KÜFO Remagen 2010, contemporary art ruhr (C.A.R.) 2013, Forum&Medienkunstmesse „Der Monolith des Eun Young Yi" – ein Kubus in Stuttgart und der Phaenologeo 2013 ORIENT – OKZIDENT.
E-Mail: axelphoto@online.de

Hartmann, Markus
Dipl.-Theologe und Pastoralreferent im Bistum Trier – nach Jahren in der Jugendarbeit, im Auslandseinsatz (drei Jahre Jerusalem); ist er nun im Ahrtal u.a. zuständig für die Bereiche Familienpastoral und Touristenseelsorge. Angesichts der massiven Veränderungen in seiner Heimatstadt Bad Neuenahr, südlich von Bonn gelegen, gründete er im Juli 2013 die Bürgerinitiative „lebens-

werte Stadt", um die Bevölkerung, die politischen Gremien, Verwaltung und Bauinvestoren zu einer sensiblen Stadtgestaltung zu motivieren.
E-Mail: mihartmann@gmx.de

Hesse, Frank Pieter
Dipl.-Ing.; Stadtplaner, Architekt und Denkmalpfleger; geboren 1948; 1970–1976 Studium der Architektur und Stadtplanung an der Hochschule für Bildende Künste Kassel und Gesamthochschule Kassel; 1976–1984 Planer in verschiedenen Stadt- und Landschaftsplanungsbüros in Bremen; Ausstellungsprojekte Interessengemeinschaft Bremer Haus; 1984/85 Zusammenarbeit mit der Freien Planungsgruppe Berlin/Zweigstelle Gelensiel; 1985–1995 Mitarbeiter am Denkmalschutzamt Hamburg; 1995–2006 Leiter des Referates Bau- und Kunstdenkmalpflege am Landesdenkmalamt Berlin; 2006–2013 Leiter des Denkmalschutzamtes Hamburg. Seit August 2013 freier Berater und Publizist.
E-Mail: frankpieterhesse@gmail.com

Jupitz, Manfred
Dipl. Ing. (FH), Architekt und Stadtplaner ByAK, Geb.1946 in Nürnberg;1969–1972 Studium der Architektur am Ohm- Polytechnikum, Nürnberg; 1972–1981 praktische Tätigkeit in namhaften Architekturbüros in Nürnberg; 1981–1990 angestellter Architekt im Öffentlichen Dienst, befasst mit Aufgaben der Stadtentwicklungs- und Stadtplanung, Aufstellung der Denkmalliste; seit 1990 freiberufliche Tätigkeit als Architekt und Stadtplaner in Nürnberg, Mitgliedschaft bei SRL – Vereinigung für Stadt-, Regional- und Landesplanung; BauLust – Initiative für Architektur&Öffentlichkeit e.V., Bürgerverein Nürnberg- Altstadt e.V., Altnürnberger Landschaft e.V.
E-Mail: architekt.m.jupitz@t-online.de

Lauer, Thomas
Dipl.-Ing.; Studium der Architektur an der TU München von 1975 bis 1980. Arbeit in verschiedenen Architekturbüros mit Schwerpunkt Bauen im ländlichen Raum. 1983 bis 1988 Assistent am Lehrstuhl für Entwerfen und Ländliches Siedlungswesen an der TU München. Seit 1986 Leiter der Bauberatungsabteilung beim Bayerischen Landesverein für Heimatpflege. Herausgeber des Werkblattes „Der Bauberater". Mitglied im Werbebeirat der Landeshauptstadt München, Jurymitglied auf Landesebene des Wettbewerbes „Unser Dorf hat Zukunft", Mitglied der Fachgruppe „Baukultur und Denkmalpflege" des Bund Heimat und Umwelt in Deutschland.
E-Mail: thomas.lauer@heimat-bayern.de

Lohe, Bernhard
Dipl.-Bibliothekar (FH); seit 1993 Mitarbeiter der unteren Denkmalschutzbehörde für die Region Aschersleben-Staßfurt, Leiter des Arbeitskreises Baukultur und Denkmalpflege beim Landesheimatbund Sachsen Anhalt e. V., Mitglied des Denkmalrates des Landes Sachsen-Anhalt. Mitglied der Fachgruppe Baukultur und Denkmalpflege des Bund Heimat und Umwelt.

Merker, Jeanette
hat Stadtplanung und Architektur in Berlin, Cottbus und Mailand studiert und sich auf die Kommunikation von Baukultur in Form von Ausstellungen, Veranstaltungen und Publikationen spezialisiert. Von 2009 bis 2015 war sie wissenschaftliche Mitarbeiterin am Fachgebiet Architekturkommunikation am Karlsruher Institut für Technologie. Seit 2013 leitet sie gemeinsam mit Franziska Eidner EINSATEAM – Kommunikationsagentur für Architektur und Stadtentwicklung mit Sitz in Berlin.
E-Mail: jm@einsateam.de

Rodenstein, Marianne
1988 bis 2007 Professorin für Soziologie mit dem Schwerpunkt Stadt-, Regional und Gemeindeforschung am Fachbereich Gesellschaftswissenschaften an der Goethe-Universität Frankfurt am Main. Forschung und Lehre über aktuelle und historische Fragen der Stadtplanung, Planungstheorie und Partizipation sowie die Geschlechterforschung in diesen Bereichen. Ausgewählte Bücher: „Mehr Licht, mehr Luft"! Stadtplanung und Gesundheit seit 1750 (1988), „Die nicht-sexistische Stadt" (1994), als Herausgeberin „Hochhäuser in Deutschland" (2000) und „Das räumliche Arrangement der Geschlechter" (2006).

Röth, Frauke
Dipl. Ing. Arch. FH, geb.1980 in Halle an der Saale; Kunstgeschichtsstudium an der TU Dresden; Studium der Architektur an der FH Potsdam, Chalmers University Göteborg; Gründungsmitglied von Metropolar, einer Initiative zur Diskussion über den Erhalt der Nachkriegsarchitektur in Potsdam; Mitglied von Potsdamer Mitte neu denken; Gründerin des Naturbaunetzwerks Potsdam; seit 2007 Arbeit für verschiedene Architekturbüros.
E-Mail: frauroeth@posteo.de

Rothe, Thomas
Maschinenbaustudium an der TU Braunschweig; 1976–2006 Anstellung als Ingenieur in Erlangen; Ausbildung zum Kirchenführer an St. Lorenz, Nürnberg; 2008 Ausbildung zum Rundgangsleiter (Innenstadt) bei „Geschichte für Alle", Nürnberg.
E-Mail: rothe.thomas@t-online.de

Schröer, Achim
Dipl.-Ing. Stadt- und Regionalplanung und Regierungsbaumeister; wissenschaftlicher Mitarbeiter an der Professur Stadtplanung der Bauhaus-Universität Weimar sowie Mitbegründer und Sprecher des Denkmalnetzes Bayern (www.denkmalnetzbayern.de). Seine Arbeitsschwerpunkte sind die Schnittstellen von Baukultur und Denkmalpflege, von Governance und Zivilgesellschaft, und von Nachhaltigkeit in Städtebau und Stadtplanung.
E-Mail: achim.schroeer@denkmalnetzbayern.de

Sesselmann, Brigitte
Geb. 1953 in Nürnberg; Bauzeichnerlehre und -tätigkeit, Studium der Kunstgeschichte, Geschichte und Philosophie an der FAU-Erlangen, Studium der Architektur an der GSO-Nürnberg, seit 1988 selbstständige Stadtplanerin und Architektin in Nürnberg. Tätig überwiegend in der Ortsentwicklung und Stadtsanierung, städtebauliche Denkmalpflege, sowie Bauprojekte im Bestand; engagiert bei der BauLust Nürnberg, bei den BauFrauen, den FRAUEN in der ByAK und dem BDA Kreisverband, sowie in der Vertreterversammlung der Bayerischen Architektenkammer (ByAK) und dort Vorsitzende der Arbeitsgruppe Ländlicher Raum.
E-Mail: www.sesselmann-architektin.de

Stojan, Michael
Dipl.-Ing.; Studium der Stadt- und Regionalplanung /Denkmalpflege TU Berlin; 1981 Bauassessor Städtebau; 1982 Planungsamtsleiter Ingolstadt; 1986 Planungsamtsleiter Gütersloh; 1998 Stadtbaurat Potsdam; 2002 Stadtbaurat Gladbeck; 2007 Stadtbaurat Garbsen; seit 2009 Stadtbaurat Siegen; seit 2002 jedes Jahr zahlreiche Vorträge zur regionalen Baukultur, zur Stadtbildplanung und zur „Neuen Stadtbaukunst".
E-Mail: tradiplan@freenet.de

Storelli-Metzeltin, Christiana
Architektin und Landschaftsforscherin; Mitarbeit in internationalen Arbeitsgruppen u.a. an: Europäische Städtecharta, Europäische Landschaftskonvention, Europäische Charta für die Gleichheit von Mann und Frau in Lokalbehörden. Auszeichnung „Goldener San Valentino" der Stadt Terni (Italien) für Engagement zu Themen der Gleichberechtigung und Demokratie; Ehrenmitglied des Europarats.
E-Mail: cristorelli@hotmail.com

Welzel, Barbara
Prof.; seit 2001 Professorin für Kunstgeschichte an der TU Dortmund, seit 2011 dort Prorektorin Diversitätsmanagement. Seit 2009 Mitglied im Vorstand des Verbandes Deutscher Kunsthistoriker und im Nationalkomitee des CIHA (Comité International d'histoire de l'art), seit 2011 Mitglied im Fachausschuss Bildung des Deutschen Kulturrats sowie seit 2014 im Fachausschuss Kulturelles Erbe, seit 2013 Mitglied im Vorstand des Kulturwissenschaftlichen Instituts Essen sowie Mitglied im Forschungsrat der Universitätsallianz Ruhr. Veröffentlichungen zur deutschen und niederländischen Kunstgeschichte des 15. bis 17. Jahrhunderts und zu sammlungsgeschichtlichen Fragen, zur Hofkultur, zur spätmittelalterlichen Stadtkultur und zur Kunstgeschichte des Hanseraumes sowie zum kulturellen Gedächtnis. Modellprojekte und Publikationen zu Kunstgeschichte und Bildung.
E-Mail: barbara.welzel@tu-dortmund.de

Žak, Barbara
Studium der Architekturvermittlung (MA) und Landschaftsarchitektur (Dipl.-Ing.), Fulbright-Stipendiatin an der University of Maryland, USA, Erasmus-Stipendiatin an der Università La Sapienza Rom, Italien, Mitarbeiterin in verschiedenen Planungsbüros sowie Freie Mitarbeiterin bei einer Reihe von Institutionen der Architekturvermittlung, Lehrbeauftragte für Architekturvermittlung am Lehrstuhl Architekturtheorie und Entwerfen der SRH Hochschule Heidelberg, Gründungs- und Vorstandsmitglied des gemeinnützigen Vereins urbanfilmlab e.V. in Berlin, Inhaberin der Agentur für Baukultur mit Sitz in Köln.
E-Mail: hallo@barbarazak.de

Anschriften BHU und BHU-Landesverbände

Bund Heimat und Umwelt in Deutschland (BHU)
Bundesverband für Kultur, Natur und Heimat e. V.
Adenauerallee 68, 53113 Bonn
E-Mail: bhu@bhu.de, Internet: www.bhu.de
Bankverbindung: Kreissparkasse Köln
IBAN DE 94 3705 0299 0100 0078 55
BIC COKSDE33

Präsidentin: Dr. Herlind Gundelach, MdB
Bundesgeschäftsführerin: Dr. Inge Gotzmann

BHU-Landesverbände

Landesverein Badische Heimat e. V.
Landesvorsitzender: Regierungspräsident a. D.
Dr. Sven von Ungern-Sternberg
Hansjakobstraße 12, 79117 Freiburg i. Br.,
Tel. 0761 73724, Fax 0761 7075506
E-Mail: info@badische-heimat.de,
Internet: www.badische-heimat.de

Bayerischer Landesverein für Heimatpflege e. V.
1. Vorsitzender: Landtagspräsident a. D. Johann Böhm,
Geschäftsführer: Martin Wölzmüller
Ludwigstraße 23, 80539 München,
Tel. 089 2866290, Fax 089 28662928
E-Mail: info@heimat-bayern.de,
Internet: www.heimat-bayern.de

Verein für die Geschichte Berlins e. V., gegr. 1865
Vorsitzender: Dr. Manfred Uhlitz
Breite Straße 36, 10178 Berlin, Tel. 030 90226449
E-Mail: uhlitz@DieGeschichteBerlins.de,
Internet: www.DieGeschichteBerlins.de

Brandenburg 21 – Verein zur nachhaltigen Lokal- und Regionalentwicklung im Land Brandenburg e. V.
Vorsitzende: Marion Piek
Haus der Natur, Lindenstraße 34, 14467 Potsdam,
Tel. 01523 3877263,
E-Mail: marion.piek@nachhaltig-in-brandenburg.de,
Internet: www.nachhaltig-in-brandenburg.de
und www.lebendige-doerfer.de

Bremer Heimatbund – Verein für Niedersächsisches Volkstum e. V.
Vorsitzer: Wilhelm Tacke,
Geschäftsführer: Karl-Heinz Renken
Friedrich-Rauers-Straße 18, 28195 Bremen,
Tel. 0421 302050

Verein Freunde der Denkmalpflege e. V. (Denkmalverein Hamburg)
Vorsitzender: Helmuth Barth
Alsterchaussee 13, 20149 Hamburg,
Tel. und Fax 040 41354152
E-Mail: info@denkmalverein.de,
Internet: www.denkmalverein.de

Gesellschaft für Kultur- und Denkmalpflege – Hessischer Heimatbund e. V.
Vorsitzende: Dr. Cornelia Dörr,
Geschäftsführerin: Dr. Irene Ewinkel
Bahnhofstraße 31 a, 35037 Marburg,
Tel. 06421 681155, Fax 06421 681155
E-Mail: info@hessische-heimat.de,
Internet: www.hessische-heimat.de

Lippischer Heimatbund e. V.
Vorsitzender: Bürgermeister a. D. Friedrich Brakemeier,
Geschäftsführerin: Yvonne Huebner
Felix-Fechenbach-Straße 5 (Kreishaus), 32756 Detmold,
Tel. 05231 627911/-12, Fax 05231 627915,
E-Mail: info@lippischer-heimatbund.de,
Internet: www.lippischer-heimatbund.de

Anschriften BHU und BHU-Landesverbände

Heimatverband Mecklenburg-Vorpommern e. V. i. G.
Vorsitzende: Dr. Cornelia Nenz
Geschäftsführer/in: N.N.
c/o Fritz-Reuter-Literaturmuseum
Markt 1, 17153 Stavenhagen
Tel. 039954 21072
E-Mail: nenz.literaturmuseu@stavenhagen.de
Internet: www.heimatverband-mv.de

Niedersächsischer Heimatbund e. V.
Präsident: Prof. Dr. Hansjörg Küster,
Geschäftsführerin: Dr. Julia Schulte to Bühne
An der Börse 5 – 6, 30159 Hannover,
Tel. 0511 3681251, Fax 0511 3632780
E-Mail: Heimat@niedersaechsischer-heimatbund.de,
Internet: www.niedersaechsischer-heimatbund.de

Rheinischer Verein für Denkmalpflege und Landschaftsschutz e. V.
Vorsitzender: Prof. Dr. Heinz Günter Horn,
Geschäftsführerin: Dr. Heike Otto
Postanschrift: Ottoplatz 2, 50679 Köln,
Besucheranschrift:
Hermann-Pünder-Straße 1, 50679 Köln,
Tel. 0221 8092804/-5, Fax 0221 8092141
E-Mail: otto@rheinischer-verein.de,
Internet: www.rheinischer-verein.de

Institut für Landeskunde im Saarland e. V.
Direktor: Regierungsdirektor Delf Slotta
Zechenhaus Reden, Am Bergwerk Reden 11,
66578 Schiffweiler,
Tel. 06821 9146630, Fax 06821 9146640,
E-Mail: institut@iflis.de, Internet: www.iflis.de und www.institut-landeskunde.de

Landesheimatbund Sachsen-Anhalt e. V.
Präsident: Prof. Dr. habil. Konrad Breitenborn, Geschäftsführerin: Dr. Annette Schneider-Reinhardt
Magdeburger Straße 21, 06112 Halle (Saale),
Tel. 0345 2928610, Fax 0345 2928620
E-Mail: info@lhbsa.de, Internet: www.lhbsa.de

Landesverein Sächsischer Heimatschutz e. V.
Vorsitzender: Prof. Dr. Hans-Jürgen Hardtke, Geschäftsführerin: Susanna Sommer
Wilsdruffer Straße 11/13, 01067 Dresden,
Tel. 0351 4956153, Tel./Fax 0351 4951559
E-Mail: landesverein@saechsischer-heimatschutz.de,
Internet: www.saechsischer-heimatschutz.de

Schleswig-Holsteinischer Heimatbund e. V.
Präsident: Minister a. D. Dr. Jörn Biel, Geschäftsführerin: Dr. sc. agr. Ute Löding-Schwerdtfeger
Hamburger Landstraße 101, 24113 Molfsee,
Tel. 0431 983840, Fax 0431 9838423
E-Mail: info@heimatbund.de,
Internet: www.heimatbund.de

Schwäbischer Heimatbund e. V.
Vorsitzender: Ministerialdirigent Josef Kreuzberger,
Geschäftsführer: Dr. Bernd Langner
Weberstraße 2, 70182 Stuttgart,
Tel. 0711 239420, Fax 0711 2394244
E-Mail: info@schwaebischer-heimatbund.de,
Internet: www.schwaebischer-heimatbund.de

Heimatbund Thüringen e. V.
Vorsitzender: Dr. Burkhardt Kolbmüller,
Geschäftsführung: Thomas Fitzke
Hinter dem Bahnhof 12, 99427 Weimar,
Tel. 03643 777625, Fax 03643 777626
E-Mail: info@heimatbund-thueringen.de,
Internet: www.heimatbund-thueringen.de

**gegenseitige Mitgliedschaft:
Deutsche Burgenvereinigung e. V.**
Präsidentin: Prof. Dr. Barbara Schock-Werner, Geschäftsführer: Gerhard A. Wagner
Marksburg, 56338 Braubach am Rhein,
Tel. 02627 536, Fax 02627 8866
E-Mail: info@deutsche-burgen.org,
Internet: www.deutsche-burgen.org

Bewahren und Gestalten

Bund Heimat und Umwelt in Deutschland

Der BHU

Der Bund Heimat und Umwelt in Deutschland (BHU) ist der Bundesverband der Bürger- und Heimatvereine in Deutschland. Er vereinigt über seine Landesverbände rund eine halbe Million Mitglieder und ist somit die größte kulturelle Bürgerbewegung dieser Art in der Bundesrepublik Deutschland. Seit seiner Gründung im Jahr 1904 durch den Musikprofessor Ernst Rudorff (1840–1916) setzt sich der BHU für die Kulturlandschaften und die in ihnen lebenden Menschen ein.

Mensch + Natur + Kultur = Heimat

Unsere Themen

Der Bund Heimat und Umwelt in Deutschland (BHU) hat die Erhaltung und Entwicklung der Kulturlandschaft und ihrer schützenswerten Elemente zu seinem Aufgabenschwerpunkt erklärt. Die interdisziplinär und praxisnah angelegte Arbeit des BHU umfasst folgende Themen:

- Bürgerschaftliches Engagement
- Kulturlandschaft
- Natur und Umwelt
- Denkmäler und Baukultur
- Regionale Identität
- Sprachen und Dialekte

Unser Auftrag

- **Bewahren und Gestalten**
  Dem BHU geht es um das Bewahren und Gestalten vorhandener Werte unseres Natur- und Kulturerbes. Der BHU ist hierbei Partner und Ideengeber und vertritt die Interessen der Bürger. Gemeinsam wollen wir unsere Kulturlandschaften erkunden, erhalten und lebenswert weiterentwickeln.

- **Vermitteln**
  Der BHU übernimmt eine Vermittlerfunktion zwischen den Menschen in den jeweiligen Heimatregionen, der Politik, den Behörden sowie den verschiedenen Fachdisziplinen. Die Öffentlichkeitsarbeit bildet einen Schwerpunkt der Verbandsarbeit.

- **Bürgerbeteiligung stärken**
  Der BHU setzt sich ein für eine aktive Mitwirkung der Bürger an der Gestaltung ihres jeweiligen Lebensumfeldes.

- **Netzwerke bilden**
  Der BHU ist aktiv an der Vernetzung mit anderen Institutionen auf nationaler und internationaler Ebene beteiligt. So hat der BHU das Deutsche Forum Kulturlandschaft ins Leben gerufen. Hierbei handelt es sich um ein Informationsnetzwerk aus über 50 bundesweit tätigen Organisationen im Bereich der Kulturlandschaft.

- **Europaweit agieren**
  Der BHU pflegt den Kontakt zu weiteren Heimatverbänden in Europa und wirkt aktiv in europäischen Dachorganisationen mit.

Unsere Angebote

Der BHU veranstaltet Tagungen, Fortbildungen und Wettbewerbe. In der Publikationsreihe des BHU können Sie sich über unser breites Themenspektrum informieren. Weitergehende Informationen stellen wir jeweils aktuell auf unseren Internetseiten zur Verfügung.

http://www.bhu.de
http://www.forum-kulturlandschaft.de
http://www.historische-gruenflaechen.de
http://kulturlandschaftserfassung.bhu.de
http://niederdeutsch.bhu.de

Ihre Mitwirkung

Mit einer Spende können Sie die Arbeit des Bund Heimat und Umwelt (BHU) unterstützen und leisten damit gleichzeitig einen wichtigen Beitrag zur Erhaltung der Kulturlandschaften und Ihrer Heimat. Spenden sind willkommen und steuerlich absetzbar.

Kreissparkasse Köln
IBAN DE94 3705 0299 0100 0078 55,
BIC COKSDE33XXX

Unsere Landesverbände sind auch in Ihrem Bundesland aktiv. Werden Sie dort Mitglied und wirken Sie vor Ort mit.

Gerne nehmen wir Ihre Kontaktdaten in unseren Verteiler auf, um Sie über aktuelle Aktivitäten, Veranstaltungen und Neuerscheinungen zu informieren.

Sie haben Fragen oder Anregungen? Sprechen Sie uns an.

Wir sind Ihr Ansprechpartner

Bund Heimat und Umwelt in Deutschland (BHU)
Bundesverband für Kultur, Natur und Heimat e. V.
Adenauerallee 68
53113 Bonn
Telefon: +49 228 224091
Fax: +49 228 215503
E-Mail: bhu@bhu.de
Internet: www.bhu.de

Publikationen des BHU

Die Liste stellt eine Auswahl aktueller Publikationen des Bund Heimat und Umwelt dar. Alle Publikationen können über den BHU bezogen werden, wir bitten hierfür um eine Spende. Einen entsprechenden Spendenüberweisungsträger legen wir Ihrer Sendung bei. Für die Fortsetzung unserer Arbeit sind wir auf Spenden angewiesen und bitten Sie daher herzlich um Unterstützung. Im Regelfall versenden wir jeweils Einzelexemplare. Größere Abgabemengen sind auf Anfrage möglich. Bitte beachten Sie auch unsere Internetseite www.bhu.de. Dort finden Sie unter der Rubrik „Publikationen" weitere Veröffentlichungen.

BÜCHER UND BROSCHÜREN:

Naturstein – nachhaltiger Umgang mit einer wertvollen Ressource
Naturstein ist beliebtes Baumaterial. Die Publikation bietet verschiedenen Zielgruppen Anregungen zu nachhaltiger Umgangsweise hinsichtlich Herkunft, Verwendung und Recycling. *Buch (inkl. Leitfaden) mit 144 Seiten (2015).* Außerdem erhältlich: ○ *Info-Faltblatt* ○ *16-teiliges Motivkartenset*

Kulturerbe Energie
Die Publikation regt zu einer neuen Sichtweise auf Industriekultur an, besonders auf Zeugnisse der Energieerzeugung. Ob historische Windmühle oder modernes Wasserkraftwerk: Es handelt sich um Kulturlandschaftselemente, die unsere Geschichte anschaulich widerspiegeln. *Buch mit 192 Seiten (2015)*

Stadtbilder – Stadterzählungen
Die Stadt entsteht in unserer Wahrnehmung aus vielen, auch kontroversen, Bildern und Erzählungen. Die Publikation thematisiert die Rolle der Bürger bei der Gestaltung ihrer Stadt, sowohl bei den Bauwerken als auch den Geschichten und Images. *Buch mit 192 Seiten (2015)*

Friedhöfe in Deutschland – Kulturerbe entdecken und gestalten
Friedhöfe bieten ein vielfältiges Kultur- und Naturerbe. Das Buch gibt einen Einblick in die Faszination historischer Friedhöfe. Es stellt außerdem Nutzungsstrategien und Vermittlungsarbeit zu ihrer Erhaltung vor. *Buch mit 180 Seiten (2015)*

Land unter Strom – Energiewende als Chance für den ländlichen Raum
Die Energiewende verändert Landschaften, Wirtschafts- und Lebensweisen. Nachhaltig, breit aufgestellt und regional verankert bietet sie für ländliche Räume und Landwirte Chancen. Doch auch die Grenzen und Risiken des Wandels werden diskutiert. *Buch mit 120 Seiten (2015)*

Küstenkulturlandschaften – Meer erleben an Nord- und Ostsee
Kultur- und Naturerbe der Küstenkulturlandschaften, Potentiale und Herausforderungen werden anschaulich dargestellt. Bürgerliches Engagement und Vermittlungsarbeit spielen im Wandel dieser identitätsstiftenden Landschaften eine große Rolle. *Buch mit 168 Seiten (2014)*

Stadt und Siedlung – Identitätsorte und Heimat im Wandel
Städte, Siedlungen und das Leben dort sind im Wandel, den Soziologen, Architekten, Denkmalpfleger und auch die Bewohner darstellen. Dabei wird gezeigt, wie sich diese Heimat- und Identitätsorte bewahren und entwickeln lassen. *Buch mit 264 Seiten (2014)*

Stadtbilder – Stadterzählungen (BHU 2015)

Energielandschaften gestalten – Leitlinien und Beispiele für Bürgerpartizipation
Fachbeiträge und Praxisbeispiele zeigen aktuelle Entwicklungen und verdeutlichen Informations- und Handlungsmöglichkeiten der Bürger im Rahmen der Energiewende. Ein Leitfaden fokussiert den Landschaftswandel und die Partizipation. *Buch mit 288 Seiten (2014)*

Grün modern – Gärten und Parks der 1950er bis 1970er Jahre
In den Nachkriegs- und Wirtschaftswunderjahren entstand eine Fülle qualitätsvoller Gärten und Parks. Die Publikation präsentiert typische Gestaltungsmerkmale und stellt Wege zur Erhaltung, Entwicklung und Vermittlung dieser Anlagen vor. *Buch mit 168 Seiten (2013)*

Baukultur und Denkmalpflege vermitteln. Beispiele, Methoden, Strategien
Um die Bedeutung von Baukultur und Denkmalpflege darzustellen, ist eine gute Vermittlungsarbeit nötig. Die Publikation enthält über 40 informative Porträts von Konzepten, mit denen Einzelpersonen, Initiativen und Organisationen positives Bewusstsein schaffen. *Buch mit 180 Seiten (2013)*

Leitfaden Regionale Baukultur
Der Leitfaden stellt für Bauherren, Architekten und alle Interessierten eine Diskussionsgrundlage für die Bezugnahme auf regionale Bautraditionen dar. Eine rücksichtsvolle Gestaltung von Neu- und Umbauten trägt zur Erhaltung von Identität und Ästhetik unserer Städte und Dörfer bei. *Broschüre mit 28 Seiten (2013)*

Natur- und Kulturerbe des Weinbaus aktivieren und vermitteln
Die Publikation stellt vor, wie Initiativen und Projekte die kulturhistorische und landschaftliche Bedeutung von Weinbergen erhalten und damit Weinkultur und Kulturlandschaften pflegen. Insbesondere wird die Aufbereitung und Vermittlung des Themas für verschiedene Zielgruppen behandelt. *Buch mit 144 Seiten (2013)*

Werksteinabbau und Kulturlandschaft
Rohstoffabbau prägt Kulturlandschaften. Am Beispiel des Werksteins zeigt das Buch die Perspektiven der Kulturlandschafts- und Denkmalpflege sowie des Naturschutzes. Es thematisiert rechtliche, wirtschaftliche und soziale Zusammenhänge sowie bürgerschaftliches Engagement. *Buch mit 168 Seiten (2013)*

Wie Ernährung unsere Landschaften formt
Anhand konkreter Projekte und Vermittlungsbeispiele wird der Zusammenhang zwischen landwirtschaftlicher Nahrungsproduktion, regionaler Esskultur und Landschaftsgestaltung aufbereitet. Ein besonderes Augenmerk wird hierbei auf die Vermittlung des Themas gerichtet. *Buch mit 120 Seiten (2013)*

Religion und Landschaft
Als Grundlage insbesondere für die Vermittlungsarbeit gibt diese Publikation einen spannenden Einblick in die Thematik des religiös geprägten kulturellen Erbes und zeigt, wie sich Religionen in der Landschaft manifestieren. Im Mittelpunkt steht dabei das christliche Kulturerbe. *Buch mit 164 Seiten (2013)*

Beispiele und Methoden zur Kulturlandschaftsvermittlung
Die Aktivitäten des BHU zur Kulturlandschaftsvermittlung haben gezeigt, dass der Austausch über Best-Practice-Beispiele und die Vernetzung der Akteure wichtig sind. Dieses Methodenhandbuch bietet konkret beschriebene zielgruppengerechte Anregungen zur Umsetzung. *Buch mit 120 Seiten (2012)*

Klötze und Plätze – Wege zu einem neuen Bewusstsein für Großbauten der 1960er und 1970er Jahre
Die heute oft als Klötze gescholtenen Großbauten der 1960er und 1970er Jahre prägen vielerorts unsere Städte. Die Publikation zeigt Probleme und Potenziale solcher Bauten auf und regt dazu an, Qualitäten zu entdecken und zu vermitteln. *Buch mit 204 Seiten (2012)*

Publikationen des BHU

Jagdparks und Tiergärten – Naturschutzbedeutung historisch genutzter Wälder
Jagdparks und Tiergärten weisen eine Vielzahl von Strukturen auf, die eine hohe Biodiversität bedingen. Thematische Beiträge, Fallbeispiele und ein Leitfaden illustrieren einen geeigneten Umgang mit diesen Anlagen. *Buch mit 168 Seiten (2012)*

Biologische Vielfalt – ein Thema für Heimatmuseen
Der von informativen Begleittexten und Praxisbeispielen flankierte Leitfaden bietet Strategien zur zeitgemäßen Vermittlung in Heimatmuseen. Schwerpunkte bilden die Themen Biodiversität, Nachhaltige Entwicklung und Kulturlandschaft. *Buch mit 180 Seiten (2011)*

Vermittlung von Kulturlandschaft an Kinder und Jugendliche
Die Publikation gibt einen Überblick über erprobte Projekte und Methoden, Kinder und Jugendliche für das Thema Kulturlandschaft zu interessieren. Sie dient als Handbuch für die Bildungsarbeit und bietet Anregungen für neue Projekte. *Buch mit 108 Seiten (2011)*

Wasser – die Seele eines Gartens
Das Buch bietet vielfältige Anregungen zum Thema Wasser in historischen Gärten und gibt Einblicke in Facetten wie Denkmalpflege, Ökologie, Recht oder bürgerschaftliches Engagement. Hintergründe und Praxisberichte runden den Band ab. *Buch mit 96 Seiten (2011)*

Landwirtschaft und Kulturlandschaft
Das Memospiel mit 54 Kartenpaaren und einer informativen Begleitbroschüre stellt vor, wie die Landwirtschaft zur Vielfalt der Kulturlandschaft beiträgt. Die Entstehung unterschiedlicher Landschaften in Deutschland wird anschaulich erklärt. *Broschüre mit 60 Seiten inkl. Spiel (2011)*

Regionale Baukultur als Beitrag zur Erhaltung von Kulturlandschaften
Durch regionale Formensprache und Materialien entstanden charakteristische Baukulturen, die unsere Kulturlandschaften prägen. Das Buch liefert Empfehlungen für einen zeitgemäßen Umgang mit regionaler Baukultur. *Buch mit 120 Seiten (2010)*

Kultur – Landschaft – Kulturlandschaft
Die Erhaltung unserer Kulturlandschaft, aber auch ihre Weiterentwicklung zählen zu den vorrangigen Aufgaben unserer Zeit. Die bebilderte Broschüre versteht sich als Einführung in das vielfältige Thema „Kulturlandschaft". *Broschüre mit 12 Seiten (2010)*

Wege zu Natur und Kultur
Mit einem Leitfaden gibt das Buch wertvolle Informationen zur Anlage oder Überarbeitung von Lehr- und Erlebnispfaden und ähnlichen Informationswegen. Begleittexte mit Praxisbeispielen ergänzen den Leitfaden. *Buch mit 120 Seiten (2010)*

Kulturlandschaft in der Anwendung
Das Buch gibt – sowohl auf bundesweiter als auch auf europäischer Ebene – einen Überblick über aktuelle anwendungsbezogene Projekte zum Thema Kulturlandschaft. *Buch mit 178 Seiten (2010)*

Weißbuch der historischen Gärten und Parks in den neuen Bundesländern
Das Buch vermittelt auf anschauliche Art und Weise den in Jahrhunderten gewachsenen Reichtum der Gartenkultur Deutschlands und lädt ein, verborgene und weniger bekannte Gärten zu besuchen. *Buch mit 166 Seiten (3., überarbeitete Auflage, 2009)*

Historische Nutzgärten. Bohnapfel, Hauswurz, Ewiger Kohl – Neue Rezepte für alte Gärten
Die Publikation veranschaulicht, wie es gelingen kann, die über Jahrhunderte gewachsene Gartentradition hinsichtlich der Nutzpflanzengärten neu zu beleben und damit zu erhalten. *Buch mit 132 Seiten (2009)*

Naturschutz vermitteln in Friedhofs- und Parkanlagen
Das Buch bietet Anregungen und praktische Beispiele für die Umsetzung und Vermittlung von naturschutzrelevanten Themen in Friedhofs- und Parkanlagen. Ergänzend werden didaktische Hinweise gegeben. *Buch mit 96 Seiten (2009)*

Vermittlung von Kulturlandschaft
Die Publikation stellt vielfältige Möglichkeiten zur Vermittlung von Kulturlandschaftsthemen vor. Diese umfassen Erfahrungen u.a. aus dem schulischen, ehrenamtlichen und kommunalen Bereich. *Buch mit 156 Seiten (2009)*

Denkmalschutz barrierefrei
Das Bewusstsein für die Notwendigkeit und die Vorteile von Barrierefreiheit setzt sich in unserer Gesellschaft allmählich durch. Die Publikation stellt 14 vorbildhafte Lösungen zum barrierefreien Umbau historischer Gebäude vor. – Wettbewerbsdokumentation. *Buch mit 84 Seiten (2008)*

Kulturlandschaftliche Informationssysteme in Deutschland
Die Erhebung und Inventarisierung von Kulturlandschaftselementen ist eine wichtige Voraussetzung für den Schutz derselben. Initiativen in Deutschland stellen ihre Projekte und Methodik vor. *Buch mit 220 Seiten (2008)*

Biodiversität im Dorf: entdecken, vermitteln, fördern
In vielen Dörfern geht durch einen zunehmenden Nutzungs- und Strukturwandel die Artenvielfalt zurück. Die Publikation zeigt praktische Beispiele auf, die dieser Entwicklung entgegenwirken. *Buch mit 128 Seiten (2008)*

Dorfkirchen in Deutschland
Dorfkirchen in ihren jeweiligen Stilen charakterisieren verschiedene Regionen und bieten Identifikationsmöglichkeiten. Die Publikation zum Bundeswettbewerb „Stellen Sie Ihre Dorfkirche vor" präsentiert 35 prämierte Kirchen und 400 weitere Dorfkirchen. *Buch mit 160 Seiten (2008)*

Die Publikationen sind zu bestellen beim:

Bund Heimat und Umwelt in Deutschland (BHU)
Bundesverband für Kultur, Natur und Heimat e.V.
Adenauerallee 68, 53113 Bonn
E-Mail: bestellung@bhu.de, Internet: www.bhu.de
Telefon: +49 228 224091, Fax: +49 228 215503
Kreissparkasse Köln
IBAN DE94 3705 0299 0100 0078 55, BIC COKSDE33